Französisch

Livia Gaudino Fallegger

Grundkurs Sprachwissenschaft Französisch

Ernst Klett Sprachen
Barcelona · Budapest · Ljubljana · London
Posen · Prag · Sofia · Stuttgart

Bibliographische Information Der Deutschen Bibliothek.
Die Deutsche Bibliothek verzeichnet diese Publikation in der
Deutschen Nationalbibliographie;
detailierte bibliographische Daten sind im Internet über
http://dnb.ddb.de abrufbar

1. Auflage A 1 6 5 4 3 2 | 2008 2007 2006 2005 2004

© Ernst Klett Sprachen GmbH, Stuttgart 1998. Alle Rechte vorbehalten.
Internetadresse | http://www.klett.de
Bildnachweis | Académie Française, Paris, Phototèque Hachette © Hachette Livre

Redaktion | Manfred Ott
Umschlaggestaltung und Layout | Christine Schneyer
Druck | Schnitzer Druck GmbH, Korb
ISBN 3-12-939571-7

Inhalt

Kapitel 1 — Allgemeine Sprachwissenschaft – Entwicklung und Tendenzen . 7
- **1** Ziele und Abgrenzungen . 7
- **2** Die historisch-vergleichende Sprachwissenschaft . 8
- **3** Der Strukturalismus . 11
  - 1 De Saussures Lehre . 11
  - 2 Weitere Personen und Schulen des Strukturalismus . 16
  - 3 Ausblick . 19
- **4** Die generative Grammatik (GG) . 20
- **5** Die kommunikativ-pragmatische Wende . 24
  - 1 Die Pragmalinguistik . 25
  - 2 Ausblick . 30
- **6** Literatur . 30

Kapitel 2 — Sprachpolitik, Sprachnormierung und Frankophonie . 31
- **1** Terminologische Vorbemerkungen . 31
- **2** Sprachpolitik und Sprachnormierung . 32
  - 1 Entstehung des Französischen . 32
  - 2 Erste sprachpolitische und -normierende Maßnahmen: das 16. Jahrhundert . 35
  - 3 Das 17. Jahrhundert: *le siècle classique* . 36
  - 4 Von der Wende zum 18. Jh. bis zur Revolution . 40
  - 5 Die Französische Revolution . 41
  - 6 Das 19. Jahrhundert . 44
  - 7 Das 20. Jahrhundert . 47
- **3** Die Frankophonie . 53
  - 1 Frankophonie als sprachliche Erscheinung . 54
  - 2 Die Institutionen der Frankophonie . 56
  - 3 Numerische Daten . 57
- **4** Literatur . 60

Kapitel 3 — Varietätenlinguistik des Französischen . 61
- **1** Vorbemerkung . 61
- **2** Stand der Forschung . 61
  - 1 Entwicklungstendenzen . 62
  - 2 Bezeichnungen für die französische Hochsprache . 63
- **3** Varietäten des Französischen: Diatopik . 65
  - 1 Primäre Varietäten: die Dialekte des Französischen . 66
  - 2 Sekundäre und tertiäre Varietäten . 68
  - 3 Sprachliche Minderheiten auf französischem Boden . 73
- **4** Sprachvariation in der Gesellschaft: Diastratik . 76
  - 1 Forschungsmethoden im Bereich diastratischer Sprachvariation . 77
  - 2 Sprachbewertung . 82

5	Diaphasische Variation 83
6	Literatur 85

Kapitel 4	**Pragmalinguistik des Französischen** **86**
	1 Vorbemerkung 86
	2 Theoretischer Überblick 86
	3 Der *courant énonciatif* 90
	1 Die Deiktika / *les embrayeurs* 92
	2 Die Modalitäten, exemplifiziert an den
	adverbes d'énonciation 98
	3 Polyphonie 100
	4 Präsupposition 102
	4 Argumentieren / der *courant argumentatif* 105
	1 Argumentative Operatoren 106
	2 Argumentative Konnektoren 107
	5 Literatur 108

Kapitel 5	**Grundbegriffe der französischen Syntax** **109**
	1 Vorbemerkung 109
	2 Grundbegriffe 109
	3 Forschungsmethoden 110
	4 Forschungsebenen der Syntax 111
	1 Die Argumentenstruktur / *La structure argumentale* ... 112
	2 Die Syntagmenstruktur / *La structure syntagmatique* .. 113
	3 Die syntaktischen Funktionen 116
	4 Die Kongruenz / *L'accord* 123
	5 Kommunikativ bedingte Änderungen der Satzstruktur . 124
	5 Integrierte Strukturen und Funktionen: Überblick 127
	6 Literatur 127

Kapitel 6	**Morphologie des Französischen** **128**
	1 Vorbemerkung 128
	2 Grundbegriffe der Morphologie 128
	1 Lexem statt Wort 129
	2 *Morphologie phonique et graphique* 130
	3 Das Morphem / *Le morphème* 130
	3 Syntagmatische Morphologie 135
	1 Genusmarkierung bei Substantiven 137
	2 Genusmarkierung bei Adjektiven 138
	4 Lexikalische Morphologie 141
	1 Forschungstendenzen 141
	2 Wortbildungsverfahren des Französischen 143
	3 Die Ableitung / *La dérivation* 144
	4 Die Zusammensetzung / *La composition* 150
	5 Sekundäre Wortbildungsverfahren 155

	5 Übersichtsschema zur Morphologie 156
	6 Literatur 156
Anhang	Die Phoneme des Französischen 157
	Le monde francophone 159
	Literatur 160
	Sachregister 165

Vorwort

Inhalt und Gliederung einführender Werke können im Hinblick auf Zielsetzung und Gestaltung sehr unterschiedlich ausfallen. Dem *Grundkurs Sprachwissenschaft Französisch* liegt der Wunsch zugrunde, Anfänger rasch und leserfreundlich in die neuesten Entwicklungen auf dem Gebiet der französischen Sprachwissenschaft einzuführen. Um den Studierenden und Lernenden Einblicke auch in Teildisziplinen der Linguistik zu verschaffen, die sich, wie etwa die Varietätenlinguistik oder auch die Pragmalinguistik und die Sprachpolitik, trotz ihrer Relevanz in der postsaussurianischen Forschung bislang noch nicht als sprachwissenschaftliches Standardgrundwissen etablieren konnten, finden in diesem Werk traditionelle Themenbereiche der französischen und generell der romanischen Sprachwissenschaft, wie Sprachgeschichte und Phonetik, nur indirekte Behandlung. Sie werden im übrigen durch die in derselben Reihe erscheinenden Titel *Phonetik und Phonologie des Französischen* (Klettbuch 939582) und *Französische Sprachgeschichte* (Klettbuch 939573) abgedeckt.

Auch wurde statt der traditionellen aszendenten Stoffgliederung (von der kleinsten Einheit, dem Phonem, zur größeren, Text/Diskurs) eine deszendente (von der größten Einheit zur kleinsten) gewählt. Diese Darstellungsweise spiegelt die Überlegung wider, dass es didaktisch günstiger ist, Anfängern ein Forschungsobjekt von seiner 'Ganzheit' her kommend auf seine funktionalen Einzelteile hin vorzustellen.

Der *Grundkurs Sprachwissenschaft Französisch* versucht darüber hinaus, der Leserschaft einen Blick in die Welt der frankophonen Sprachforschung zu gewähren. Deshalb wurde den von frankophonen Autoren vertretenen Theorien und Forschungsverfahren besonders viel Platz eingeräumt. Einen Überblick über die Entwicklung der allgemeinen Sprachwissenschaft und ihre herkömmlichen Theorien bietet das erste Kapitel.

Livia Gaudino Fallegger
im Oktober 1998

Allgemeine Sprachwissenschaft
Entwicklung und Tendenzen

1 Ziele und Abgrenzungen

Begriffe

Die menschliche Sprachfähigkeit (**langage**) und ihre Vergegenwärtigung in den verschiedenen Sprachen dieser Welt bilden das Untersuchungsobjekt der **Sprachwissenschaft**. Der **allgemeinen Sprachwissenschaft**, die sich allgemeinsprachlichen Fragestellungen widmet, stehen die **Sprachwissenschaften** der **Einzelsprachen** gegenüber, z. B. der spanischen, der italienischen, der französischen Sprache etc. Eine klare Trennung zwischen diesen Forschungsgebieten existiert nur in der Theorie, denn beide Perspektiven tragen in unterschiedlichem Maß zur Erforschung sprachlicher Phänomene bei.

Gehören mehrere Sprachen zur gleichen Sprachfamilie, werden sie als homogenes Forschungsgebiet behandelt. Dies ist bei der **romanischen Sprachwissenschaft**, der *linguistique romane*, der Fall, welche sich mit der Untersuchung aller Sprachen und Dialekte befasst, die aus dem Vulgärlatein stammen; andere Beispiele stellen die slawische, die germanische Sprachwissenschaft etc. dar.

Abgrenzung

Zu unterscheiden von der Sprachwissenschaft ist die **Philologie**. Dieser Begriff ist vor allem auf Grund seiner langen Geschichte – er wurde von den alten Griechen geprägt und erfuhr mannigfache Umwandlungen – nur schwer zu umreißen. Vereinfachend können der Philologie **zwei Hauptforschungsgebiete** zugeschrieben werden:
1. Die Erforschung der Literatur und der Linguistik einer Einzelsprache oder einer Sprachfamilie.
2. Die sprachliche Rekonstruktion und Untersuchung von für die Literaturtradition relevanten, oft altertümlichen Texten.

Probleme

Die Philologie hat mit ihrem Interesse für die Literaturdenkmale der Antike und der Klassik entscheidend zur Entstehung präskriptiver Sprachmodelle *(le bon usage)* und zur Aufwertung der geschriebenen Sprachproduktion *(les bons auteurs)* beigetragen. Eines der wichtigsten Prinzipien der modernen Sprachwissenschaft, im Gegensatz zur philologischen Tradition, liegt in der Erkenntnis, dass das Gesprochene, trotz seiner von der geschriebenen literarischen Norm abweichenden Merkmale, als primäre Spracherscheinung zu gelten hat und demzufolge auch als primäres wissenschaftliches Forschungsobjekt betrachtet werden muss.

Etappen	Wenngleich die moderne Sprachwissenschaft ihre ansehnlichste Entwicklung erst in unserem Jahrhundert durchlaufen hat – das Lexem **Linguistik** taucht erstmals im 19. Jh. auf –, hat auch diese Disziplin eine lange Vorgeschichte, deren Anfänge, zumindest im europäischen Kulturbereich, in der griechischen Antike wurzeln. Normalerweise werden in der Sprachwissenschaft vier historische Hauptphasen unterschieden: ■ Die klassische Periode (bis Anfang des 18. Jh.) ■ Die Epoche der historisch-vergleichenden Methode (18./19. Jh.) ■ Die strukturalistische Wende (1916) und die generative Grammatik ■ Die kommunikativ-pragmatische Wende (Anfang der Siebzigerjahre)

Die Begriffe **Sprachwissenschaft** und **Linguistik** werden in diesem Buch als Synonyme verwendet. Im wissenschaftlichen Diskurs stehen sie jedoch nicht selten in Opposition zueinander, wobei für die Bezeichnung der modernen, d. h. seit de Saussure entwickelten, Forschungsansätze der Begriff Linguistik verwendet wird.

2 Die historisch-vergleichende Sprachwissenschaft

Genese	Ein wissenschaftliches Interesse für die Sprache als primäres Forschungsobjekt war in der Antike nicht vorhanden. Ein solches entsteht erst im 18. Jh. im Rahmen der **historisch-vergleichenden Sprachwissenschaft**. Entscheidend ist dafür der Übergang von der Erkenntnistheorie der Klassik, die durch das ahistorische Nachahmungsprinzip der Antike geprägt war, zu einer subjektiven, dynamischen und historischen Erfassung der untersuchten Phänomene (**Romantik,** JOHANN G. HERDER 1774–1803, WILHELM VON HUMBOLDT 1767–1835). Auch spielen die biologischen Wissenschaften (GEORGES DE CUVIER 1769–1832, CHARLES R. DARWIN 1809–1882) und später um die Wende zum 20. Jh. die Psychologie (SIGMUND FREUD 1856–1939) eine wichtige Rolle.
Zur Theorie	Sprachen werden in dieser Phase als **Organismen** verstanden, die genauso wie die Lebewesen einer ständigen Evolution unterworfen sind, die ihr Entstehen, ihre Ausdifferenzierung und ihr Aussterben bedingt (AUGUST SCHLEICHER 1821–1868, *„Die Darwinische Theorie und die Sprachwissenschaft"*, 1865). Die Frage nach dem Ursprung der Sprachen und ihrer Verwandtschaftsbeziehungen erlangt zentrale Bedeutung.

Repräsentanten	Der Engländer WILLIAM JONES (1746–1794) stellt als erster die Hypothese auf, dass zwischen dem Latein, Griechischen, Persischen, Keltischen etc. und dem Sanskrit (dem Altindischen) eine enge Bindung besteht. FRIEDRICH SCHLEGEL (1772–1829) nimmt diese Gedanken in seinem Werk „*Über die Sprache und Weisheit der Inder*" (1808) auf und vertieft sie. Die historisch-vergleichende Sprachwissenschaft entwickelt sich als Wissenschaft vor allem dank der Werke von FRANZ BOPP (1791–1867) und RASMUS RASK (1787–1832). BOPP beweist in seinem „*Über das Conjugationssystem der Sanskritsprache*" (1816) durch die Aufstellung von systematischen Lautkorrespondenzen und die Rekonstruktion nicht dokumentierter Sprachphasen die Existenz des **Indogermanischen**, einer Ursprache, die anstelle des Sanskrit als Archetyp für eine große Zahl Sprachen auf europäischem Boden anzusehen ist. In dieser Phase entwickelt sich auch – vor allem auf Grund der Einführung experimenteller Verfahren – die **artikulatorische Phonetik** *(S. 157)* als selbstständiger Wissenschaftszweig.
Höhepunkt	Eine weitere Etappe bildet die Schule der **Junggrammatiker** (Siebzigerjahre des 19. Jh.), einer in Leipzig tätigen Gruppe von Linguisten, welche die Methode der historisch-vergleichenden Sprachwissenschaft bis zum äußersten anwendet, indem sie postuliert, dass der **Lautwandel** durch unabänderliche Naturgesetze bedingt wird. Die Junggrammatiker verlagern die Aufmerksamkeit von den ausgestorbenen auf die lebendigen Sprachen, die eine historisch verfolgbare Entwicklung aufweisen.
Endphase	An der Wende zum 20. Jh. erfolgen die ersten Reaktionen auf den historisch-vergleichenden Ansatz. Zu erwähnen sind die Theorien von HUGO SCHUCHARDT (1842–1927), die **Sprachgeographie** und die **Dialektologie** *(S. 66)* – mit Forscherpersönlichkeiten wie GRAZIADIO I. ASCOLI (1829–1907), JULES GILLIÉRON (1854–1926) – und die Arbeiten von MICHEL BRÉAL (1832–1915) und ANTOINE MEILLET (1866–1936). Allen diesen Ansätzen ist gemeinsam, dass sie ihr Augenmerk auch auf bis dahin vernachlässigte Phänomene richten. Das gesteigerte Interesse für die lebendigen Sprachen lässt die sprachliche Vielfalt der Dialektvarietäten *(S. 66)*, die enge Verbindung zwischen Sprache, Geographie, Landschaft, ethnischer Gruppe und gesellschaftlicher Struktur deutlich hervortreten. Die außerordentliche Tätigkeit von GILLIÉRON, der auf der Basis akribischer Feldforschung hunderte von Fragebogen ausfüllen lässt und den „*Atlas linguistique de la France*" erstellt, kann ohne diesen intellektuellen Hintergrund gar nicht verstanden werden. BRÉAL, der den Begriff **Semantik** *(S. 87)* prägt, reagiert auf die für das 19. Jh. typische Dominanz der historischen Phonetik, indem er die Ebene der Bedeutung in einem theoretisch fundierten Ansatz zu erfassen sucht.

Die romanische Sprachwissenschaft

Entstehung

Die im 19. Jh. erfolgte Hinwendung zur Erforschung dokumentierter Sprachen erweist sich auch für die Entwicklung der **Romanistik** als entscheidend, denn ab jetzt richtet sich die Aufmerksamkeit der Linguisten auch auf Sprachen wie das Provenzalische oder das Französische, deren historischer Werdegang, wenn auch lückenhaft, vom Latein und Vulgärlatein ausgehend zu verfolgen ist.

Repräsentanten

Ein Vorläufer der Romanistik ist der Franzose FRANÇOIS RAYNOUARD (1761–1836). Seine *„Grammaire comparée des langues latines"* (1821) stellt eine erste Anwendung der historisch-vergleichenden Methode auf die romanischen Sprachen dar. Die **romanische Sprachwissenschaft** als theoretisch fundierte Disziplin entsteht mit den Werken des deutschen Philologen FRIEDRICH DIEZ (1794–1876), insbesondere der *„Grammatik der romanischen Sprachen"* (1836–1843) und des *„Etymologischen Wörterbuchs der romanischen Sprachen"* (1854). Unter dem Einfluss der Junggrammatiker-Theorien entstehen die Werke von WILHELM MEYER-LÜBKE (1861–1936), die gleichzeitig die Arbeiten Diez' weiterführen und methodologisch vervollkommnen. Zu erwähnen sind eine bis heute unverzichtbare *„Grammatik der romanischen Sprachen"* (1890–1902), ein *„Romanisches etymologisches Wörterbuch"* (REW, 1911–1920) und die *„Historische Grammatik der französischen Sprache"* (1921).

- Die **historisch-vergleichende Phase**: Die Frage nach dem Ursprung der Sprache wird gestellt. Rekonstruktion des nicht dokumentierten Indoeuropäisch. Untersuchung des Sprachwandels und Rekonstruktion der formalen Relationen zwischen verwandten Sprachen. Die Sprache wird als Organismus betrachtet. Der Begriff Sprachwissenschaft entsteht.
- In Leipzig bildet sich die Schule der **Junggrammatiker**. Das Historisch-Vergleichende rückt in den Hintergrund. Die Sprachwissenschaft beschäftigt sich mit den Gesetzen des Lautwandels. Die artikulatorische Phonetik entsteht.
- Als Reaktion auf die Junggrammatikerschule entwickeln sich die **Sprachgeographie** und die **Dialektologie**. Sie versuchen, die Vielfalt der Sprachvariation in ihrer räumlichen Dimension zu erklären. Andere Sprachebenen (z. B. Bedeutung) gewinnen die Aufmerksamkeit der Linguisten.

3 Der Strukturalismus

1 DE SAUSSURES Lehre

Zur Person

Der Genfer Professor FERDINAND DE SAUSSURE (1857–1913) gilt als der Begründer der modernen Linguistik. Als erster strebt er nach einer theoretischen Systematisierung der Sprachbeschreibung. Die Fragen nach der Natur der Sprache als wissenschaftlichem Objekt und nach den methodologischen Verfahren zu ihrer Untersuchung sind die hauptsächlichen Gegenstände seiner Lehre. Der „*Cours de linguistique générale*" (1916) ist sein bedeutendster Nachlass. Diese Schrift wurde jedoch nicht von ihm verfasst, sondern von CHARLES BALLY (1865–1947) und ALBERT SECHEHAYE (1870–1946), zwei seiner Studenten, die den Inhalt von de Saussures Vorlesungen ausarbeiteten und postum veröffentlichten. Gerade dieser Umstand macht den „*Cours*" zu einem problematischen Werk, dessen Interpretation umstritten ist.

Die Linguistik

Definition

Die Linguistik ist für de Saussure eine Unterdisziplin der **Semiologie**, d. h. der Wissenschaft, die sich mit dem „Leben" des Zeichens innerhalb sozialer Institutionen befasst. Sie ist eine deskriptive, keine präskriptive Disziplin; ihr Ziel liegt nicht in der Bewahrung des *bon usage* oder in der Festlegung einer präskriptiven Norm, sondern in der wertfreien Beschreibung der Sprache. Die Untersuchung des Gesprochenen hat für die Linguistik Vorrang.

Parole, langue, langage

Zur Theorie

Die beobachtbare Sprache besteht aus unzähligen individuellen Sprechakten: DE SAUSSURE nennt **sie *actes de parole***. Die *parole* kann jedoch auf Grund ihrer Vielfalt und Heterogenität nicht zum Objekt einer systematischen, wissenschaftlichen Beschreibung erhoben werden: ihre Beobachtung erlaubt kaum theoretische Verallgemeinerungen. Der erfolgreiche *parole*-Austausch setzt voraus, dass die Mitglieder einer Gesellschaft über ein gemeinsames Sprachsystem verfügen, sonst wäre die Dekodierung der Botschaften und die korrekte Assoziierung von Laut und Inhalt nicht erklärbar. De Saussure nennt dieses System **langue** und erklärt es zum primären Untersuchungsobjekt der Sprachwissenschaft.

Merkmale

Die *langue* ist eine **soziale** Institution, d. h. sie ist ein **konventionelles** überindividuelles Gebilde, welches, obwohl es sich als virtuelles grammatisches und lexikalisches System im Kopf jedes einzelnen befindet, nicht vom Individuum modifizierbar ist. Modifizierungen der *langue* gehen von der *parole* aus.

Gerade auf Grund ihres sozialen Charakters darf die *langue* nicht mit dem **langage** *(faculté linguistique,* Sprachfähigkeit) verwechselt werden, denn der *langage* ist eine angeborene, naturgegebene Fähigkeit, welche sich erst innerhalb einer sozialen Institution als *langue* verwirklichen kann.

Beispiel

Ein Kind, das in völliger Isolation aufwächst, wird nicht in der Lage sein zu sprechen. Es hat zwar wie alle anderen Kinder eine potentielle Sprachfähigkeit *(langage),* es fehlt ihm jedoch die Möglichkeit, sie während der primären Sprachsozialisation in ein Sprachsystem, d. h. in eine *langue,* umzusetzen.

Signe, valeur

Definition

„La langue est un système de signes" (DE SAUSSURE). Aber wie ist der Begriff **signe** (Zeichen) zu definieren? Das linguistische Zeichen kann mit dem Bild der Münze veranschaulicht werden. Auch das Sprachzeichen ist wie die Münze eine Einheit, die aus zwei voneinander untrennbaren Seiten besteht: dem **concept** (Begriff), der Idee eines Gegenstandes, und der **image acoustique**, einem mentalen Lautbild, das wir uns auch ohne es auszusprechen vorstellen können. DE SAUSSURE nennt das Konzept **signifié** (Inhalt) und das Lautbild **signifiant** (Ausdruck).

Beispiel

Man kann das Sprachzeichen *arbre* wie folgt darstellen:

Die Lautkette [aRbR] und das dazu gehörige Konzept bilden bei dem Sprachzeichen *<arbre>* eine untrennbare Einheit.

Merkmale

Die Bindung zwischen *signifiant* und *signifié* ist **arbiträr**, d. h. die Relation zwischen diesen zwei Seiten ist in keiner Weise motiviert. Die Lautkette [aRbR] impliziert nicht das Konzept „Baum". Die gleiche Lautkette könnte theoretisch an ganz andere Konzepte gekoppelt sein. So bedeutet die Lautkette [mit] im Deutschen „mit" und im Französischen *mite* („Motte"). Umgekehrt drückt man das Konzept „Bär" mit [bɛːʀ] auf Deutsch und mit [uʀs] auf Französisch aus.

Definition

Jedes Sprachzeichen hat eine **valeur** (Wert). Der Wert eines Sprachzeichens ist das Ergebnis von Relationen *(relations d'identité ou de différence)*, die es innerhalb eines Sprachsystems zu den anderen Zeichen unterhält. Außerhalb dieses Relationsnetzes kann ein Sprachzeichen gar nicht definiert werden.

Beispiel

Folgendes Schema soll dies auf signifié-Ebene erläutern:

Französisch	poisson	
Spanisch	pescado	pez
Deutsch	Fisch	

Das französische *poisson* und das spanische *pez* haben innerhalb der jeweiligen Sprache unterschiedlichen Wert: Im Spanischen steht dem Zeichen *pez* „lebendiger Fisch" *pescado* mit der Bedeutung „Fisch zum Verzehr" gegenüber. Mangels einer solchen Opposition erfassen dagegen die Zeichen *poisson* und *Fisch* beide Bedeutungsfelder. „La valeur de n'importe quel terme est determinée par ce qui l'entourne". Diese Maxime gilt für alle Sprachzeichen und natürlich auch für die mit grammatischer Bedeutung.

Beispiel

Der Wert des englischen und französischen bestimmten Artikels unterscheidet sich deutlich, denn dem englischen *the* stehen im Französischen drei, z. T. genus-, z. T. numerusmarkierte Formen *(la/le, les)* gegenüber.

Die *langue* ist Form

Definition

Die klassische Sprachforschung verstand Sprache als Nomenklatur, deren Funktion darin besteht, vorgegebene Ideen von Gegenständen und Prozessen zu etikettieren. Eine solche Betrachtungsweise erklärt jedoch nicht, weshalb diese Etikettierung von Sprache zu Sprache sehr unterschiedlich ausfallen kann (s. o. Beispiel im Diagramm). DE SAUSSURE erläutert dies anhand der Begriffe **forme** und **substance.** Die *langue* ist für ihn Form: jede Einzelsprache gestaltet also durch individuelle virtuelle Muster die ungegliederte Menge von Gedanken und Vorstellungen (Bedeutungssubstanz) und den konkreten Fluss von existierenden Lauten (Lautsubstanz).

| Beispiel | Eine immer gleich bleibende Substanz wie das Farbspektrum kann von Sprache zu Sprache durch unterschiedlich viele Farbbezeichnungen wiedergegeben werden. |

Die Begriffe System und Strukturalismus

| Definition | Die *langue* ist nach de Saussure ein **System**. Was aber ist im saussurianischen Sinne ein System? Ein System ist ein virtuelles, formales Gebilde zusammenhängender Elemente *(signes)*, die sich gegenseitig differenzieren und bestimmen. Der Wert *(la valeur)* des einzelnen Elementes entsteht aufgrund seiner Relationen (Verknüpfungen) zu den anderen Elementen. Die Veränderung auch nur eines einzigen Elementes würde Auswirkungen auf das interne Gleichgewicht des ganzen Systems hervorrufen. |

| Beispiel | DE SAUSSURE erläutert seinen Systembegriff anhand des Schachspiels. Für sich allein haben die verschiedenen Schachfiguren keinen Wert. Sie erhalten ihre Bedeutung erst im Rahmen des Spiels, d. h. des Regelsystems, das von den Spielern beherrscht wird. |

| Präzisierung | Obwohl der Begriff **Struktur** nicht von DE SAUSSURE stammt, bezeichnet man seine Lehre als **Strukturalismus**, da sein Systemkonzept dem der Struktur sehr nahe kommt. |

Syntagmatische und paradigmatische (assoziative) Beziehungen

| Typologie | Welche Art von Beziehungen unterhalten die Sprachzeichen untereinander? DE SAUSSURE unterscheidet zwischen **syntagmatischen** und **assoziativen** Beziehungen. Der Begriff assoziativ wurde später durch das heute gebräuchliche **paradigmatisch** ersetzt. |

| Definition | Mit syntagmatisch werden die Beziehungen zwischen zwei oder mehreren in der *chaîne parlée* aufeinander folgenden Sprachzeichen bezeichnet. In diesem Fall wird die *valeur* eines Sprachzeichens vom sprachlichen Kontext bestimmt, d. h. von seiner Kontiguität zu den Zeichen, die vorangehen und folgen. Die lineare Ebene der syntagmatischen Beziehungen stellt nach JAKOBSONS *(S. 16)* Terminologie die **Achse der Kombinationen** dar. |
| | Entsteht eine Beziehung zwischen zwei oder mehreren Sprachzeichen dadurch, dass sie ihrer semantischen Nähe *(enseignement, apprentissage, éducation* etc.) oder grammatischen Verwandtschaft *(toi, lui, moi* etc.) wegen assoziiert werden, spricht man von paradigmatischen Beziehungen. |

Darstellung

```
Para
dig
ma    1.  Julie    part          tard
ti    2.  Elle     est arrivée   avec lui
sche  3.  Il       est arrivé    avec elle
      ─────────────────────────────────────▶
      s y n t a g m a t i s c h e   A c h s e
```

Zwischen *Julie, part* und *tard* bestehen syntagmatische Beziehungen. Dies gilt auch für die Syntagmen (S. 113) der Sätze 2 und 3. Syntagmatisch bedingt ist auch die Genuskongruenz (S. 137) zwischen *elle* und *arrivée* in Satz 2. Paradigmatische Beziehungen bestehen dagegen zwischen *Julie, elle* und *il*, wobei eine Kommutation in Satz 2 zwischen *elle* und *il* die Achse der syntagmatischen Relationen direkt betreffen würde (Genuskongruenz).

Synchronie / Diachronie

Definition

Diese Begriffe sind methodologischer Natur und bezeichnen zwei unterschiedliche Betrachtungsweisen der *langue*.

Synchronisch zu arbeiten bedeutet, eine momentane Zustandsaufnahme eines untersuchten Sprachphänomens anzufertigen: die *langue* wird dabei als statische, unveränderliche Erscheinung gesehen. Diesbezüglich spricht man auch von *linguistique statique*. Die **diachronische** Perspektive, auch *linguistique évolutive*, beleuchtet dagegen die Sprache in ihrer zeitlichen Entwicklung **(Sprachwandel)**. Im Unterschied zu den atomistischen Forschungsverfahren der historischen Sprachwissenschaft, welche die Einzelphänomene von ihrer Systembedingtheit abstrahierte, interpretiert DE SAUSSURE die Diachronie als Summe von vielen aufeinander folgenden synchronischen Bestandsaufnahmen. Die synchronische Perspektive ist für DE SAUSSURE vorrangig. Rechtfertigen lässt sich diese Haltung damit, dass Sprachen Systeme sind, deren Elemente in ihrer Bedeutung und Funktion jederzeit aktiv sind.

Beispiel

DE SAUSSURE veranschaulicht das Synchroniekonzept mit dem Schachspiel: um ein Schachspiel zu verstehen, braucht man nicht alle Spielphasen zu verfolgen. Die Kenntnis der bereits durchgeführten Züge ist für das Verständnis des aktuellen Spiels irrelevant.

Auswirkung

Das Primat der Synchronie hat entscheidend zur Überwindung der historisch-vergleichenden Perspektive und des linguistischen Fragmentarismus beigetragen.

Die wichtigsten Dichotomien DE SAUSSURES:	*langue/parole*
	Diachronie/Synchronie
	paradigmatisch/syntagmatisch
	Form/Substanz

2 Weitere Personen und Schulen des Strukturalismus

Die Prager Schule

| Funktionalismus | Der *Cercle linguistique de Prague* entstand in den Zwanziger/Dreißiger Jahren; da sich die Linguisten des Prager Kreises ausgiebig mit den Funktionen der Sprache (wozu dient Sprache?) befassten, wird ihr Ansatz als Funktionalismus bezeichnet. Auf die Prager Schule gehen das funktionale Kommunikationsmodell *(S. 91)* und die Theorie der funktionalen Satzperspektive *(S. 30)* zurück. Großen Einfluss nahm der Prager Kreis auf dem Gebiet der Phonologie *(S. 157)*, welche von TRUBETZKOY (*„Grundzüge der Phonologie"*, 1933) und JAKOBSON erarbeitet wurde und zur theoretischen Systematisierung der Lautforschung führte. |
| Repräsentanten | Zu den wichtigsten Mitgliedern der Prager Schule zählen der Böhme BOHUMIL TRNKA (1895–1984), die Russen NIKOLAI TRUBETZKOY (1890–1938) und ROMAN JAKOBSON (1896–1982). Zu den Funktionalisten außerhalb des Prager Kreises gehört der Franzose ANDRÉ MARTINET (*1908), welcher die Begriffe *monème* (inzwischen durch das gebräuchlichere *morphème* ersetzt, S. 130) und *double articulation de la langue* geprägt hat. Die *„Élements de linguistique générale"* (1960), die *„Grammaire fonctionnelle du français"* (1979) und die *„Syntaxe générale"* (1985) gehören zu seinen bedeutendsten Werken. |

Die Kopenhagener Schule

| Glossematik | Kennzeichnend für die Kopenhagener Schule ist die Glossematik (*glosse* = griech. ‚Sprache'). Diese Sprachtheorie wurde von LOUIS HJELMSLEV (1899–1965) und HANS J. ULDALL entwickelt und versteht sich als formalisierte, nahezu algebraische Fortsetzung und Ausdifferenzierung von DE SAUSSURES Systemkonzept, insbesondere seiner Aussage „La langue est une forme, non une substance". Untersuchungsobjekt der Linguistik ist demnach ausschließlich die *langue*. Die Erkenntnisse werden deduktiv ohne empirische Beobachtungen gewonnen und in Form eines mathematischen Modells dargestellt. |

Auswirkung — Die Studien der Kopenhagener Schule im Bereich der Konzepte Form und Substanz des Inhaltes erwiesen sich als entscheidend bei der Entwicklung einer methodologisch fundierten Semantik.

Der amerikanische Strukturalismus

Erste Phase — Beim amerikanischen Strukturalismus sind zwei Phasen zu unterscheiden: eine Entstehungsphase in den Dreißigerjahren, die als **Bloomfield-Ära** (LEONARD BLOOMFIELD, 1887–1949, *„Language"*, 1933) bezeichnet wird, zu der auch Vorreiter wie EDWARD SAPIR (1884–1939) und BENJAMIN L. WHORF (1897–1941) zählen, und eine Hauptphase, die des **Distributionalismus**, auch **taxonomischer Strukturalismus** genannt, in den Vierziger- bis Fünfzigerjahren, deren wichtigste Vertreter ZELLING S. HARRIS (*1909), OSCAR BLOCH, CHARLES F. HOCKETT (*1916) sind.

Zur Theorie — Bezeichnend für den amerikanischen Strukturalismus ist seine Hinwendung zum **Behaviorismus**, eine Strömung innerhalb der Psychologie, die auf Introspektionsverfahren verzichtet und nach dem Beispiel der Naturwissenschaften nur diejenigen Verhaltensweisen als forschungswürdig erachtet, die einer objektiven messbaren Beschreibung unterzogen werden können. Hauptgegenstand der Linguistik sind für BLOOMFIELD – hier zeigt sich ein großer Abstand zu vielen europäischen Strömungen des Strukturalismus – die direkt beschreibbaren *parole*-Äußerungen, welche als Reaktion des Individuums auf sprachliche Stimuli der Umwelt verstanden werden. Ziel der Linguistik ist in der Vorstellung der BLOOMFIELD-Schule, das Phonem- und Morpheminventar *(S. 130)* einer gegebenen Einzelsprache festzulegen. Dafür stehen dem Forscher die Verfahren der **Distributionsanalyse** zur Verfügung, welche auf der **Segmentierung** des im Korpus[1] enthaltenen Sprachmaterials basieren. Hierbei werden **Substitutionsproben** mit paradigmatisch kompatiblen Elementen gemacht, ohne auf die Bedeutung einzugehen. Der Grund für die vollständige Ausblendung der Bedeutung liegt einerseits in der Typologie des erforschten Materials, völlig fremden, noch nicht verschrifteten Indianersprachen, andererseits in der antimentalistischen Einstellung dieser Forscher, die in der Bedeutung eine psychisch-subjektive außersprachliche Erscheinung sehen, die sich objektiver naturwissenschaftlicher Beobachtung entzieht.

Zweite Phase — Die zweite Phase des amerikanischen Strukturalismus wird von zwei konträren und in HARRIS *„Methods in Structural Linguistics"*

---

[1] Korpus: Endliche Menge von konkreten sprachlichen Äußerungen, die als empirische Grundlage sprachwissenschaftlicher Untersuchungen dienen (BUSSMANN ²1990).

(1951) bereits vorkommenden Tendenzen geprägt: Der rigorosen Anwendung und Verfeinerung der Distributionsanalyse steht der Versuch gegenüber, diesen für die Beschreibung nicht linearer Syntaxerscheinungen[2] inadäquaten Ansatz durch die Einführung transformationeller Beschreibungsverfahren radikal zu verändern.

LUCIEN TESNIÈRE

Zur Person

Der französische Strukturalist LUCIEN TESNIÈRE (1893–1954) hat keine Schule im eigentlichen Sinne begründet, doch bedarf seine in den *„Éléments de syntaxe structurale"* (postum 1959) vorgestellte Syntaxtheorie der Erwähnung, denn sie lieferte das theoretische Instrumentarium zur Entwicklung der **Dependenzgrammatik**.

Zur Theorie

TESNIÈRE sieht in der Syntax einen zentralen Bestandteil der Linguistik, welcher sich mit der Untersuchung der *forme intérieure* – einer Art formalem Vermittlungsmechanismus zwischen der Welt der Gedanken (*plan de la pensée,* Inhalt) und dem linearen Redefluss (*forme extérieure*) – befasst. Obwohl die *forme interiéure* im Dienste der Bedeutung steht („le plan structural n'a d'autre objet que de rendre possible l'expression de la pensée, c'est-à-dire du plan sémantique", [2]1969:42), unterliegt sie der Steuerung autonomer Gesetze: dies erklärt, weshalb der Satz *le silence vertébral indispose la voile licite* trotz seiner semantischen Inkongruenz syntaktisch korrekt ist. Mit der Bezeichnung *intérieure* deutet TESNIÈRE außerdem darauf hin, dass die syntaktischen Mechanismen mehrschichtige Strukturen sind, die durch einfache Beobachtung und Beschreibung der linearen Ordnung (*ordre linéaire*) nicht erklärbar sind. Die Nähe zu CHOMSKYS Auffassung der Syntax *(S. 20),* insbesondere zu seinem Konzept der Oberflächen- und Tiefenstruktur, ist beträchtlich.

Das Verb ist für TESNIÈRE der *noeud* („Knoten") des Satzes; durch seine **Valenz**, d. h. die Zahl der Ergänzungen, die von ihm direkt regiert werden, strukturiert das Verb, das semantisch betrachtet einen Prozess ausdrückt, den ganzen Satz. Die strukturell zu einem Verb gehörigen Ergänzungen werden von TESNIÈRE *actants* („Aktanten") genannt. Satzbestandteile, die vom Verb nicht direkt verlangt werden, bezeichnet er als *circonstants* („Zirkumstanten"). Zu unterscheiden ist zwischen avalenten *(neiger),* monovalenten *(bailler),* divalenten *(chercher)* und trivalenten *(donner)* Verben.

Beispiel

Mettre gehört zum dreiwertigen Verbtyp, denn es verlangt drei Aktanten, die durch die Funktionen Subjekt, Objekt und Lokativ syntaktisch realisiert werden: Während *Il a mis les clés dans mon sac* ein grammatisch korrekter Satz ist, gilt dies nicht für **Il a mis les clés*[3] oder **il a mis dans mon sac*, da die Valenz von *mettre* nicht vollständig gesättigt ist. Im Satz *J'ai cherché les clés dans toute la maison* stellt *dans toute la maison* einen Zirkumstant dar, denn dieses Syntagma wird, wie die grammatikalische Korrektheit von *J'ai cherché les clés* beweist, nicht direkt vom Verb verlangt: *Chercher* hat nur zwei Aktanten.

Darstellungsweise

Auf TESNIÈRE geht auch die Einführung des **Stemma** zurück, eine unter den europäischen Strukturalisten noch ungebräuchliche graphische Darstellung, die zur Visualisierung der Dependenzbeziehungen zwischen den syntaktischen Einheiten dient.

Beispiel

Bei Anwendung seiner Theorie gestaltet sich die graphische Darstellung des Satzes *la meilleure leçon est celle des exemples* wie folgt:

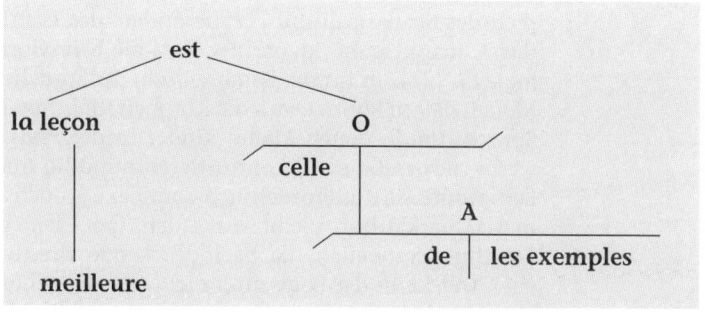

Aus: TESNIÈRE[2] 1969, S. 480; O = Substantiv, A = Adjektiv.

3 Ausblick

Auswirkung

Der „*Cours*" hat die Entwicklung der Linguistik nachhaltig beeinflusst. In den strukturalistischen Schulen Europas und Nordamerikas wurde er nach positiver Rezeption weiterentwickelt und ausdifferenziert. Aber auch die kritische Auseinandersetzung mit DE SAUSSURE und seinen Erben erwies sich als fruchtbar, denn sie führte sowohl zur verstärkten Berücksichtigung der vernachlässigten Syntax (generative Grammatik) als auch zum Entstehen neuer, nicht mehr systemzentrierter Disziplinen wie der Pragma- und Textlinguistik.

---

2 Z. B. kommt die lineare Distributionsanalyse nur schwer mit einem mehrdeutigen Satz wie *Faites-le voir* zurecht, welcher, wenn *le* Experiencer ist (S. 112–113), als „veranlassen Sie, dass er sieht" zu verstehen ist, jedoch als „erlauben Sie, dass man sieht" wiederzugeben ist, wenn *le* Thema ist (S. 112–113).
3 Der **Asterisk** zeigt an, dass der darauf folgende Satz grammatikalisch falsch ist.

4 Die generative Grammatik (GG)

Methodologische Entscheidungen

Die generative Transformationsgrammatik entsteht Ende der Fünfzigerjahre als reines Syntaxmodell aus den Arbeiten des US-Amerikaners NOAM CHOMSKY (*1928). Da sie im Laufe der Zeit radikale Umarbeitungen erfährt, die u. a. die Semantik einbeziehen und die Relevanz des Transformationsteils stark einschränken, wird sie in Generative Grammatik (GG) umbenannt. Im Folgenden werden nur die in den achtziger Jahren und zu Beginn der neunziger entwickelten Konzepte *(Rektions-Bindungs-Theorie, Prinzipien und Parameter)* berücksichtigt. Die erste, inzwischen überholte Phase der Transformationsgrammatik und die jüngste Entwicklung *(The Minimalist Program)*, die für ein breites Publikum noch nicht reif ist, sollen hingegen unberücksichtigt bleiben.

Genese

Die generative Grammatik stellt eine Reaktion auf einige Prinzipien des Strukturalismus, insbesondere des Distributionalismus, dar. CHOMSKY geht davon aus, dass die behavioristische Psychologie *(S. 17)* kein für die Beschreibung der Sprache befriedigendes Modell liefern kann. Denn die Kargheit und Unzulänglichkeit der Sprachstimuli, denen kleine Kinder in der Phase des Spracherwerbs ausgesetzt sind, kontrastieren auffällig mit der Schnelligkeit, womit sie außerordentlich komplexe Sprachstrukturen erlernen. Unerklärbar bleibt außerdem bei den herkömmlichen Forschungsmodellen die beeindruckende **Kreativität** der Sprecher, welche in der Lage sind, nicht nur nie gehörte Konstruktionen zu produzieren und zu rezipieren, sondern auch über die **Grammatikalität** derselben zu urteilen.

Demzufolge gehen die generativistisch geprägten Ansätze davon aus, dass die Sprachproduktion und -rezeption von angeborenen mentalen Instanzen **(Natismus/Mentalismus)** und einem internalisierten Kenntnissystem **(universale Grammatik)** gesteuert werden, die als nicht direkt beobachtbare Phänomene hauptsächlich durch **Introspektion** – subjektive Intuitionen über die eigene grammatische **Kompetenz** – zu erforschen sind. Die Linguistik gehört danach zu den **kognitiven Wissenschaften**[4].

Ziele

Zu den **Hauptzielen** der generativistisch geprägten Forschungsansätze zählen:
1. Die Bildung einer Theorie über die Universalgrammatik, d. h. über die geistigen Eigenschaften **(Prinzipien und Parameter)**, die für das Phänomen der Sprachfähigkeit verantwortlich sind.
2. Die Erzeugung jeder beliebigen **I-Sprache** (Einzelsprache) anhand einer generativen Grammatik (I steht für das englische *interior* „Innen-/intern").

Zu 1. Die Prinzipien und Parameter der Universalgrammatik sind vergleichbar mit mentalen Operationen, die konstitutiv für die menschliche Sprachfähigkeit sind. Beide sind **angeboren**, **universell** und **quantitativ** begrenzt. Da sie eine Art Grundstruktur in allen existierenden Sprachen bilden, lässt sich die Hypothese aufstellen, dass die scheinbar so vielfältige Sprachendifferenzierung in der Tat auf eine überschaubare Menge von Variationsmustern reduzierbar ist, die eng mit der Parametermenge korreliert. Denn während die Prinzipien den invariablen Teil der Sprachfähigkeit bilden, weil sie in jeder Sprache in gleicher Form vorkommen, stellen die Parameter binäre Variablen dar, die auf Grund ihrer von Sprache zu Sprache unterschiedlichen Festsetzung (**Parametrisierung**) für die Ausprägung einer gewissen Differenzierung unter den grammatischen Grundmustern der Einzelsprachen verantwortlich sind. Das Parameterkonzept soll im Folgenden illustriert werden.

Beispiel Die Universalgrammatik weist einen Parameter (**Null-Subjekt-Parameter**) auf, dessen positive oder negative Positionierung bestimmt, ob die phonetische Realisierung des Subjekts in einer gegebenen Sprache obligatorisch oder nicht obligatorisch ist. Während das Französische *(elle y va /*(elle) y va)* und das Deutsche *(sie geht hin/*[sie] geht hin)* das Subjekt immer phonetisch realisieren müssen, kann es im Italienischen *(ci va)* oder Spanischen *(va)* phonetisch unrealisiert sein. Bei den Neugeborenen ist dieser Parameter noch offen. Während des Spracherwerbs stellt sich jedoch der Subjektparameter auf eine der beiden Positionen ein in Abhängigkeit davon, ob das Kind eine Sprache mit oder ohne obligatorische Subjektrealisierung erlernen muss. Die Einstellung eines Parameters auf einen bestimmten Wert betrifft in der Regel mehrere systematisch nahe stehende Spracherscheinungen. So erklärt die unterschiedliche Belegung des Subjektparameters u. a., weshalb **Qui dis-tu que m'a frappé?* ein ungrammatischer Satz des Französischen ist, wohingegen die italienische Übersetzung *Chi dici che mi ha colpito?* korrekt ist.

Zu 2. Was ist eine generative Grammatik? Mit Grammatik ist ein vielschichtiges, modular organisiertes Modell gemeint, das sich aus zwei Hauptbestandteilen zusammensetzt: 1. einem **Lexikon** und 2. einem **syntaktischen Regelsystem.**

Das Lexikon (Wortschatz) besteht aus bedeutungstragenden, in syntaktische Kategorien (Nomina, Verben, Adjektive etc.) gruppierte Einheiten; das syntaktische Regelsystem (**komputationales System**) spezifiziert, A wie sich diese Grundeinheiten zu kor-

---

4 Kognitive Wissenschaften befassen sich mit der Erforschung mentaler Strukturen und Prozesse.

rekten größeren syntaktischen Elementen (Syntagmen und Sätzen) verbinden lassen und **B** welche Bewegungsmöglichkeiten den Syntagmen innerhalb des Satzes erlaubt sind. Punkt **B** entspricht der in der TG der Sechziger-/Siebzigerjahre als **transformational** bekannten **Komponente**. Das syntaktische Regelsystem besteht aus mehreren Subsystemen: der X-bar-Theorie (s. unten), der Kasustheorie, der Theta-Theorie, der Bindungstheorie und der Rektions-Theorie[5]. Diese zwei Hauptbestandteile werden außerdem von einer phonetischen Komponente (**phonetische Form**) und einer semantischen Komponente (**logische Form**) ergänzt. Die erste dient der phonologischen Darstellung der sprachlichen Äußerungen; die zweite sorgt für die korrekte Festlegung einer Reihe satzsemantischer Faktoren, die nicht direkt vom Lexikon abhängen, z. B. die korrekte Erstellung der anaphorischen Verweise *(S. 93)*. Das Modell der GG ist als **T-Modell** bekannt:

Lexikon	
Syntax	
Phonologie	Semantik

Der Begriff „Generativ" bezieht sich einzig und allein auf das angewandte Beschreibungsverfahren: das Regelsystem zur Erzeugung aller grammatikalischen Sätze einer I-Sprache soll in dieser Theorie, wie in der Mathematik, explizit, d. h. formal, dargestellt werden.

Beispiel

Folgende Notation stellt die **X-bar-Theorie**, eines der Grundkonzepte der GG, dar:
X" → **Spezifikator X'**
X' → **X Komplement**
Sie kann auch anhand eines **Graphs** (binären Strukturbaums) dargestellt werden:

$$
\begin{array}{c}
\quad\quad X'' \\
\text{Spez X'} \quad\quad X' \\
\quad\quad X \quad\quad Kp
\end{array}
$$

Beide Darstellungen veranschaulichen folgende Hypothese der GG:

Hypothese

„Syntaktische Kategorien lassen sich einem Kontinuum anwachsender Strukturiertheit zuordnen, wobei der Komplexitätsgrad

---

[5] Die Komplexität der GG erlaubt an dieser Stelle keine weitere Vertiefung oder zusätzliche Erklärungen. Eine einfache, auf das Deutsche zugeschnittene Einführung ist das Arbeitsbuch von KELLER/LEUNINGER (1993). Auch ist für die romanischen Sprachen MÜLLER/RIEMER (1998) zu empfehlen.

(...) durch Balken (daher X-bar-Theorie) oder Hochkomma über der Kategorie ausgedrückt wird" (Keller 1993:99).

X steht also für eine syntaktische Kategorie (z. B. Nomina, Adverb etc.); **Spez** und **Kp** sind jeweils die Abkürzung von **Spezifikator** (z. B. *ein, der*) und **Komplement** und weisen auf die syntaktischen Einheiten hin, die links und rechts von X vorkommen können. Die X-bar-Theorie kann z. B. ein Adjektivsyntagma (A") wie *très digne d'être aimée* erzeugen:

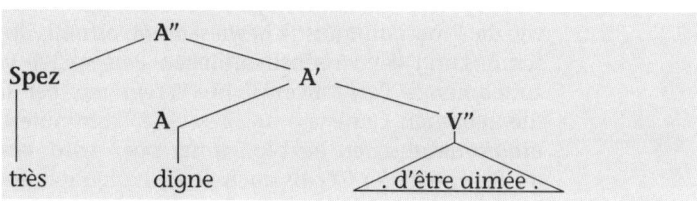

Präzisierung

Die GG strebt primär die **Erzeugung** und nicht die **Beschreibung** von I-Sprachen an. Die GG will also die innere **Kompetenz** (I-Sprache) des Sprechers rekonstruieren. Die **Performanz**, d. h. die konkrete Aktualisierung der Kompetenz in den Äußerungsakten *(S. 90)*, hat für die GG nur eine nachgeordnete Bedeutung. Deswegen finden gerade die generativen Sprachmodelle in den Bereichen der Computerlinguistik Anwendung, die sich mit der Simulierung und Generierung von natürlich-sprachigen Texten befassen.

	Wichtige Titel zur Genese der GG und ihrer Rezeption im französischsprachigen Raum:
1957:	N. Chomsky, *„Syntactic Structures"*; frz. Übers.: *„Structure syntaxique"*, 1969.
1965:	N. Chomsky, *„Aspect of the Theory of Syntax"*; frz. Übers.: *„Aspects de la théorie syntaxique"*, 1971.
1973:	R. S. Kayne, *„French Syntax"*; frz. Übers.: *„Syntaxe du français. Le cycle transformationnel"*, 1977.
1981:	N. Chomsky, *„Lectures on Government and Binding"*; frz. Übers.: *„Théorie du gouvernement et du liage: les conférences de Pise"*, 1991.
1993:	N. Chomsky/H. Lasnik, „Principles and Parameters Theory". In: J. Jacobs et al. (Eds.), *„Syntax: an International Handbook of Contemporary Research"*, Berlin.
1995:	N. Chomsky, *„The Minimalist Program"*.

Ausblick

Kritische Einschätzung

Die moderne Syntax-Theorie ist ohne die Tätigkeit von Chomsky und den Generativisten schwer vorstellbar. Die meisten der in den letzten Jahrzehnten zustandegekommenen Syntaxmodelle (z. B. die „*Lexikalisch-funktionale Grammatik*" von J. BRESNAN, 1982, oder die „*Generalized Phrase Structure Grammar*" von G. GAZDAR et al., 1985) sind u. a. auf Grund einer kritischen Auseinandersetzung mit dem generativen Grammatikmodell entstanden. Viele Prinzipien der GG werden jedoch kritisch bewertet. Die ausschließliche Berücksichtigung der systembedingten Sprachfaktoren, die Fixierung auf die internalisierte Kompetenz der Sprecher haben trotz ihrer operativ gerechtfertigten und fruchtbaren Anwendung eine, wie die Pragmalinguistik bewiesen hat, oftmals dogmatische Einschränkung der wissenschaftlichen Perspektive verursacht. Der zunehmende Formalismus, im Verein mit der Instabilität des theoretischen Gerüstes, welches einer kontinuierlichen, nahezu programmatischen Revision unterzogen wird, erschwert sowohl die Rezeption der GG als auch ihre Divulgation und Berücksichtigung bei der Erarbeitung anderer Forschungsansätze.

5 Die kommunikativ-pragmatische Wende

Überblick

Das Stichwort „kommunikativ-pragmatische Wende" bezieht sich auf eine Anfang der Siebzigerjahre erfolgte Neuorientierung der Linguistikforschung, die sich nun von den systemzentrierten Theorieverfahren der Strukturalisten und Generativisten distanziert, um ihre Aufmerksamkeit auch auf die außersprachlichen Komponenten des Kommunikationsaustausches (Gesprächspartner, Kanal, kommunikative Intentionen etc.) zu richten.

Die Zahl und Art der sprachwissenschaftlichen Disziplinen, die mit kommunikativ-pragmatisch orientierten Ansätzen operieren, lässt sich nur schwer festlegen und definieren. Verallgemeinernd ist dennoch festzustellen, dass sie trotz sehr unterschiedlicher Forschungsperspektiven ein gemeinsames Interesse für die Bedingungen teilen, die das sprachliche Handeln erlauben, und für die Wechselwirkungen, die zwischen außersprachlichem kommunikativem **Kontext** und sprachlichen Ausdrucksmitteln (**Ko-text**) bestehen.

Versucht man trotz der geschilderten Komplexität, eine Gruppe von Disziplinen zu benennen, deren Forschungsweise kommunikativ geprägt oder ausgerichtet ist, lassen sich außer der **Pragma-** und **Textlinguistik** auch die **Psycholinguistik**, die **Soziolinguistik** und Teilbereiche der **Varietätenlinguistik** erwähnen.

Die folgenden Ausführungen berücksichtigen ausschließlich die Pragmalinguistik.

1 Die Pragmalinguistik

Prämisse Bedient sich die Systemlinguistik des Begriffes **Satz** *(phrase)*, so begegnet man im pragmalinguistischen Bereich dem Terminus **Äußerung** *(énoncé)*.

Definition Der kanonische Satz ist eine Konstruktion, die aus einem Prädikat und einem Subjekt besteht. Er stellt ein virtuelles Grundmuster sprachlicher Systeme dar, gehört also zur *langue* und ist die oberste Untersuchungseinheit der Syntax. Ein Satz wird erst dann zu einer Äußerung, wenn er in einen konkreten kommunikativen Kontext eingebettet ist. Kommt derselbe Satz in fünf verschiedenen Sprechsituationen vor, entspricht er auch fünf unterschiedlichen Äußerungen. Eine Äußerung braucht, um eine solche zu sein, kein Prädikat: Ausdrücke wie *ah, le pauvre! Bien sûr, mais pas moi; et voilà ta voiture* sind, in ihrer Sprechsituation verankert, obwohl das Verbalsyntagma fehlt, kommunikativ völlig angemessen.

Die Aktivierung einer Äußerung heißt **Äußerungsakt** *(énonciation)*.

Abgrenzung Eine genaue Definition des Begriffs **Pragmalinguistik** ist kaum zu erzielen. Grund dafür ist einerseits die Heterogenität der Forschungstraditionen (Philosophie, Semiotik, Logik), die zur Entwicklung pragmatisch orientierter Forschungsansätze beigetragen haben; andererseits die Vielfalt der Spracherscheinungen, die als potentielle Forschungsobjekte der Pragmalinguistik gelten können.

Verallgemeinernd können allen pragmatisch orientierten Forschungsansätzen folgende Schwerpunkte zugeordnet werden:

- **Die kommunikative Kompetenz**, d. h. die Fähigkeit der Sprecher/Hörer, adäquat zu den gegebenen außersprachlichen Bedingungen zu handeln.
  Beispiel: Zu einem Baby würde man nie in Anwesenheit der Mutter sagen „*Qu'elle était horrible, la petite Louise!*" Außerdem verwendet man in dieser Art von Äußerungen das Imperfekt *(était)* und die dritte Person *(elle)*, eine Sprachstrategie, die sich mit der außerordentlichen Diskrepanz zwischen dem kommunikativen Status der Sprechbeteiligten (ein *bébé* ist, dadurch, dass es nicht reden kann, kein Sprechpartner im eigentlichen Sinne) erklären lässt.
- **Der kommunikative Sinn**, d. h. der Teil der Bedeutung eines Äußerungsaktes, der sich nicht direkt dem Inhalt der verwendeten Äußerung, sondern nur in Verbindung mit dem jeweiligen kommunikativen Kontext entnehmen lässt.

Beispiel: Der kommunikative Sinn der Äußerung *Paul, la machine à laver a fini de tourner!* kann u. a. die Aufforderungen *étends le linge! Ferme le robinet d'eau* oder die Feststellung *maintenant on peut sortir* etc. implizieren.
- **Der Diskurs/Text.** Der Sprachaustausch kann allein mit Größen wie der Äußerung und dem Äußerungsakt nicht adäquat beschrieben werden, denn Kommunikation besteht generell aus einer **kontextualisierten Folge** von Sprachhandlungen, die die Verkettung mehrerer Äußerungen implizieren. Die Begriffe Diskurs und Text stellen den Versuch dar, diese Tatsache theoretisch zu verankern.

Definition

Eine allgemein gültige Definition der Begriffe **Diskurs** und **Text** gibt es nicht. In anglo-amerikanischen Forschungsansätzen werden sie oft synonymisch verwendet.

Wir sehen allerdings in „Diskurs" ein Pendant zum ‚Äußerungsakt' und in „Text" ein Pendant zur ‚Äußerung'. Während jeder Diskurs gleichzeitig auch die Aktivierung eines Sprachverhaltens *(conduite langagière)* impliziert, stellt der Text ein Ergebnis dar, und zwar ein *genre*, d. h. eine registerspezifische Form *(S. 83)* der Diskursstrukturierung. ADAM (1990:23) visualisiert diesen Unterschied anhand folgender Schematisierung:

DISCOURS = Texte + Conditions de production
TEXTE = Discours − Conditions de production.

Während die Textanalyse auch eine rein linguistische Angelegenheit sein kann, lässt sich die Diskursanalyse nur interdisziplinär erfolgreich durchführen.

Entwicklung

Die heutige europäische Pragmatik wird von **zwei großen Denkströmungen** geprägt.
1. Die erste ist **anglo-amerikanischer** Herkunft und vereint Namen wie JOHN L. AUSTIN (1911–1960), LUDWIG WITTGENSTEIN (1889–1951), JOHN R. SEARLE (1932), H. PAUL GRICE, DAN SPERBER und DEIRDRE WILSON. Aus diesem Forschungsbereich stammen zwei der bedeutendsten Teildisziplinen der Pragmalinguistik:
- die **Sprechakttheorie** und
- die **Konversations- und Diskursanalyse**.
2. Die zweite hat sich im **frankophonen Europa** gebildet und wird von Forschern wie ÉMILE BENVENISTE, OSWALD DUCROT, JEAN-CLAUDE ANSCOMBRE und ANTOINE CULIOLI u. a. vertreten. Ihr wichtigster Ansatz ist die **théorie de l'énonciation**.

Die Sprechakttheorie

Vertreter — Die Sprechakttheorie findet ihren ersten Niederschlag in den Werken des englischen Philosophen JOHN AUSTIN („*How to do things with words*", 1962). Ende der Sechzigerjahre wird sie vom Amerikaner JOHN R. SEARLE vertieft und vervollkommnet („*Speech acts: an essay in the philosophy of language*", 1969).

Zur Theorie — Kern der Sprechakttheorie sind folgende zwei Konzepte:
- Sprechen ist Handeln.
- Die Bedeutung eines Wortes ist sein Gebrauch in der Sprache (WITTGENSTEIN ^{9}1993:§ 43).

Illokution — Die Handlungen, die durch das Aussprechen einer Äußerung vollzogen werden, heißen **illokutionäre Akte**: Unterschiedliche Äußerungen können an den gleichen illokutionären Akt gebunden sein; umgekehrt ist es möglich, dass unterschiedliche illokutionäre Akte an dieselbe Äußerung gekoppelt sind.

Beispiel — *Je t'ordonne de t'en aller! Peux-tu t'en aller? Va-t-en!* sind morphosyntaktisch und semantisch verschiedene Äußerungen. Sie können jedoch alle drei zur Durchführung des gleichen illokutionären Akts, d. h. eines **Befehls**, verwendet werden. Andererseits kann *Peux-tu t'en aller?* außer eines höflich formulierten Befehls auch eine echte Frage sein.

Daraus lässt sich entnehmen, dass manche illokutionäre Akte direkt sind, d. h. ihre lexikalischen (z. B. *ordonner* → Befehl) oder ihre morphosyntaktischen Merkmale (Imperativ, Frage) deuten explizit auf einen besonderen illokutionären Akt hin; andere dagegen sind indirekt und können nur dann vom Hörer verstanden werden, wenn ihm auch die tatsächliche kommunikative Situation bekannt ist.

Performation — Eine besondere Gruppe von illokutionären Akten stellen die **Performativa** (sprechhandlungsbezeichnende Ausdrücke) dar. Ihr Hauptmerkmal liegt darin, dass sie bei ihrer Aktivierung das vollziehen (unter bestimmten morphosyntaktischen und kommunikativen Bedingungen), was sie inhaltlich ausdrücken.

Beispiel — Sagt der Leiter einer Sitzung *Je déclare la séance ouverte*, dann ist die Sitzung kraft dieser Sprechhandlung eröffnet.

Die Konversations- und Diskursanalyse[6]

Prämisse
Die Konversations- und Diskursanalyse bilden den zweiten umfangreichen Forschungsbereich anglo-amerikanischer Prägung. Obwohl diese Begriffe aus unterschiedlichen Forschungsprämissen erarbeitet wurden, werden sie vor allem in Europa oft äquivalent verwendet, um Forschungsansätze zu bezeichnen, die Sprache in ihrer Kontextabhängigkeit beschreiben wollen.

Ziele
Will man dieses vielfältige Forschungsfeld auf wenige Schwerpunkte reduzieren, so sind zu erwähnen:
- Die Beschreibung der Strategien, die die verbale und nicht verbale Interaktion von Gesprächspartnern steuern, wie den **turn-Wechsel-Mechanismus** (wer wann wie lange sprechen darf), die **Reparaturen** von schief gelaufenen Kommunikationsbeiträgen, die **Abwicklung von Überlappungen** etc. (GLÜCK 1993).
- Die Beschreibung der Verfahren, die dazu dienen, den Gesprächsfluss und -austausch in Form von Text oder Diskurseinheiten zu gestalten. Dazu zählen u. a. Spracherscheinungen wie die **Kohäsion** (durch formale Mittel der Grammatik hergestellter Textzusammenhang, BUSSMANN ²1990:389) und die **Kohärenz** (semantisches Merkmalnetz, das es dem Rezipienten erlaubt, aus der Bedeutung der einzelnen Äußerungen die textuelle Bedeutung zu erfassen).

Repräsentanten
Zu den Pionieren der Konversationsanalyse gehört H. PAUL GRICE (*„Meaning"*, 1957, *„Utterer's meaning and intention"*, 1969). Aus seinen Untersuchungen über die Bedeutung stammen die Begriffe **konversationelle** vs. **konventionelle Implikatur**.

Definition
Eine **konversationelle** Implikatur ist ein Bedeutungsteil einer Äußerung, den der Hörer nicht explizit der wahrgenommenen Lautfolge von Wörtern entnehmen kann; denn konversationelle Implikaturen ergeben sich erst durch die Einbeziehung des kommunikativen Kontextes. Der rationale Prozess, der zur erfolgreichen Einschätzung einer konversationellen Implikatur führt, heißt **Inferenz**.
Beispiel: Wenn X zu Y sagt *je suis vraiment fatigué* und Y erwidert *bon, à demain,* ist zu vermuten, dass Y eine konversationelle Implikatur des Typs *étant très fatiguée, elle veut que je m'en aille* inferiert hat.
Die Inferenz ist durch das **Kooperationsprinzip** *(S. 89, Fußnote 4)* gewährleistet, welches besagt, dass die an einer sprachlichen Interaktion beteiligten Personen implizit von einem kooperativen Verhalten geleitet werden.

| Definition | Implikaturen sind **konventionell**, wenn sie von der konventionellen, d. h. lexikalischen Bedeutung der Wörter ausgelöst werden.
Beispiel: *Elle est jeune mais equilibrée.* Mit dieser Äußerung impliziert der Sprechende, dass Unausgeglichenheit ein Merkmal der Jugend ist. Diese Implikatur wird, wie ihre Neutralisierung durch eine Substitutionsprobe mit *et* beweist, einzig und allein von *mais* getragen: *elle est jeune et equilibrée.* |

| Definition | Eine kritische Fortführung und Weiterentwicklung von GRICES Kooperationsprinzip stellt das **Relevanzprinzip** von SPERBER und WILSON (²1995; frz. Übers. 1989) dar. |

Die frankophone Pragmalinguistik und die *théorie de l'énonciation*

| Ziele | Die *théorie de l'énonciation* richtet ihre Aufmerksamkeit auf kommunikativ-pragmatische Erscheinungen, die mit dem **linguistischen Kontext** (auch **Ko-text** genannt) in Verbindung zu setzen sind. Sie geht davon aus, dass die Funktion der Sprachzeichen nicht auf das Referieren, d. h. auf das Bezugnehmen auf Gegenstände der Außenwelt reduziert werden kann. Viele Sprachzeichen besitzen nämlich einen pragmatischen Wert, der dazu dient, die Äußerungen der Sprachbeteiligten in Relation zu ihrem kommunikativen Kontext zu setzen, und sind infolgedessen als Indiz der *activité énonciative* zu verstehen. |

| Beispiel | In einer Äußerung wie *Oui, je vais chez lui, puisque tu insistes* führt *puisque* nicht die Rechtfertigung bzw. Ursache für den im vorangehenden Hauptsatz dargestellten Sachverhalt ein, sondern dient dazu, einen Bezug zum Äußerungsakt des Gesprächspartners herzustellen. Die korrekte Interpretation dieser Äußerung ist also „da du darauf beharrst, erfahren zu wollen, was ich mache, sage ich dir, dass ich zu ihm gehe" und nicht „auf Grund deiner Insistenz gehe ich zu ihm". |

| Funktionale Mittel | Zu den Sprachmitteln, deren Funktion kommunikativ-pragmatischer Natur ist, zählen:
■ **Die Deiktika** *(les indiciels, les embrayeurs, S. 92)*, z. B. die Formen *je, tu,* welche es den Sprechern erlauben, wechselseitig ihre Position als Sender oder Empfänger zu definieren: *ici, maintenant* etc. zur zeitlichen und örtlichen Situierung der Sprechhandlung oder *ce, celui-ci, celui-là* zur Orientierung auf der Ko-text-Ebene |

---

6 Der Begriff **Konversationsanalyse** stammt aus der Soziologie; „**Diskursanalyse**" dagegen aus der Linguistik.

und zum Verweis auf bereits eingeführte Sprachzeichen *(il y avait un homme₁ .... Celui-ci₁ était ...; S. 93)*.
- **Die modalisierenden Adverbien** *(probablement, tout à fait etc. S. 98)*, womit die Sprecher den Wahrheitsgrad ihrer Äußerung nuancieren *(probablement, il est chez le docteur.)*
- **Die Verteilung der Information in der Äußerung** (funktionale Satzperspektive, Thema/Rhema, *S. 124*). Damit sind all die Verfahren gemeint, die es erlauben, den Äußerungsinhalt nach kommunikativen Gesichtspunkten (± relevant für die Sprechenden) zu gliedern. So kann die unmarkierte Satzordnung von *Julie arrive en chantant* je nach kommunikativem Kontext folgende Äußerungsformen wahrnehmen: *tiens, il arrive Julie en chantant, (il) y a Julie qui arrive en chantant, c'est Julie qui arrive en chantant* etc.
- **Manche Konnektoren.** Zu erwähnen sind diesbezüglich die vielen Arbeiten von Ducrot (1972, 1980, 1984), in denen er die konventionellen Implikaturen *(implicatures lexicales)* und den argumentativen Wert von Konnektoren wie *mais, car, bien, d'ailleurs, puisque* scharfsinnig analysiert *(S. 106 f.)*.

2 Ausblick

Forschungsstand

Dieser summarische Überblick sollte eine Vorstellung vom Umfang und der Komplexität der kommunikativ-pragmatisch orientierten Disziplinen vermitteln. Eine Rückkehr zu rein systemlinguistisch fundierten Forschungsmethoden ist inzwischen kaum mehr vorstellbar. Vielmehr versucht die aktuelle Linguistik, Ansätze im Sinne einer *pragmatique intégrée* zu entwerfen, die die Pragmalinguistik zum Fundament nehmen und sie nicht als nebensächliche Disziplin für systemlinguistisch nicht lösbare Probleme begreifen.

6 Literatur

Zu 2, 3, 4 und 5

Zur Annäherung an die behandelten Themen sind zu empfehlen: Blasco Ferrer (1996); Bartschat (1996); Baylon/Fabre (1990); Chiss/Filliolet/Maingueneau (⁴1996 Bd. 1); Fuchs/Le Goffic (1992); Geckeler/Dietrich (²1997); Helbig (²1988); Metzeltin (1990); Hillen/Rheinbach (²1995); Pelz (1996); de Saussure (1916); Schott/Bourget (1994).

Sprachpolitik, Sprachnormierung und Frankophonie

1 Terminologische Vorbemerkungen

Prämisse

Sprachpolitik und Sprachnormierung sind verwandte, sozialgeschichtlich bedingte Erscheinungen; denn die Fixierung einer bestimmten **Sprachnorm**, z. B. des *bon usage*, hängt u. a. auch von den sprachpolitischen Maßnahmen ab, für die sich eine bestimmte Gesellschaft im Laufe ihrer geschichtlichen Entwicklung entscheidet.

Definition

Der Begriff **Sprachpolitik** bezieht sich auf die Entscheidungen, die von Regierungsorganen, staatlichen sowie privaten Institutionen und von zur Elite gehörenden Volksschichten in Bezug auf die Einführung, Verbreitung, Unterstützung und Lenkung eines landesspezifischen Sprachmodells getroffen werden. Die Reichweite sprachpolitischer Maßnahmen braucht dennoch nicht mit den nationalen Grenzen eines Staates zusammenzufallen. Die **Frankophonie**, deren Bedeutung weit über die Paraphrase *ensemble des pays de langue française* hinausgeht, stellt auch einen internationalen, politisch geprägten Versuch dar, das heutige Französisch über die Grenzen der primär frankophonen Sprachgemeinschaften hinaus zu verbreiten und zu festigen. Die wichtigsten Mittel zur Durchsetzung sprachpolitischer Maßnahmen sind die Schule, die staatliche Verwaltung, die Presse, auch religiöse Institutionen wie die Kirchen, sowie die Massenmedien (Rundfunk, Fernsehen, Internet etc.). Sprachpolitik kann u. U. eingesetzt werden, um bestimmte Sprachvarietäten, z. B. **Minderheitensprachen** und **Dialekte** *(S. 65, 73)*, zu unterdrücken.

Administrativ/funktionell betrachtet kann eine Sprache als **Amtssprache** *(langue officielle)* oder **Verkehrssprache** *(langue véhiculaire)* gelten. Die Amtssprache ist die offizielle Sprache eines Nationalstaats, „insbesondere die Sprache seiner Gesetzgebung und seiner Verwaltung, der Gerichte und der Schulen" (GLÜCK 1993: 36). Die Verkehrssprache ist eine „Sprachform, die zur Kommunikation zwischen Menschen/Gruppen von Menschen dient, deren S1 (i.e. Erstsprachen, L.G.F.) verschieden sind" (GLÜCK 1993: 678). Sie kann administrative und allgemein kommunikative Funktionen haben.

Definition

Sprachnormen sind sozial bedingte Regelungen, die die sprachliche Interaktion bestimmen. Sie festigen sich erst in einem fortgeschrittenen Entwicklungsstadium einer Sprache, und zwar dann, wenn die Kodifizierung bereits stattgefunden hat. Der Begriff **Sprachnormierung** „umfasst sowohl die Kodifizierung oder Festschreibung einer Varietät (z. B. des Französischen, L.G.F.) als auch ihre spätere Elaboration bzw. ihren Ausbau" (WINKELMANN 1990: 336). Die Sprachnormierung strebt die Festlegung verbindlicher Sprachnormen an, deren Verletzung Sanktionen nach sich zieht. Sprachnormierende Mittel sind normative Grammatiken, Wörterbücher, Terminologielisten; aber auch die im Laufe der Jahre von jeder Person durchlebte Sprachsozialisation ist hierunter einzuordnen, denn die Sprachnormierung betrifft außer der innersprachlichen Ebene (Aussprache, Orthographie, Morphologie, Syntax, Lexik etc.) auch den Kommunikationsvorgang in seiner Ganzheit, d. h. das **normgerechte** Sprechen in sozialen Rollen und Institutionen.

Fazit

Dieses Kapitel befasst sich mit der Entstehungsgeschichte und dem Ausbau des *bon usage*. Daraus darf jedoch nicht der Schluss gezogen werden, andere Sprachvarietäten seien keiner Normierung unterworfen und – noch problematischer – das Standardfranzösische (ein rein linguistischer Begriff) würde mit dem *bon usage* zusammenfallen. Vielmehr ist das heutige Standardfranzösische eine heterogene Varietät, die sich aus Sprachmerkmalen des *français soigné (choisi, soutenu, tenu, bon usage)* und des *français courant (commun, usuel)* zusammensetzt (MÜLLER 1985:226).

2 Sprachpolitik und Sprachnormierung

1 Entstehung des Französischen

Vorgeschichte

Situierung

Das Französische hat sich aus dem **Latein,** einer indoeuropäischen Sprache, entwickelt und gehört daher zur **indoeuropäischen Sprachfamilie.** Außerdem ist es auch eine **galloromanische** Sprache, d. h. eine derjenigen Sprachen, die sich nach der Auflösung des Römischen Reiches in der Zeitspanne vom 4./5. bis zum 9./10. Jh. aus den verschiedenen Sprechlateinvarietäten der *Gallia Transalpina* – der Region der Gallier zwischen Rhein, Alpen, Mittelmeer, Pyrenäen und Atlantik – herausgebildet haben.

Zu den heute wichtigsten galloromanischen Sprachen dieses Areals gehören außer dem Französischen noch das **Frankoprovenzalische** und das **Okzitanische** (die alte *langue d'oc*). Eine Sonderstellung belegt das **Katalanische,** welches Sprachmerkmale des **Gallo-** und **Iberoromanischen** in sich vereint.

Das Französische hat nicht von Anfang an als homogene normierte Sprachvarietät existiert: vielmehr hat es zuerst ein Bündel von verwandten Mundarten gegeben, und zwar diejenigen der *langue d'oïl* (**Pikardisch, Wallonisch, Champagnisch, Lothringisch, Normannisch, Anglonormannisch** [in England], **Burgundisch, Poitevinisch, Franzisch**), in welchem das **Franzische** *(le francien)*, die Varietät der späteren *Ile-de-France*, eine Vorrangstellung gewinnt und zur Grundlage des zukünftigen Französischen wird.

Karte Aus LRL, Bd. V,1, 1990: 580: „Die Dialekte der *langue d'oïl* und der *langue d'oc* im Mittelalter".

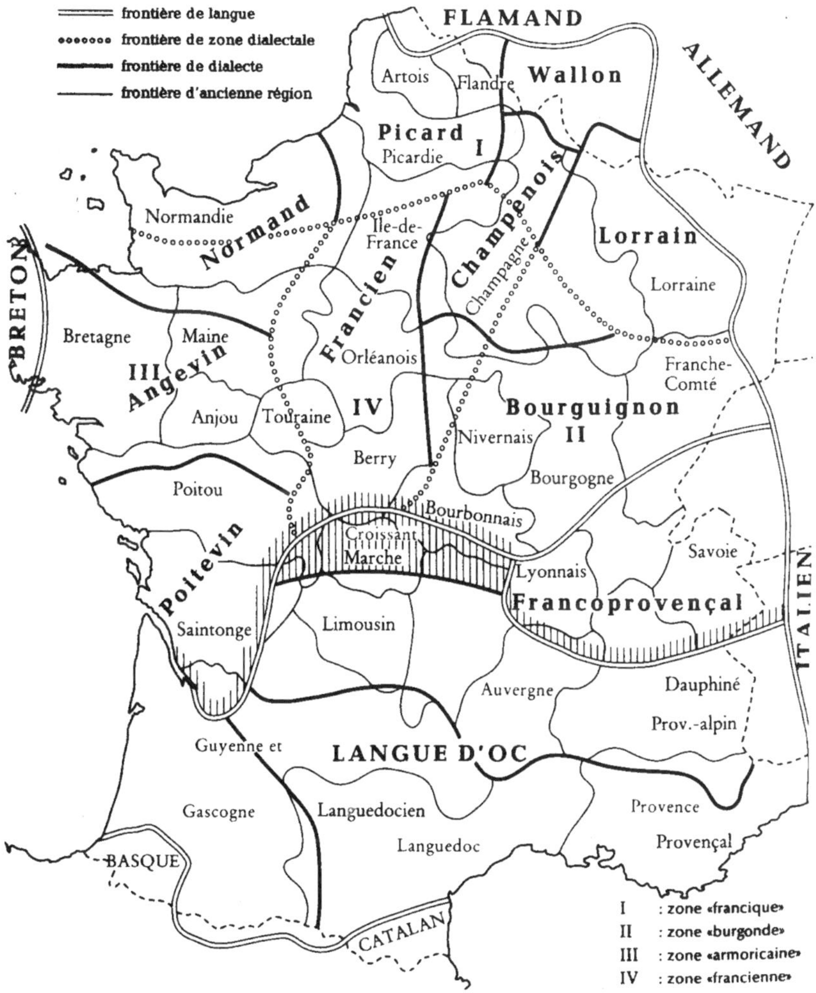

2 Sprachpolitik und Sprachnormierung

Vom Franzischen zum Französischen

Kulturgeschichtliches

Das Bewusstsein für die Andersartigkeit der Volkssprache gegenüber dem Latein bildet sich im Laufe des 8./9. Jh. aus. In der **karolingischen Renaissance** (zweite Hälfte des 8. Jhs.), einer Reformbewegung, die u. a. die Rückkehr zur klassischen Aussprache des Latein durchsetzt, fällt zum ersten Mal die Diskrepanz zwischen dem Latein der Gelehrten und Kleriker und der Volkssprache deutlich auf. Die **Beschlüsse des Konzils von Tours** (813), in denen die Priester aufgefordert werden, „in rusticam Romanam linguam aut Thiotiscam" zu predigen, gehören zu den ersten überlieferten Dokumenten, die die Eigenständigkeit der Vulgärsprache gegenüber dem Latein bezeugen und das daraus resultierende Sprachproblem zu beheben versuchen. Dies gilt auch für die **Straßburger Eide** (*Les serments de Strasbourg*, 842), eine auf Latein konzipierte Schrift, in der Erbfolgestreitigkeiten zwischen den Söhnen Ludwigs des Frommen geregelt werden, welcher eine für die Öffentlichkeit bestimmte Eidesformel in den Sprachen der Kontrahenten (Galloromanisch und Germanisch) beigefügt ist.

Franzisch

Der Übergang zu einer einheitlichen, auf dem Franzischen basierenden Sprachvarietät dauert mehrere Jahrhunderte und ist in ihrer frühgeschichtlichen Phase nur schwer nachvollziehbar.

Außersprachliche Faktoren, die diesen Prozess begünstigen, sind die geographische Mittellage der franzischsprechenden Gebiete (s. Karte) und das Prestige von Paris als königlicher Residenz und als kulturelles und religiöses Zentrum (die Abtei *Saint-Denis* mit der königlichen Grabstätte liegt ganz in der Nähe). Aber auch die innersprachlichen Merkmale des Franzischen, insbesondere seine Mittelstellung zwischen west- und ostfranzösischen Dialektvarietäten, dürften zu seiner Vorrangstellung beigetragen haben (BERSCHIN 1978:209).

Als überlieferte **Scriptae** (i. e. Graphietraditionen mit regionalen und überregionalen Dialektmerkmalen, GECKELER ²1997, 185) ist jedoch das Franzische erst im 13. Jh. dokumentiert. Die ersten Scriptae in *langue d'oïl* werden auf der Basis anderer Dialektvarietäten erfasst: Die älteste Fassung des *Chanson de Roland* (ca. 1080) ist anglo-normannisch geprägt; die dominierende Varietät der höfischen Romane von CHRÉTIEN DE TROYES (ca. 1140/1190) ist das Champagnische.

2 Erste sprachpolitische und -normierende Maßnahmen: das 16. Jh.

Erste sprachpolitische Maßnahmen

Hintergrund Ende des 16. Jhs. umfassen die *domaines royales* bereits die Regionen Normandie, Maine, Anjou, Touraine, Poitou, Languedoc, Champagne, Dauphiné, Guyenne, Bourgogne, Picardie, Provence, Bretagne, Metz, Toul und Verdun. Nur einige Randgebiete wie z.b. das deutschsprachige Herzogtum Lothringen (erst 1766 annektiert) oder das französischsprachige Wallonien (das dem französischen Staat nie unterstellt sein wird) gehören nicht zu den Krongütern. Der Aufbau überregionaler Verwaltungsstrukturen zur Durchsetzung königlicher Interessen gegenüber den Feudalherren und der lokalen Bevölkerung lässt bald die Notwendigkeit der **sprachlichen Vereinheitlichung** als politischem Kohäsionsmittel in den Vordergrund rücken: der französische Staat orientiert sich demzufolge an dem römischen Grundsatz *cuius regio, eius lingua* (SCHMITT 1979:473) und fördert die systematische Französisierung seiner Ländereien. Nach einer Phase, in der das Latein unangefochten als Verwaltungssprache dient, ergehen mehrere königliche Erlasse, die direkt in den **Sprachgebrauch** eingreifen und das Französische in dieser Funktion durchsetzen. Der bekannteste unter ihnen ist die *Ordonnance de Villers-Cotterêts* (1539), welcher die Verwendung des Lateins – indirekt jedoch auch anderer Regionalsprachen und Dialekte – im Rechtswesen verbietet.

Die Entstehung eines sprachnormierenden Diskurses

Prämisse An der Wende zum 16. Jh. trifft Frankreich infolge der Italienfeldzüge auf den **Humanismus**, eine Denkströmung, die eine Wiederbelebung der Kulturideale der griechischen und römischen Klassik anstrebt und Wert auf absolut treue Wiedergabe der antiken Texte legt. Die Verdrängung des Kirchenlateins mittelalterlicher Prägung zugunsten der Sprache der klassischen Vorbilder schränkt den Anwendungsbereich dieser für viele unverständlich gewordenen Sprache drastisch ein. Hierauf setzt eine durch die Verbreitung des Buchdrucks begünstigte Übersetzungswelle ein, die auch Frankreich erreicht und wie zuvor in Italien *(La questione della lingua)* eine erste öffentliche Diskussion zur Legitimierung des Französischen – über den Verwaltungsbereich hinaus – als Literatur- und Gelehrtensprache entfacht.

Fragestellung Kern der Auseinandersetzung ist die Frage, ob auch eine Vulgärsprache das Prestige haben kann, das dem Latein zukommt, und ob ein *Volgare* auch über die sprachlichen Mittel verfügt, die die Vermittlung komplexer Inhalte und tradierter Dichtungsformen verlangt. Diesbezüglich schälen sich **zwei** z. T. entgegengesetzte sprachnormierende Denkrichtungen heraus.

Tendenzen

Die erste, welche besonders durch die Schrift von JOACHIM DU BELLAY *„La Deffense et Illustration de la Langue Francoyse"* (1549) bekannt wird, hält das Französische für eine dem Latein ebenbürtige Kultursprache, deren Ausdrucksmöglichkeiten jedoch auszubauen sind. Dafür eignen sich nach DU BELLAY die individuelle Wortschöpfung, die Einführung von Archaismen, Dialektalismen und Latinismen sowie die Entlehnung von Lexemen aus anderen Sprachen (z. B. aus dem prestigeträchtigen Italienischen).

Entwickelt sich die erste Denkrichtung im Literatenmilieu, so bildet sich **die zweite** in an der Praxis geschulten Teilen der französischen Gesellschaft, wie der Zunft der Drucker oder den Lehrern, die die Sprache als ein Arbeitsinstrument betrachten und aus diesem Grund ihre Normierung und Vereinheitlichung wollen. Ihre Forderungen – Ablehnung von Latinismen, Jargonwörtern, Dialektalismen und Italianismen – arten im 17. Jh. in einen regelrechten Sprachpurismus aus, dessen Grundzüge bereits in einem der ersten sprachnormierenden Traktate der französischen Sprachgeschichte – *„Champ fleury ou l'art et science de la proportion des lettres"* (1529) des Druckers GEOFFROY TORY – ausführlich dargelegt werden.

Werke

Zu dem im Entstehen begriffenen sprachnormierenden Diskurs des 16. Jhs. ist auch die Abfassung der ersten Grammatiken des Französischen zu rechnen. Eine der bedeutendsten ist *„Le tretté de la grammęre françoęze"* von LOUIS MEIGRET (1550). Dieser Autor, welcher den Beweis dafür liefern möchte, dass das Französische genauso wie das Latein von einer internen Ordnung bestimmt wird, spricht sich darüber hinaus für eine Orthographiereform im Sinne einer Vereinfachung und Annäherung an das gesprochene Wort aus, was jedoch aufgrund des Widerstands konservativer Sprachinstanzen schon damals verhindert wird.

3 Das 17. Jahrhundert: *le siècle classique*

Historischer Überblick

Soziokultureller Hintergrund

Am Ende des 17. Jh. hat sich Frankreich zur zentralistisch gesteuerten Monarchie gewandelt. Die gefährlichsten Gegner des Königtums – der Adel und die Hugenotten – sind geschlagen: der Adel wird nach seiner letzten Erhebung (*la Fronde,* 1648–1651) von MAZARIN (1602–1661) schließlich entmachtet und entwertet zur raffinierten Dekorationskulisse königlicher Macht. Die den Protestanten durch das Edikt von Nantes (1598) garantierten Rechte werden nach dem Tod COLBERTS (1619–1683) eingeschränkt; nach seiner endgültigen Aufhebung (1685) wandern die Hugenotten aus. Sie werden dank ihrer beruflichen Qualifikationen und ihres Sachwissens von den benachbarten Ländern, insbesondere von Holland, aber auch England und Brandenburg, aufgenommen.

Frankreich besitzt starke Streitkräfte und erwirbt infolge mehrerer Kriege gegen Spanien und die Habsburger **Béarn** (1620), das **Elsaß** (1648), **Artois** und **Roussillon** (1659), **Franche-Comté** (1679) und **Straßburg** (1681).

Ohne bei der territorialen Expansion den Erfolg zu ernten, der aus Spanien, England und Portugal Kolonialmächte ersten Ranges macht, schickt auch Frankreich Siedler in die Neue Welt: 1608 nach **Kanada**, 1625 auf die **Antillen**, 1674 nach **Guyana** und 1699 nach **Louisiana**.

Sprachnormierung

Trend	Der Hof, an welchem Aristokraten die kultivierte Konversation pflegen und sich literarisch betätigen, erhebt seine Sprache in Einklang mit dem königlichen Willen zum alleingültigen **Sprachmodell** des Landes; der Hofpoet übernimmt die Rolle einer sprachnormierenden Instanz und verficht einen rigorosen Sprachpurismus: keine Dialektalismen, keine Italianismen, keine *mots bas* etc.
Malherbe	Einer der bedeutendsten Sprachpuristen ist FRANÇOIS DE MALHERBE (1555–1628). Im Jahre 1605 zum Hofdichter unter Heinrich IV. ernannt, gilt er aufgrund seiner Sprachkritik als Initiator der eigentlichen Sprachnormierung in Frankreich. Von der klassischen Rhetorik ausgehend, sieht er in der Sprachbereicherung des 16. Jhs., die keinen Halt vor diatopisch und diastratisch *(S. 61)* markierten Lexemen macht, einen Verstoß gegen die Prinzipien der *clarté, pureté* und *précision* und setzt sich für eine Epuration des Lexikons ein. Seine *commentaires* **(kritische Randbemerkungen)** zu den Werken von PHILIPPE DESPORTES (1546–1606) – MALHERBE selbst hat kein eigenes sprachnormierendes Werk geschrieben – beziehen sich in erster Linie auf die dichterische Produktion, später werden sie allgemeinverbindlich für die Prosa, wirken sich schließlich auch auf die gepflegte Hofkonversation aus und werden konstitutiver Bestandteil des *bon usage*.

Der *bon usage*

Definition

Der Begriff *bon usage*, welcher besonders von dem savoyardischen *Académie*-Mitglied CLAUDE FAVRE DE VAUGELAS (1585–1650) durch seine *„Remarqves svr la langve Françoise"*, 1647, geprägt wird, bezeichnet eine diastratisch markierte Sprachvarietät, deren Vorbild die puristisch geprägte **Sprechsprache** des Hofes (**Primat der Mündlichkeit**) und die **Literatursprache** der königlich anerkannten Autoren ist:

„(*Bon usage*) c'est la façon de parler de la plus saine partie de la Cour, conformément à la façon d'escrire de la plus saine partie des Autheurs du temps" (VAUGELAS 1934: *Preface* II 3).

Im Einklang mit den Ansprüchen einer Monarchie, die inzwischen zu den führenden politischen Mächten Europas und der Welt zählt, emanzipiert sich der *bon usage* von der lateinischen Tradition und verhilft den Werken der zeitgenössischen französischen Autoren (der *„Amadis*roman", die *„Astrée"* von D'URFÉ oder der *„Cid"* von CORNEILLE) zum Rang von sprachnormierenden Autoritäten. Parallel dazu erfahren die anderen Sprachvarietäten, auch Regionalsprachen mit kulturellen Traditionen wie das Okzitanische oder das Katalanische, eine Abqualifizierung als *patois*, ein „terme intraduisible, constitutif, avec l'idée de norme, de l'imaginaire des Français (...) apparu au Moyen Âge, où il désigne un parler incompréhensible" (ROSSILLON 1995:22).

Sprachpolitik

Académie française

Der erste offizielle Schritt zur Institutionalisierung der Sprachpolitik ist die Gründung der *Académie française* im Jahre 1635 auf Anregung RICHELIEUS. Diese am italienischen Vorbild der *Accademia della Crusca* (Florenz, 1583) orientierte Einrichtung zählt die Kodifizierung fester Grammatikregeln *(donner des règles certaines à notre langue)*, die Beseitigung nichtautochthonen Sprachmaterials samt unverständlicher Archaismen *(la rendre pure, éloquente)* und schließlich die Festlegung textspezifischer Stilregister *(et capable de traitter les Arts, et les Sciences)* (WINKELMANN 1990:342) zu ihren Hauptaufgaben. Die Mitglieder der *Académie* sind Dichter und Autoren, deren literarische Werke Vorbildfunktion übernehmen und zur Festigung des *bon usage* beitragen.

Werke

Zur Durchsetzung dieser festgesetzten Ziele ist die Erarbeitung eines **Wörterbuchs**, einer **Grammatik**, einer **Poetik** und einer **Rhetorik** vorgesehen. Von diesen vier Werken kommen die Poetik und die Rhetorik nie zustande, und erst 1932 wird die Grammatik veröffentlicht, allerdings ohne großen Erfolg. Die erste Auflage des Wörterbuchs erscheint 1694.

Die Verbreitung des Französischen

International

Die Bedeutung des Französischen als internationale Sprache steigt im 17. Jh. so rapide an, dass sie bereits an der Wende zum 18. Jh. unter den intellektuellen und politischen Eliten Europas als unumstrittene Verkehrssprache gilt. Diese erstrangige Position erfährt eine offizielle Bestätigung anlässlich des Friedens von Rastatt (1714), als das Französische zur offiziellen Sprache der internationalen Verträge erklärt wird.

Ursachen

Zu seiner übernationalen Verbreitung tragen außer dem politischen und kulturellen Ansehen des französischen Königreiches die ausgewiesenen Hugenotten, die sich u. a. auch in Brandenburg niederlassen, und die Kolonien in Nord- und Mittelamerika bei.

National

Dem internationalen Erfolg des Französischen steht auf nationaler Ebene ein eher fragmentarisches Bild gegenüber. Die Französisierung des Volkes, insbesondere des *tiers état,* der sich weiterhin seiner vielfältigen und sozial bereits abgewerteten Mundarten bedient, ist nicht erfolgt. Das Französische konsolidiert sich – zumindest in den autochthonen Gebieten – als Sprache der Aristokratie und des Klerus; in den zuletzt eroberten alloglotten[1] Gebieten, in denen jeweils Katalanisch, Deutsch oder Flämisch gesprochen wird, und dort wo eine nicht der *langue d'oïl* zugehörenden Sprachvarietät als Muttersprache verbreitet ist, setzt es sich auch in der Oberschicht nur langsam durch.

Reflexion

Ob die Monarchie ein wirkliches Interesse an der Änderung dieser Lage hat, ist jedoch anzuzweifeln. Denn die Erhebung einer Sprachvarietät zur Nationalsprache impliziert noch lange nicht, dass sie automatisch auch die Sprache der ganzen Bevölkerung sein soll und darf: die Alphabetisierung der Masse, des *tiers état,* und somit die konsequente Popularisierung des Französischen zählte auf keinen Fall zu den angestrebten Zielen der französischen Monarchie. So sollte es nicht verwundern, dass dieselbe Sprache, die im 18. Jh. bereits als die Verkehrs- und Kultursprache der europäischen Höfe und der gebildeten Kreise figuriert, dem eigentlichen französischen Volk noch fremd ist. Bis zum Ausbruch der Französischen Revolution erfährt die Sprachpolitik keine relevante Trendwende (BRUMME 1993:64).

---

1 Alloglott: anderssprachig.

4 Von der Wende zum 18. Jh. bis zur Revolution

Expansion

Die Kolonialpolitik Frankreichs erfährt im 18. Jh. einige erste Niederlagen, da im Jahre 1763 **Kanada, Louisiana** und der **indische Raum** an die Engländer verloren gehen. Unter französische Kontrolle kommen hingegen **Mauritius** (1715), **La Réunion** (1738) und die **Seychellen** (1770). Frankreich festigt durch den Erwerb von **Lothringen** (1766) und der Insel **Korsika** (1768/69) seine europäische Verankerung, sodass der französische Staat an der Wende zum 19. Jh. nahezu die heutigen Grenzen aufweist.

Sprachnormierung

Überblick

Die sprachnormierenden Parameter erfahren im 18. Jh. tiefgreifende Veränderungen, die sich als Umkehrung von VAUGELAS' Prinzip des Primats der Mündlichkeit zugunsten der tradierten literarischen Schriftlichkeit umschreiben lassen. Die Ursachen dafür liegen u. a. in der unter den Intellektuellen und Denkern des 18. Jhs. verbreiteten Auffassung, das Französische habe in den literarischen Texten des 17. Jh. seinen formalen Höhepunkt erreicht und der Sprachgebrauch des *siècle classique* habe demnach als normativer Maßstab zu gelten. Diese als *conformité historique* bekannte Haltung (WOLF 1983:110) und der daraus resultierende sprachliche Konservatorismus sind jedoch in keinem Fall ausschließlich mit dem hohen Ansehen der im 17. Jh. entstandenen literarischen Werke zu erklären.

These

Vielmehr ist zu berücksichtigen, dass der Hof in den Augen der entstehenden bürgerlichen Eliten der Aufklärung *(les honnêtes hommes)* kaum noch Vorbildfunktion hat – auch nicht als sprachnormierende Instanz –, denn er gilt als verkommen und als für die Führung dieser Aufsteigerschicht völlig ungeeignet. Die neuen Eliten sind allerdings noch kaum legitimiert und zu neu in ihren Machtpositionen, um autonome Sprachmodelle erfolgreich durchzusetzen, darüber hinaus haben sie – Enzyklopädisten, Voltairianer und Rousseauisten – die im *Ancien Régime* etablierten Bildungsgänge absolviert (BRUMME 1993:67). Das Beharren auf vergangenen, jedoch von Erfolg gekrönten Sprachmustern und -traditionen stellt unter den geschilderten Bedingungen auch für Aufklärer die einzig konkret verfügbare Sprachlösung dar.

Bemerkung

Linguistisch betrachtet ist festzuhalten, dass die Abkoppelung der Schriftsprache von der im Wandel begriffenen Sprechsprache eine unökonomische, im Laufe der Jahre immer größer werdende Divergenz beider Varietäten verursacht, deren auffälligstes Symptom die vielen gescheiterten Orthographiereformen sind.

5 Die Französische Revolution

Prämisse

In der Französischen Revolution findet nicht nur ein Bruch in sozialpolitischer Hinsicht statt, auch in der Sprachpolitik beginnt eine komplexe, z.T. widersprüchliche Auseinandersetzung innerhalb der revolutionären Führung, denn „Politik wird nicht mehr vornehmlich als bloße Gewaltanwendung gegenüber den Beherrschten, sondern (...) als Lenkung ihres politischen Wollens auf die Interessenverwirklichung der Herrschenden hin verstanden (...) und Sprache somit zu einem der ersten Instrumente der Herrschaft" (BRUMME 1993: 63).

Sprachpolitik

Phasen

Das Jahrzehnt vom Ausbruch der Französischen Revolution (1789) bis zu NAPOLEONS Machtergreifung (1799) wird sprachpolitisch von **zwei** konträren Haupttendenzen geprägt, die sich auch als Indikatoren der wandelnden Machtverhältnisse deuten lassen.

Start

An der ersten Revolutionsphase nimmt außer dem dritten auch der vierte Stand teil. Noch hat das Großbürgertum keine entscheidende Führungsposition errungen und unter den Revolutionären herrscht die Überzeugung vor, dass der neue französische Staat einen breiten, über das Großbürgertum hinausgehenden Konsens benötigt.

Problematik

Obwohl diese Umstände die Entstehung eines politischen Diskurses mit den niedrigen Volksschichten, oftmals Analphabeten und der französischen Hochsprache nicht mächtig, begünstigen, erweist sich die außerordentliche diatopische und diastratische Sprachvielfalt der Volksmassen schnell als Hindernis bei der Entfaltung einer allgemein verständlichen politisch-ideologischen Auseinandersetzung (BRUMME 1993:70), sodass Pläne zur **sprachlichen Uniformierung** in Angriff genommen werden. Diese sehen im Einklang mit aufklärerischen Vorstellungen eine Teilhaberschaft aller Bevölkerungsschichten an der mit dem höchsten soziokulturellen Prestige versehenen Varietät, der französischen Hochsprache, vor.

Folge

Die Hochsprache des *Ancien Régime* verwandelt sich somit nicht ohne Widersprüche in die Sprache der Revolution. Trotz einstimmiger Hinwendung zur französischen Hochsprache betreibt die Revolutionsführung bis um 1792 keine einseitig repressive Sprachpolitik. Sie achtet auf die Anerkennung des Französischen als Symbol der Revolution – der Französischsprachige legt ein implizites Bekenntnis zu den revolutionären Idealen der *liberté, egalité, fraternité* ab – dennoch wird die Kommunikation unter den Nicht-Frankophonen sowohl durch Übersetzungen in die Regionalsprachen (mit Verordnung vom 14. 1. 1790 sind alle Gesetzestexte in die verschiedenen Idiome des Staatsgebietes zu übersetzen [BRUMME 1993:74]) als auch durch die Tolerierung anderer Sprachvarietäten in den regionalsprachigen Provinzen erleichtert.

Wende

Die **zweite Phase**, welche von der jakobinischen Ära (etwa ab 1793) bis zu NAPOLEONS Machtergreifung reicht, bringt eine Radikalisierung der Sprachpolitik *(jacobinisme linguistique)* gegenüber den Regionalsprachen, den französischen Dialekten und den alloglotten Sprachen mit sich.

Problematik

Die Ursachen dieser Gratwanderung sind sozioökonomischer und politischer Natur. Die Intensivierung der Übersetzungstätigkeit in die Regional- und Minderheitensprachen würde eine politische und finanzielle Kontinuität erfordern, die sich die gegenseitig bekämpfenden politischen Fraktionen der Revolution nicht erlauben können. Auch stellt das Fehlen politischer und juristischer Texttraditionen und Verschriftungsnormen für die anderen Idiome ein gravierendes Hindernis dar. Vor allem aber betrachten die Jakobiner die Dialekte als einen bedrohlichen „Überrest feudaler Tyrannei und Zersplitterung" (BRUMME, 1993:79); die Idiome der Nachbarländer, insbesondere das im Elsaß gesprochene Deutsch und das Italienische der Korsen, werden schlechthin als die Verkehrssprachen der Konterrevolution angesehen.

Folge

Die Forderung nach sprachlicher *uniformité* (BRUMME 1993:101) bildet sich also aus der Überzeugung heraus, dass die erfolgreiche Bekämpfung der inneren und äußeren reaktionären Kräfte und die Durchsetzung des aufklärerischen Gedankenguts ausschließlich durch die Anwendung der normierten französischen Sprache erreichbar sind. Somit eröffnen die Jakobiner eine Sprachpolitik, die paradoxerweise zur Auslöschung der Sprachtraditionen derjenigen Volksschichten führt, für die sie zu kämpfen gedenken.

Strategien

Vorbote der sprachpolitischen Wende ist die vom ABBÉ HENRI GRÉGOIRE geleitete *Enquête* (1790–1791), eine Fragebogenerhebung zu den *patois,* deren Daten zur Sprachenvielfalt Hilfe bei der Durchsetzung der Nationalsprache in allen Landesteilen leisten soll. Die daraus gewonnenen Ergebnisse, welche 1794 vorgestellt werden *(„Rapport sur la nécessité et les moyens d'anéantir les patois et d'universaliser l'usage de la langue française"),* offenbaren eine nur mangelhafte Verbreitung des Französischen (von 25 Mill. Einwohnern können nur drei Mio. französisch korrekt sprechen, noch weniger können es korrekt schreiben, 6 Mill. beherrschen die Sprache gar nicht, weitere sechs Mio. nur mangelhaft), worauf als langfristige Gegenmaßnahme die Einführung der allgemeinen Schulpflicht und der kostenlosen *école primaire* geplant wird. Kurzfristig bedienen sich die Jakobiner der offenen Unterdrückung anderer sprachlicher Varietäten, sodass am 20. 7. 1794 der mündliche und schriftliche Gebrauch der Regionalsprachen in der Öffentlichkeit verboten wird.

Sprachnormierung

Überblick

Sprachnormativisch betrachtet übt die Revolution nur einen geringfügigen Einfluss auf die Entwicklung der französischen Standardsprache aus. Die Maßnahmen der Revolutionäre, um das Französische im Sinne einer *langue de la liberté* zu prägen, erweisen sich als kurzlebig, denn schon unter Napoleon werden sie rückgängig gemacht. Eine Ausnahme bildet eine begrenzte Anzahl von Wörtern aus dem Bereich der Politik, welche die postrevolutionären Ereignisse überleben, in den Werken der Lexikographie Aufnahme finden und zum Bestandteil des französischen Grundwortschatzes werden:
Fraterniser, despotisme, constituante, régime (im Sinne von Staatsform), *propagandiste* etc.

Maßnahmen

Die sprachnormativischen Eingriffe der revolutionären Institutionen lassen sich in **zwei Gruppen** einteilen:
- Aufhebung der im *Ancien Régime* verankerten sprachnormierenden Institutionen und Traditionen. Darunter fallen das Verbot aller kirchlichen Schuleinrichtungen (1792) und die Auflösung der *Académie française* (1793); der Versuch, die Orthographie zu reformieren (1793 DAUNON, 1794 DODIEU, 1796 DOMERGUE); die Planung einheitlichen und normstiftenden Lehrmaterials wie Elementargrammatiken (URBAIN DOMERGUE, *„Grammaire française simplifiée élémentaire"*, 1791).
- Veränderung der im *Ancien Régime* verankerten Diskurstraditionen. Darunter ist u. a. die Einführung neuer Anreden und Höflichkeitsformen zu nennen, die besonders darauf zielen, versprachlichte Asymmetrien (Unterwürfigkeit, Gehorsam etc.) zugunsten symmetrischer Sprachverhältnisse (Brüderlichkeit, Gleichheit) abzuschaffen oder die Einführung neuer Monatsnamen im Rahmen der Kalenderreform (BRUMME 1993:128–131): *Votre très humble et très obéissant serviteur vs. je suis votre concitoyen, votre frère, votre ami, votre camarade; citoyen* statt *monsieur; Thermidor* (19. Juli–17. August), *Brumaire* (22. Oktober–20. November).

Fazit

Das Französische kann sich am Ende des 18. Jhs. in seiner Position als Nationalsprache deutlich konsolidieren. Dazu tragen in besonderem Maße die Ideologie der Revolution, die Verbesserung des Unterrichtswesens und die Schaffung einer Nationalarmee bei. Der *bon usage* wird als universelle Sprache betrachtet und sein Prestige ist so gefestigt, dass die Aussage von ANTOINE DE RIVAROL (1753–1801) *ce qui n'est pas clair n'est pas François* (in: *„Discours sur l'universalité de la langue françoise"*, 1784) als verbindliche Wahrheit anerkannt wird. Noch sind die verschiedenen Mundarten lebendig, aber ihr Ansehen ist stark zurückgegangen.

6 Das 19. Jahrhundert

Überblick

Nach der napoleonischen Ära (1799–1814) und der Restaurationsphase (1815–1830) übernimmt die Finanz- und Handelsbourgeoisie unter dem Bürgerkönig LOUIS-PHILIPPE (1830–1848) die Macht. Es eröffnet sich eine Epoche zügiger Industrialisierung *(la révolution industrielle)* und wirtschaftlichen Aufschwungs, die jedoch wegen des zunehmenden Unmuts der ausgebeuteten Fabrikarbeiter und des hoch besteuerten mittleren und kleineren Bürgertums nach mehreren Aufständen ein vorübergehendes Ende findet und in die kurze und sehr fortschrittliche **Zweite Republik** (1848–1852) mündet. Auf eine monarchische Übergangsphase unter NAPOLEON III. (1852–1870) folgt 1870 die **Dritte Republik**, welche bis 1940 besteht.

Kolonialreich

Frankreich ist in mehrere europäische und koloniale Kriege verwickelt. 1830 wird **Algerien** erobert; 1860 erweitert Frankreich sein Territorium um **Savoyen** und **Nizza**, 1871 verliert es als Folge des Deutsch-Französischen Krieges **Elsaß-Lothringen** an Deutschland. Dennoch expandiert Frankreich zwischen 1878 und 1911 in **Tunesien, Marokko, West-** und **Äquatorialafrika** und **Indochina**.

Sprachpolitik

Prämisse

Wenngleich die Restauration die sprachpolitischen Regelungen der Jakobiner rückgängig macht (ihre Monatsbezeichnungen, ihre Anredeformen sowie das Verbot des mündlichen und schriftlichen Gebrauchs der Regionalsprachen und Dialekte werden bereits unter dem napoleonischen *empire* aufgehoben), zeichnet sich nichtsdestoweniger unter den postnapoleonischen Regierungen eine gewisse Kontinuität insofern ab, als die jakobinische **sprachliche Uniformierung** fortgesetzt wird.

Entwicklung — Nachdem die Sprachfrage unter der von Kriegen erschütterten napoleonischen Herrschaft an Bedeutung einbüßt, knüpfen die folgenden Regierungen erneut an die Sprachpolitik der Revolution an und führen den Plan fort, das Französische als einzige Nationalsprache zu etablieren. Die Alphabetisierung der Bevölkerung und die Verbesserung des Schulwesens rücken somit wieder in den Vordergrund. So fordert GUIZOT, Erziehungsminister von 1832 bis 1837, die Errichtung von Schulen in jeder Gemeinde des Landes. 1850 werden auf Grund eines Gesetzes von ALFRED DE FALLOUX auch Mädchenschulen geplant, und schließlich setzt JULES FERRY in den Jahren 1881–1882 die obligatorische und kostenlose Schulpflicht durch.

Sprachnormierung

Normmuster — Aber wie sieht das Schulfranzösisch aus? Die als Norm geltende Literatursprache hebt sich im Laufe des 19. Jhs. immer deutlicher von den im 17. Jh. entstandenen Sprachmodellen ab. **Romantik, Realismus, Naturalismus** entfernen sich von der puristischen Sprache des *siècle classique:* die adäquate Aufarbeitung der neuen literarischen Themen verlangt eine modernere Sprache, sodass **Neologismen, Argot-Wörter, umgangssprachliche** Wendungen in die Literatursprache dringen. Die Schule beharrt dagegen auf althergebrachten Vorgaben und übernimmt die durch den *bon usage* fixierte Norm, sodass die Diskrepanz zwischen dem Erlernten und den tatsächlich existierenden Sprachvarietäten immer deutlicher wird.

Probleme — An eine Lockerung der Einsprachigkeit wird nicht gedacht. „Mit der sich schnell verbreitenden Kenntnis der Nationalsprache findet ein (...) schneller Rückgang der Dialekte statt; es erfolgt ein sprachlicher Ausgleich dahingehend, dass das einheimische *patois* vielfach als Substrat in Gestalt von Akzent und einigen lexikalischen Eigenheiten in einem regional gefärbten Französisch aufgeht" (WOLF ²1991:148).

Auch bilinguale Lösungen für die Kinder, deren Sprachsozialisation in einer der Minderheitensprachen stattfindet, werden nicht berücksichtigt. Vielmehr wird 1883 die *Alliance française* gegründet, eine staatliche Einrichtung, die das Französische in den Kolonien und im Ausland verbreiten helfen soll und als Vorbote der frankophonen Institutionen des 20. Jhs. gelten kann *(S. 56)*.

Maßnahmen — Im sprachnormativischen Bereich verdienen die im Laufe des Jahrhunderts immer wieder gescheiterten Versuche, die Orthographie zu reformieren, besondere Beachtung. Besonders vehement ist der um 1900 entbrannte **Orthographiestreit**, dessen außerordentliche Resonanz in der französischen Gesellschaft ein Indikator dafür ist, dass sich hinter der Orthographierevision die Problematik der immer größer werdenden Diskrepanz zwischen dem lautlichen und dem graphischen Erscheinungsbild verbirgt. Die Bemühungen der reformwilligen Kräfte, welche u. a. sehr weitgehende Maßnahmen wie die Abschaffung des *accord* bei *avoir* plus Partizip Perfekt vorschlagen, setzen sich vor allem auf Grund des Widerstands der *Académie française*, aber auch der Drucker und des Bildungspersonals, nicht durch. Der direkte Eingriff des Staates in Form eines Erlasses (*Arrêté relatif à la simplification de l'enseignement de la syntaxe française* [GREVISSE [10]1975: 1240–1245]) legt 1901 die Auseinandersetzung bei, ohne jedoch die Lage zu entschärfen, denn er legt ausschließlich diejenigen Abweichungen von der tradierten Norm fest, die **toleriert** werden dürfen, und lässt damit den Eindruck entstehen, der tatsächliche Usus sei gegenüber der legitimierten literarischen Norm prinzipiell falsch.

Werke

Das 19. Jh. bringt einige grammatikographische und lexiko-graphische Innovationen mit sich.

- Die Veröffentlichung von didaktisch präskriptiven **Grammatikwerken** erfährt infolge der allgemeinen Schulpflicht einen beachtlichen Zuwachs. Die *„Grammaire des grammaires, ou analyse raisonnée des meilleurs traités sur la langue française"* von CHARLES-PIERRE GIRAULT-DUVIVIER (1812) und die *„Nouvelle grammaire française"* von FRANÇOIS-JOSEPH-MICHEL NOËL und Charles-Pierre Chapsal (1823) gehören vor allem auf Grund ihrer Verbreitung – beide erfahren Dutzende von Neuauflagen – zu den repräsentativsten Werken dieses Typs.
- Das 19. Jh. ist auch als *siècle des* **dictionnaires** bekannt. Die Akademie, der 1807 ihr vorrevolutionärer Status wieder zuerkannt wird, bringt zwei weitere Ausgaben ihres Wörterbuchs ([6]1835, [7]1878) heraus[3]. Dieses ist jedoch der Konkurrenz des *„Dictionnaire de la langue française"* von EMILE LITTRÉ ausgesetzt, ein Werk von monumentalen Dimensionen, das 1863–1872 erscheint (1877 folgt ein Supplément) und das Akademiewörterbuch in Hinsicht auf den erschlossenen Wortschatz und die Genauigkeit der einzelnen Artikel bei weitem übertrifft. Ein weiterer Protagonist der Wörterbuchszene ist PIERRE LAROUSSE (1817–1875), der Gründer des Verlagshauses Larousse (1852), welcher 1863–1876 das fünfzehnbändige *„Grand Dictionnaire Universel du XIXe"* veröffentlicht.

7 Das 20. Jahrhundert

Sprachkultur

Das 20. Jh. geht in die Annalen der französischen Sprachnormierung als die Epoche der *crise du français* ein. Dieser Begriff verweist auf einen Komplex von Problemen, in welchem zumindest **zwei Schwerpunkte** auseinanderzuhalten sind:
- Die Krise des *bon usage*
- Die Krise des Französischen gegenüber dem internationalen Erfolg des Englischen.

Gleichzeitig entwickelt sich im 20. Jh. auch ein Bewusstsein dafür, dass die über Jahrhunderte betriebene Uniformierungspolitik dabei ist, die sprachliche Vielfalt auf französischem Boden endgültig auszulöschen, sodass auch in Frankreich nach dem Beispiel der benachbarten Länder erste Maßnahmen getroffen werden, um fast verschwundene Dialekte und Minderheitensprachen gesetzlich zu schützen.

Sprachnormierung und *crise du français*

Problematik

Obwohl der *bon usage* im 20. Jh. weiterhin die institutionalisierte Zielnorm für die französische Sprachgemeinschaft (SETTEKORN 1988: 104–106) darstellt, zeichnet sich wegen der stetig abnehmenden Orthographiekenntnisse und des zunehmenden Eindringens von Mündlichkeitsmerkmalen in die Schriftlichkeit eine anwachsende Diskrepanz zwischen der angestrebten Idealvorstellung und der alltäglichen Sprachrealität ab, sodass die Puristen in regelmäßigen Abständen die These vom **Sprachverfall** erneuern.

Soziokulturelle Hintergründe

Linguistisch betrachtet stellen die bemängelten Schwächen eine vorhersehbare Entwicklung dar, denn die französische Sprachgemeinschaft wird, wie viele andere auch, seit den Fünfzigerjahren zunehmend von Kommunikationsformen beherrscht – Rundfunk, Telefon, Kino, Fernsehen, Billigpresse (Nähesprache, S. 62) –, welche die Verbreitung von Mündlichkeitserscheinungen regelrecht begünstigen. Als normdestabilisierend erweist sich zudem die im 19. Jh. noch unvorstellbare diastratische und diatopische Spannweite (S. 65) des Französischen, das inzwischen weltweit Tausenden von Menschen anderer Muttersprache als Verkehrssprache oder auch als Basis für etliche Kreolsprachen (S. 65, Fußnote) dient.

---

3 Die weiteren Ausgaben des Akademiewörterbuches: ^{2}1718, ^{3}1740, ^{4}1762, ^{5}1798, ^{8}1932–35, ^{9}1986–.

Die *crise du français* als internationale Sprache

Problematik

1964 erscheint *„Parlez-vous franglais"*, ein Buch von RENÉ ETIEMBLE, das der Besorgnis der Franzosen um die weltweite Herrschaft des Englischen und dem unkontrollierten Zuwachs von **Anglizismen** (aus dem Englischen übertragene Spracheinheiten, z. B. *caravaning*) in ihrer Sprache Ausdruck verleiht.

Hintergründe

Tatsächlich haben die außerordentliche wirtschaftliche Macht und das daraus resultierende Anwachsen an internationaler politischer Bedeutung der USA die im 19. Jh. international gültigen Sprachverhältnisse radikal geändert, sodass das Englische mit dem Ende des Ersten Weltkrieges das Französische als internationale und Diplomatensprache ablöst. Diese Entwicklung wird dadurch begünstigt, dass das Englische auch in den ehemaligen Kolonialterritorien Frankreichs immer öfter als erste Fremdsprache bevorzugt wird. Eine nicht geringe Rolle spielt dabei auch das Prestige, das der *American way of life* genießt und das unzählige junge Menschen dazu animiert, amerikanische Weltanschauungsmodelle zu übernehmen.

Zu diesen bereits traditionell sich negativ auf die internationale Stellung des Französischen auswirkenden Faktoren kommen inzwischen neue hinzu, worunter der auffälligste die unangefochtene Dominanz des Englischen in wirtschaftlich sehr dynamischen und richtungsweisenden Bereichen wie der Freizeit- und Kulturindustrie, der Informatik-, Computer- und Softwareindustrie, den globalen Kommunikationssystemen (z. B. Internet), ist.

Auch die Entkolonialisierung führt zu einer weiteren Schwächung des Französischen. Die Ursache dafür liegt wohl nicht so sehr in einer bewussten Ablehnung dieser Sprache seitens der in die Unabhängigkeit gelangenden Länder, sondern vielmehr in der Tatsache, dass das Französische, welches auch in den Kolonien eine Elitesprache war, sich mit wenigen Ausnahmen nirgends als Volkssprache durchgesetzt hat.

Sprachpolitische Maßnahmen

Strategien

Auf die geschilderten Verhältnisse reagieren die Regierungen Frankreichs mit auf die verschiedenen Krisenkontexte zugeschnittenen Maßnahmen, mit denen sie zwei Hauptstrategien verfolgen:
- Reorganisierung und Verstärkung der **Sprachpflege**[4] im eigenen Land.
- Entfaltung eines übernationalen **Frankophonieprojektes** zur Prestigesicherung des Französischen und zu dessen Verbreitung.

Sprachpflege: der *bon usage*

Maßnahmen

Zu den internen sprachpflegerischen Maßnahmen gehören
1. die Verabschiedung von Gesetzen zur Einschränkung und Regulierung des fremdsprachlichen Einflusses auf das Französische
2. die Gründung von Sprachpflegeorganisationen
3. die Förderung eines öffentlichen Diskurses über die Sprachnorm
4. die Weiterführung der Diskussion über die Orthographiereform.

Zu 1.

1975 wird die *Loi Bas/Lauriol – La loi relative à l'emploi de la langue française* – verabschiedet, die im Namen des Verbraucherschutzes unter Androhung einer Geldstrafe die Verwendung französischer Lexeme anstatt von **Xenismen** (Fremdwörtern) in für die Öffentlichkeit bestimmten Texten vorschreibt. Den zur Durchsetzung des Gesetzes bestellten **Terminologiekommissionen** fällt die Aufgabe zu, französische Lexeme zu erarbeiten, welche fachsprachliche **Entlehnungen**[5] (hauptsächlich Anglizismen) ersetzen sollen. Werden diese Vorschläge in Form eines Erlasses *(arrêté de terminologie)* im *Journal officiel* veröffentlicht, finden sie auch Eingang in die Wörterbücher und sind für die Sprachbenutzer gesetzlich bindend.

Beispiele: *„Palmarès:* Recomm. offic. pour *hit-parade; cadreur:* recomm. offic. pour *caméraman; franc-jeu:* recomm. offic. pour *fair-play; logiciel:* recomm. offic. pour *software"* (*„Le Nouveau Petit Robert"* [2]1995).

Da das Gesetz *Bas/Lauriol* viel Kritik erntet und weite Sektoren des öffentlichen Lebens immer noch von Anglizismen durchtränkt sind, greift der Staat 1994 erneut ein und verabschiedet – eine Verschärfung der bestehenden Gesetzgebung anstrebend – die *Loi Toubon*. Auch nach In-Kraft-Treten der *Loi Toubon* kommt es nicht zur erwünschten Trendwende. Vielmehr ruft das neue Gesetz juristische Querelen hervor, denn die Verpflichtung auf ausschließliche Verwendung französischer Lexeme verstößt gegen die in der Verfassung verankerte Freiheit des Denkens und des Wortes. Auch ist der unscharf umrissene Anwendungsbereich eine Schwachstelle der *Loi Toubon*. Bezeichnend ist diesbezüglich folgende Internet-Botschaft vom 2. 12. 1996[6]:

---

4 Sprachpflege: „Förderung des korrekten Sprachgebrauchs i. S. der Beachtung der geltenden Sprachnormen und Erziehung zu einem reflektierten Umgang mit der Sprache" (GLÜCK 1993:582).
5 Entlehnung: „Vorgang und Ergebnis der Übernahme eines sprachlichen Ausdrucks aus einer Fremdsprache" (BUSSMANN [2]1990:213).
6 Internet Adresse: http://www.lemonde.fr/multimedia/sem4996/textes/act49964.html.

„Le champ d'application de la loi Toubon, dont l'article 2 impose l'usage du français pour toute offre de biens et services, s'étend-il à Internet? C'est sur cette question que le tribunal de police de Paris devra bientôt se prononcer dans une affaire opposant deux associations de défense de la langue française et une école franco-américaine dont le sit Web est uniquement en anglais".

Das Pariser Gericht weist am 9. 6. 1997[7] wegen formeller Mängel die Anklage der beiden Sprachpflegeorganisationen zurück, löst damit jedoch nicht den angesprochenen Problemfall.

Zu 2. Die legislative Sprachlenkung[8] erfährt einen konkreten Niederschlag in den vielen im 20. Jh. gegründeten staatlichen, parastaatlichen und privaten Sprachpflegeorganisationen und -institutionen zur *défense de la langue française,* die der *Académie française* zur Seite stehen. Ihnen obliegen vornehmlich normative Aufgaben in Fragen orthographischer, morphologischer und allgemein lexikalischer Natur und die Standardisierung des technisch-industriellen Wortschatzes (Anpassung von Anglizismen an das französische Sprachsystem, semantische Abgrenzung von **Fachtermini** *(S. 79),* Prägung von **Neologismen**[9] etc.)

Institutionen Zu den wichtigsten Sprachpflegeorganisationen gehören:
- die *Association française de normalisation en matière de langage technique* (seit **1926**)
- das *Office du vocabulaire français* (seit **1957**)
- das *Haut Comité de la langue française,* **1966** gegründet, erfährt in den **Achtzigerjahren** eine Umbenennung in *Commissariat général à la langue française*
- die *Délégation générale à la langue française* (seit **1989**), ihr Ziel ist die Verbreitung des *bon usage* „dans les domaines de l'enseignement, de la communication, des sciences et des techniques" (ROSSILLON 1995:119); sie ist bei der Erarbeitung von Fachwörterbüchern mitbeteiligt
- der *Conseil supérieur de la langue française* (seit **1989**)
- Noch zu erwähnen sind schließlich die *Communiqués de mise en garde* der *Académie française,* welche seit **1964** mit erläuternden Zusätzen in der Zeitschrift *Défense de la langue française* erscheinen.

Zu 3. Ein wesentlicher Pfeiler der Sprachpflege ist die Öffentlichkeitsarbeit. Sie dient vor allem der Sensibilisierung der Bevölkerung gegenüber Xenismen und der Bewältigung orthographischer Fragen. Ein wichtiges Element hierbei ist das seit 1985 jährlich ausgetragene *Championnat de France d'orthographe,* ein **Orthographie-Wettbewerb**, der sich gegen „le relâchement de l'écriture" wendet und auch vom Fernsehen übertragen wird.

Zu 4. Mehrmals wird im 20 Jh. der Versuch unternommen, eine Orthographiereform zu bewerkstelligen. 1952 werden von der *Commission Beslais* Verbesserungsvorschläge vorgelegt (u. a. die Abschaffung nicht gesprochener Konsonanten [*doit* statt *doigt*] und der Doppelkonsonanten [*vile* statt *ville*] sowie der griechischen Buchstaben), die allerdings auf Grund des Widerstandes der *Académie française* und frankophoner Länder wie Belgien und der Schweiz abgelehnt werden. Lediglich einige nebensächliche, nicht systematisch koordinierte Änderungen (z. B. *dit on* statt *dit-on, nus pieds* statt *nu-pieds* etc.) werden in einen Toleranzerlass von 1976 aufgenommen, ohne dass die grundsätzlichen Orthographieprobleme des Französischen gelöst werden. Ein neuer Anlauf wird 1990 unternommen, als die 1989 vom *Conseil supérieur de la langue française* erarbeiteten *rectifications de l'orthographe* verabschiedet werden. Zu den (eher maßvollen) *rectifications* gehören:

- Die Abschaffung des *trait d'union* bei Lexemen wie z.B. *portemonnaie* oder *portefeuille*.
- Die Angleichung der Pluralbildung von Komposita an die der *mots simples* (*le pèse-lettre/les pèse-lettres*).
- Die Abschaffung des *accent circonflexe* auf **i** und **u** (Ausnahme: die Verbalflexion).
- Die Abschaffung des *accord du participe* bei **laisser** plus Infinitiv (*elle s'est laissé mourir*).
- Die Reduzierung der Ausnahmefälle *(anomalies):* also grammatische Assimilierung von Entlehnungen *(un imprésario/des imprésarios)* und Reduzierung von Paradigmenmustern (*il ruisèle* statt *il ruisselle*, „es rinnt") (*Journal officiel* ... 1990: 6.12, N° 100).

Sprachpflege: Dialekte und Minderheitensprachen

Problematik Die Sorgen um den sprachlichen Verfall des Französischen und den Erhalt des *bon usage* werden im 20. Jh. und insbesondere in der Nachkriegszeit von der Feststellung begleitet, dass die Kehr-

---

7 Internet Adresse: http://www.lemonde.fr/multimedia/sem2497/textes/act24972.html.
8 Sprachlenkung: „Gezielte Maßnahmen zur Einflussnahme auf den herrschenden (öffentl.) Sprachgebrauch vor allem durch (staatl.) Institutionen" (GLÜCK 1993:579)
9 Neologismus: Neuschöpfung. „Eine durch Neubildung oder Entlehnung neu entstandene lexikalische Einheit, die (noch) nicht Eingang in das Lexikon der betreffenden Sprache gefunden hat" (GLÜCK 1993: 415).

seite der in Frankreich betriebenen sprachlichen Uniformierung das endgültige Verschwinden der französischen Regionalsprachen, Dialekte und Minderheitensprachen impliziert.

Positionen

Die betroffenen Behörden und Institutionen verhalten sich eher widersprüchlich. Nach der Verfassungsänderung von 1992 *(Article 2: La langue de la République française est le français) scheint* die traditionelle Sprachpolitik Frankreichs weiterverfolgt zu werden: Während andere Länder, wie z. B. Belgien und die Schweiz, darauf bedacht sind, ihre Sprachenvielfalt legislativ zu sichern, „la France reste un des rares pays de l'Union européenne à ne pas avoir signé la Convention sur les langues et cultures minoritaires, adoptée par le Conseil de l'Europe en 1992" (Rossillon 1995:23).

Andererseits werden Maßnahmen vorgenommen, die dem Schutz der nationalen Sprachvielfalt dienen. Einen ersten Schritt in diese Richtung stellt die 1951 verabschiedete *Loi Deixonne* dar, welche den Schulunterricht in den *langues et dialectes régionaux* erlaubt.

Fazit

Obwohl die *langues minoritaires* und die Dialekte seit 1982 durch die Verabschiedung mehrerer *lois sur la régionalisation* und die Errichtung eines *Conseil national des langues et cultures régionales* zusätzliche Unterstützung erfahren haben, ist eine Verbesserung der Lage nicht in Sicht. Soziale Gegebenheiten (voranschreitende Urbanisierung, Globalisierung der Kommunikation etc.) und politische Interessen (der Staat unterstützt den Sprachpluralismus eher sporadisch und nur „dans la mesure où celui-ci y voit un contrepoids aux revendications séparatistes corses ou basques", Rossillon 1995:24) wirken sich negativ auf die Wiederbelebung eines *patrimoine linguistique* aus, der längst irreversibel zusammengeschrumpft ist.

Aufschlussreich dafür ist folgende Tabelle, aus welcher deutlich hervorgeht, dass die sprachliche Assimilation an das Französische (von den türkischsprachigen Ausländergruppen abgesehen) nicht aufzuhalten ist (Rossillon 1995:26).

Langue maternelle des parents	% de parents ne parlant pas leur langue maternelle avec leurs enfants
Breton	100 %
Occitan, provençal	95 %
Autres dialectes gallo-romans	90 %
Corse	90 %
Créole des DOM	90 %
Italien	90 %

Espagnol	80 %
Langues d'Afrique noire	75 %
Kabyle, autres langues berbères	70 %
Alsacien	65 %
Portugais	55 %
Arabe	50 %
Turc	5 %

3 Die Frankophonie

Definitionen

Eine eindeutige Definition des Begriffes „Frankophonie" ist problematisch. Anfangs dient dieser Terminus ausschließlich zur Bezeichnung einer Gruppe von Völkern (Franzosen inbegriffen), die sich des Französischen, wenn auch in sehr unterschiedlicher Art und Weise, bedienen (SCHMITT 1990:686–687).

Im Laufe der Zeit hat sich die ursprüngliche Bedeutung um eine sozialpolitische und wirtschaftliche Komponente erweitert. So bezeichnet der Terminus inzwischen ein dichtes Netz von Institutionen und Organisationen internationalen Charakters, deren Ziel es ist, mit Hilfe des Französischen als verbindendem Element eine anwachsende Gruppe von Ländern in gemeinsamen sozialpolitischen, kulturellen und wirtschaftlichen Projekten zu vereinen. In diesem Sinn stellt die Frankophonie sowohl eine Reaktion auf die Schwächung des Französischen als internationalem Kommunikationsinstrument als auch eine Alternative zur aktuellen Dominanz des Englischen und der anglo-amerikanischen Weltanschauung dar. Dies erklärt, weshalb zu den engagiertesten Vertretern der Frankophonie außer Frankreich diejenigen ethnischen Gruppen zu zählen sind (z. B. die frankophonen **Kanadier**), die sich am stärksten von der Anglisierung bedroht fühlen.

Da die Frankophonie auch in der Kolonialpolitik wurzelt, ist ihre Verwirklichung von beträchtlichen Widersprüchen begleitet; trotz oder sogar wegen der bemerkenswerten finanziellen Anstrengungen Frankreichs nehmen viele, besonders afrikanische Länder ihr gegenüber eine eher kritische Haltung ein, denn sie sehen in der Frankophonie vor allem eine Art wirtschaftlichen und kulturellen **Neokolonialismus.**

Dokumente

Folgender Textabschnitt stammt aus einem Interview mit RACHID BOUDJERA, einem algerischen Intellektuellen und Schriftsteller, der 1981 die Entscheidung trifft, seine Romane, die er bislang nur auf Französisch redigiert hat, ausschließlich auf Arabisch zu schreiben:

„On m'a souvent reproché, depuis que je suis passé à l'arabe, d'avoir trahi la langue française. Je voudrais ici dire toute ma reconnaissance, mon admiration, et ma passion pour cette langue, comme d'ailleurs pour toutes les autres langues que je connais. Je n'ai jamais remis en question la langue française en tant que telle, mais le concept politique de francophonie m'apparaît comme une forme de néo-colonialisme (...) Il est important de bien différencier la francophonie, philosophie politique néo-coloniale, du français, langue de culture et civilisation. En Algérie, le français n'était enseigné qu'à une centaine de milliers d'élèves au moment de l'indépendance. Six millions de jeunes l'apprennent aujourd'hui. Ces chiffres se passent de commentaire. Mais la défense du français passe aussi par la reconnaissance des autres langues. Il ne faut pas laisser le chauvinisme l'emporter et donner à croire que le français est le seul véhicule de la modernité et du progrès (...) La langue arabe reste ignorée des Français alors que vivent en France quelques trois millions d'arabophones (...)" (DUMONT 1992:139).

1 Frankophonie als sprachliche Erscheinung

Varietäten

Die Frankophonie als sprachliche Erscheinung ist ein durchaus heterogenes Gebilde, was sich auch mit dem von Land zu Land sehr unterschiedlichen funktionalen Status des Französischen erklären lässt. Administrativ betrachtet kann das Französische in einem Land **Muttersprache** und einzige **Amtssprache** (Frankreich) oder eine der Amtssprachen eines mehrsprachigen Landes (Schweiz, Belgien, Kanada etc.) sein. Es kann auch als **Amtssprache** fungieren, ohne zugleich für weite Bevölkerungsgruppen Muttersprache zu sein (Zaire, Kongo). Es kann schließlich nur eine **Verkehrssprache** (Madagaskar) oder eine privilegierte **Bildungssprache** (Libanon) sein und dennoch einen sehr ausgeprägten funktionellen Wert (Algerien) besitzen.

Reflexion

Aus linguistischem Blickwinkel täuscht der Begriff „Französisch" eine tatsächlich nicht vorhandene Homogenität vor, nicht nur weil eine Sprache an sich immer aus einem Bündel von Varietäten besteht (**Diasystem, S. 61**), sondern auch weil infolge des Sprachkontakts zu anderen (autochthonen) Sprachen und infolge der Distanz vom sprachlichen „Epizentrum" (Frankreich) Varietäten des Französischen entstehen (z. B. das Frankokanadische, S. 61), die ihre eigenen Besonderheiten aufweisen und sich von der Sprache Frankreichs deutlich unterscheiden.

Überblick

Das nächste Schema soll einen Überblick über die Frankophonie bieten. Das Gliederungsprinzip richtet sich nicht nach der geographischen Lage, sondern nach dem funktionalen **Status** des Französischen in den jeweiligen Ländern oder Regionen. Zu unterscheiden ist zwischen Ländern und Regionen mit Französisch als:

A. Muttersprache und Amtssprache *(Langue maternelle et officielle)*
B. Amtssprache oder Verkehrssprache *(Langue officielle ou véhiculaire)*
C. bevorzugter Bildungssprache *(Langue d'enseignement privilégiée)*
D. Sprache frankophoner Minderheiten.

Hinzu kommt noch eine kleine Gruppe von Ländern, die an der Frankophonie als **internationaler Institution** teilnehmen, auch wenn das Französische bei ihnen *keinen* der aufgeführten Statustypen einnimmt (**E.**). Dazu gehören Länder, die zum Kolonialreich Frankreichs gehört haben und, wie z. B. **Kambodscha**, bemüht sind, das Französische, das als Verkehrssprache immer noch eine gewisse Funktionalität genießt, erneut als Sprache der Bildung und der Wirtschaft zu beleben, sowie einige osteuropäische Länder, z. B. **Bulgarien**, die auf Grund ihrer historisch engen Beziehungen zu Frankreich bereit sind, dem Französischen den Rang zu gewähren, der in der kommunistischen Ära vom Russischen belegt wurde.

In Anbetracht der Tatsache, dass der **funktionale Status** des Französischen beträchtliche landesspezifische Unterschiede aufweist, wird inzwischen vielmehr von *pays ayant le français en partage* als von *pays francophones* (z. B. *Le Monde* 14.11.1997, S. 2) gesprochen.

A.	B.
Europa Frankreich, Schweiz, Belgien, Luxemburg, Monaco **Nordamerika** Kanada, Saint-Pierre, Miquelon	**Südamerika/Karibik** Haiti, Martinique (D.O.M.), Guadeloupe (D.O.M.), Französisch-Guyana (D.O.M.) **Indischer Ozean** La Réunion (D.O.M.), Seychellen, Komoren, Mayotte, Madagaskar, Mauritius **Ozeanien** Neukaledonien (T.O.M.), Wallis und Futuna (T.O.M.), Französisch-Polynesien (T.O.M), Vanuatu **Afrika** Benin, Burkina Faso, Burundi, Kamerun, Demokratische Republik Kongo, Elfenbeinküste, Dschibuti, Gabun, Guinea, Mali, Mauretanien, Niger, Ruanda, Senegal, Tschad, Togo, Zentralafrikanische Republik

C.	D.	E.
Afrika Algerien, Marokko Tunesien **Asien** Libanon	**U.S.A.** Neuengland-Staaten (Maine, Vermont, New Hampshire, Rhode Island, Massachusetts, Connecticut), Louisiana **Europa** Italien: Aosta-Tal	**Asien** Laos, Kambodscha, Vietnam **Europa** Bulgarien, Rumänien, Moldawien

2 Die Institutionen der Frankophonie

Überblick

Eines der auffälligsten Merkmale der Frankophonie als Institution ist mit Sicherheit die verwirrende und leider sich als kontraproduktiv auswirkende große Anzahl der Organisationen – *associations, comités, conférences, instituts, conseils, agences, fédérations* etc. –, über die sie verfügt.

Die folgende Liste berücksichtigt ausschließlich die wichtigsten davon:

- Der *Haut conseil de la francophonie*, gegründet am 12. März **1984**, hängt direkt vom Staatspräsidenten ab und hat die Aufgabe, die Frankophonie auf internationaler Ebene durchzusetzen und zu fördern. Der *haut conseil* liefert jedes Jahr einen *Rapport sur l'état de la francophonie dans le monde*.
- Der *Conseil international de la langue française* greift in orthographische und grammatische Fragen ein und widmet sich insbesondere dem Entwurf von Schulbüchern und -materialien, die den Erfordernissen des Französischunterrichts in den Ländern der Dritten Welt gerecht werden.

Beispiel

Der *CILF* unterstützt die Veröffentlichung der Reihe *Techniques vivantes*, „[une collection, L.G.F.] destinée à couvrir les besoins dans les domaines de l'agronomie tropicale et subaride, de la mécanique et de la documentation" (ROSSILLON 1995:120).

- Die *Agence de coopération culturelle et technique* ist 1970 in Niamey/Niger entstanden, hat koordinierende Funktion und ist in allen wichtigen Bereichen der Frankophonie – Kultur, Bildung, Wissenschaft, Technik, Wirtschaftsentwicklung – tätig. Sie hat Vertretungen in mehreren frankophonen Ländern und spielt eine zentrale Rolle bei der Gestaltung der *Conférences des chefs d'État et de gouvernement des pays ayant en commun l'usage du français (Sommets francophones)*.
- Die *Sommets de la francophonie* werden im zweijährigen Turnus abgehalten. Die vergangenen haben in **Versailles** (Frankreich, 1986), **Québec** (Kanada, 1987), **Dakar** (Senegal, 1989), **Paris**

(Frankreich, 1991), **Grand-Bale** (Mauritius, 1993), **Cotonou** (Benin, 1995) und **Hanoi** (Vietnam, 1997) stattgefunden[10].

■ Besondere Erwähnung verdient auch die 1990 eröffnete *Université Senghor d'Alexandrie,* die Wissenschaftler ausbildet, um sie auf die Erfordernisse der afrikanischen Gesellschaft vorzubereiten.

3 Numerische Daten

Sprecherzahlen

Die Zahl der frankophonen Muttersprachler ist umstritten: sie schwankt je nach verwendetem Parameter zwischen **80** und **100** Mill. Sprechern. Problematisch ist es auch, die Sprecherzahlen für die mehrsprachigen Länder und Regionen zu bestimmen, in denen, wie im Falle Afrikas, Ozeaniens etc., das Französische mit autochthonen Sprachen und eventuell mit Kreolsprachen *(S. 65, Fußnote)* konkurriert.

Geographische Verbreitung des Französischen

Globales Verbreitungsgebiet

Geographisch betrachtet ist das Französische in allen fünf Kontinenten anzutreffen *(s. Karte S. 159).* Lässt es sich in Europa als eine **sprachgeschichtliche Erscheinung** erklären – die Entstehung der romanischen Sprachen aus dem Latein –, so ist seine weltweite Verbreitung in erster Linie das Ergebnis der **Kolonialpolitik** Frankreichs und Belgiens (die Demokratische Republik Kongo – das ehemalige Zaire –, Burundi und Ruanda waren vor ihrer Unabhängigkeit belgische Kolonien).

Europa

■ **Frankreich** hat ca. 54 Mill. frankophone Sprecher. Außer dem Französischen mit seinen Dialekten und Varietäten *(S. 65)* werden auch etliche Minderheitensprachen gesprochen *(S. 73),* denen jedoch legislativ kein offizieller Status zuerkannt wird.
■ **Belgien** *(La Belgique)* weist drei offiziell anerkannte Sprachen auf: Im Norden wird **Flämisch** *(flamand)* – eine germanische Sprache –, im Süden (Wallonien) **Französisch** und im Osten **Deutsch** gesprochen. Die Zahl der frankophonen Sprecher beträgt ca. 4,5 Mill. Obwohl Brüssel sich im flämischsprachigen Gebiet befindet, ist die belgische Hauptstadt überwiegend frankophon.
■ Auch **Luxemburg** *(Grand-Duché du Luxembourg)* ist charakterisiert durch eine komplexe, von drei Amtssprachen geprägte Sprachlandschaft: **Letzeburgisch** *(le luxembourgeois),* **Französisch** und **Deutsch**. Die Funktionalität dieser Idiome unter-

---

10 Internet-Adresse: http://www.diplomatie.fr/francophonie/sommet/sommet.html.

scheidet sich dennoch stark voneinander. Während Letzeburgisch als nationale Muttersprache gilt und dem Deutschen mit Ausnahme der Pressesprache, wo es dominiert, eher eine untergeordnete Rolle zukommt, genießt das Französisch eine Vorrangstellung als Sprache der Bildung und der Gesetzgebung *(seul le texte français fait loi,* Rossillon 1995:59). Von den 400 000 Einwohnern Luxemburgs sind 80 % nicht primär frankophon.
- In der **Schweiz** *(La Suisse)* gelten seit der Volksabstimmung vom 10. März 1996, welche eine Veränderung des Verfassungsartikels 116 bewirkt hat, **Deutsch, Französisch, Italienisch und Rätoromanisch** *(le romanche)* als nationale Amtssprachen; **Genf, Vaud, Neuchâtel** und **Jura** sind monolinguale frankophone Kantone, **Fribourg** und **Valais** haben je ungefähr 50 % frankophone und 50 % germanophone Sprecher aufzuweisen. Man rechnet in der Schweiz mit ca. 1,5 Mill. Französischsprachigen.
- In **Monaco** (25 000 Einwohner) ist Französisch die einzige Amtssprache.
- Zu den frankophonen Minderheiten Europas gehören die Bewohner des **Aosta-Tals** in Italien (ca. 10 000 Einwohner), die zu Großbritannien gehörenden **Kanalinseln** (ca. 140 000 Einwohner) und ein Teil der Andorraner (7 % der ca. 60 000 Einwohner).

Nordamerika
- Die kanadische Provinz **Québec** stellt die größte muttersprachliche frankophone Gemeinschaft nach Frankreich (ca. 5,6 Mill.) dar. Das Frankokanadische, das sich in vieler Hinsicht von der hexagonalen[11] Varietät unterscheidet, ist in Québec Amtssprache und bevorzugte Bildungssprache. Deutlich rückgängig ist die Zahl der frankophonen Sprecher in der Stadt **Montréal**. Ursache dafür ist einerseits der Geburtenrückgang unter den französischsprachigen Bevölkerungsgruppen als auch die hohe Zahl allophoner Immigranten, die für die Erziehung und Ausbildung ihrer Kinder der anglophonen Sprachsozialisation den Vorzug geben.
- In den restlichen Provinzen Kanadas sind die frankophonen Sprecher in der Minderheit gegenüber den anglophonen. Nur in der **Acadie** – einem historischen Gebiet, das **Neubraunschweig, Neuschottland** und einige Inseln umfasst – und **Ontario** finden sich noch konsistente, jedoch im Rückgang begriffene frankophone Sprachgemeinschaften, welche durch den legislativ verankerten **Bilinguismus** (Englisch/Französisch) zumindest partiell geschützt werden. Die Zahl der frankophonen Akadier beläuft sich auf ca. 600 000 Sprecher.
- Französischsprachige Minderheiten finden sich auch in den **USA**, insbesondere an der nordöstlichen Grenze zu Kanada und in **Louisiana**. Sie sind aufgrund von Auswanderungsflüssen frankophoner Kolonen aus Kanada entstanden. Wenig unter-

stützt und von der Anglophonie umgeben sind sie längst in einem Prozess vom Bilinguismus hin zum Monolinguismus begriffen. Sprecherzahl: ca. 500 000.

Karibik und Südamerika

Obwohl das Französische auf **Haiti, Guadeloupe, Martinique** und in **Französisch-Guyana** (die letzten drei Länder sind so genannte D.O.M., d. h. *départements d'outre-mer*) als Amtssprache gesichert ist, dient es nicht als Umgangssprache. Dafür bedienen sich die Einheimischen, abgesehen von einer gebildeten Minderheit, der Kreolsprachen *(S. 65, Fußnote)*, d. h. Mischidiomen mit je nach Region mehr oder weniger französischen oder autochthonen Sprachanteilen. Insgesamt ist mit ca. 1 Mill. frankophoner Sprecher zu rechnen.

Afrika und Inseln im Indischen Ozean

„Für **Afrika** und den **Indischen Ozean** gilt zunächst, dass das Französische nur von einer kleinen Elite gesprochen wird, die in keinem Staat mehr als ca. 8 % der Bevölkerung ausmachen dürfte" (SCHMITT 1990:690).
- Als Umgangssprachen dienen vor allem Kreolsprachen (z. B. auf **La Réunion**, den **Seychellen**) oder einheimische Muttersprachen, wie das Komorische auf den **Komoren**, das Madagassische auf **Madagaskar** und die Sudan- und Bantusprachen in **Schwarzafrika** *(l'Afrique noire)*. Dem Französischen kommt dennoch in fast allen frankophonen Ländern – eine relevante Ausnahme bilden die **Maghrebstaaten** – der Status einer oder sogar der einzigen Amtssprache zu. Weiterhin unbestritten ist die Vorrangstellung des Französischen als Bildungssprache und überregionaler und nationaler Verkehrssprache, besonders in den Ländern mit großer Sprachenvielfalt:
„A tout prendre, l'évolution linguistique tend vers l'instauration d'une complémentarité bi- ou plurilinguale où les langues africaines (...) seront employées sur place, par la masse de la population dans la vie quotidienne, (...) tandis qu'il appartiendra au français (...) de remplir la fonction de véhicule de l'information et de la communication à l'échelle nationale ou supranationale. Pour le moment le français peut être qualifié de langue superposée dans une situation extrêmement favorable, mais non absolument irréversible" (MÜLLER 1985:24).
- Eine Ausnahme stellen in diesem Panorama die **Maghrebstaaten** (Algerien, Tunesien und Marokko) dar, deren einzige Amtssprache das Arabische ist, obwohl das Französische weiterhin als privilegierte Medien-, Bildungs- und internationale Verkehrssprache dient. Man rechnet in den Maghrebstaaten mit ca. 15–20 Mill. frankophoner Sprecher.

---

11 Frankreich wird wegen seiner geographischen Form auch als *l'Hexagone* bezeichnet.

Asien

In Asien **(Syrien, Libanon)** stellt das Französische nur noch die Sprache des Hochschulwesens und einer gebildeten Elite dar. Anstrengungen, das Französische als neutrale Sprache gegenüber ideologisch geprägten Sprachen wie dem Angloamerikanischen, dem Russischen oder Chinesischen durchzusetzen (die auch anlässlich des *Sommet de la francophonie* in Hanoi unternommen wurden), werden wahrscheinlich wenig an dieser Lage ändern können: „Depuis quelques années, les trois États [le Cambodge, le Laos et le Viêtnam, L.G.F.] manifestent leur désir de reprendre une forte coopération avec la France, et rejoignent la communauté francophone. Mais l'anglo-americain (...) s'implante fortement chez eux (...) avec l'aide consciente et souvent très déterminée des Australiens et des Anglo-américains, agissant directement ou par le canal de divers organismes régionaux des Nations unies" (ROSSILLON 1995:40).

Ozeanien

Zu den frankophonen Regionen Ozeaniens gehören **Vanuatu** und *drei territoires d'outre mer* (T.O.M.): Die Inseln **Wallis** und **Futuna, Französisch-Polynesien** und **Neukaledonien.**

Vanuatu ist seit 1980 eine unabhängige Republik, die aus zahlreichen Inseln besteht und das Französische zusammen mit dem *Bislang* (einer Kreolsprache) und dem Englischen zur Amtssprache erklärt hat.

Auch in den drei T.O.M. ist das Französische zusammen mit polynesischen Sprachen Amtssprache. Am stärksten französisiert ist Neukaledonien, da ein Drittel seiner 180.000 Einwohner aus Europa stammt oder europäisch beeinflusst ist. Für diesen Bevölkerungsteil ist Französisch die Umgangssprache. Die übrigen zugewanderten Bevölkerungsgruppen (Polynesier, Vietnamesen, Indonesier etc.) sind des Französischen mächtig, auch wenn sie im täglichen Umgang ihre jeweilige Muttersprache verwenden. Die autochthonen Bevölkerungsgruppen Neukaledoniens *(les canaques),* die ungefähr 50 % ausmachen, sprechen weiterhin eine ihrer 28 Landessprachen (ROSSILLON 1995:97).

4 Literatur

Zu 2

Zur Vertiefung der behandelten Themen sind zu empfehlen:
Folgende LRL-Artikel: (1990, Bd. V,1): 315 Winkelmann, 316 Schmitt, 319 Droixhe/Dutilleul; Berschin/Felixberger/Goebl 1978; Brumme 1993; Calvet 1996; Geckeler/Dietrich 1995; Settekorn 1988; Wolf ²1991.

Zu 3

Folgende LRL-Artikel: (1990, Bd. V,1): 333 Schmitt/Inhoffen/ Würstle, 334 Bollée, 335 Lafage/Burr; Rossillon 1995; Bruchet 1995; Dumont 1992; Müller 1985; Robillard/Beniamino 1996; Sarcher 1994.

KAPITEL 3 Varietätenlinguistik des Französischen

1 Vorbemerkung

Das Französische ist trotz des Beharrens der Sprachhüter auf einer homogenen Hochsprache eine aus mehreren **Varietäten** bestehende Erscheinung, die, wie die Diskussion um die *crise du français* offenbart hat, sich vom propagierten Sprachmodell deutlich abheben kann. Die folgenden Abschnitte werden die wichtigsten Variationsformen des Französischen vorstellen.

2 Stand der Forschung

Theorie

Zu den verbreitetsten Theorien der Sprachvariation zählt – insbesondere in der deutschsprachigen Romanistik – der Ansatz von EUGENIO COSERIU[1]. Kern dieser strukturalistisch geprägten Theorie ist der Gedanke, dass jede historische Einzelsprache ein Gefüge **(Diasystem)** von mehreren Sprachvarietäten ist, die sich durch partielle Ähnlichkeiten und Überschneidungen charakterisieren. COSERIU unterscheidet drei Dimensionen der sprachlichen Variation: die **diatopische**, die **diastratische** und die **diaphasische**.

Definitionen

Mit **diatopisch** (gr. *topos*, „Ort", „Stelle") bezeichnet man Variationserscheinungen, die räumlich bedingt sind.
Beispiel: Das *français standard* weist ein velares Phonem /ʀ/ auf. Manche *français régionaux*, insbesondere die Varietäten, die auf ursprünglich okzitanischsprachigen Gebieten verbreitet sind, präsentieren dagegen auf Grund des okzitanischen Substrats *(S. 71, 74)* ein apikales *r roulé*.

Die **diastratische** Sprachvariation ist gesellschaftlich bedingt (lat. *stratum*, „Schicht"). Sie hängt also vom sozialen Status des Sprechers ab, wobei das Sprachverhalten eines Individuums mit Variablen wie Alter, Geschlecht, ökonomischem Status und Bildungsniveau in Verbindung zu setzen ist.

Als **diaphasisch** (gr. *phásis*, „Erscheinung") werden Variationserscheinungen bezeichnet, die den Anpassungsprozess der Sprachbenutzer an die kommunikative Situation und die Kommunika-

---

[1] Ein Überblick über den Coseriu'schen Varietätenansatz und seine Entwicklung bietet OESTERREICHER (1995:3–21).

tionspartner widerspiegeln. Auch ist in diesem Zusammenhang der Begriff **Sprachregister** gängig. Jeder Sprachbenutzer verfügt, mehr oder weniger bewusst, über mehrere Sprachregister. Dies gilt auch für Sprecher mit niedrigem Bildungsstand.

Beispiel: Die Aktivierung von *bagnole* statt *auto* oder *voiture* hängt von der Sprechsituation ab. Beim Autohändler wird man generell nicht sagen *„Bonjour, monsieur, hein ... je voudrais acheter une bagnole."*

Manche Abhandlungen fügen diesen drei Dimensionen der Variation noch die **diamesische** (gr. *mésos* ‚Medium') hinzu. Hierbei findet Berücksichtigung, dass bestimmte Variationserscheinungen vom **Kanal**wechsel *(code graphique/code phonique)* abhängen (S. 130).

Beispiel: Dass $je_1\ par_2\ le_3$ im *code phonique* statt drei Silben wie im *code graphique* u. U. nur eine aufweist ([ʒpaʀl]), lässt sich mit dem Kanalwechsel erklären.

1 Entwicklungstendenzen

Entwicklung

In den letzten Jahren hat dieses Modell verschiedene Überarbeitungen erfahren, deren auffälligstes Ergebnis die Revision des Konzeptes der diamesischen Sprachvariation ist (s. KOCH/OESTERREICHER 1990). Von zentraler Bedeutung ist dabei die Beobachtung, dass sich die Variation im Rahmen der Opposition **Gesprochen/Geschrieben** nur unzureichend durch den Kanal- bzw. Mediumwechsel erklären lässt. Denn geschriebene Texte können auch gesprochen werden, ohne dass ihre grundsätzlichen Versprachlichungsmerkmale abhanden kommen.

Beispiel: Fernsehnachrichten behalten, obwohl sie gesprochen werden, ihren distanzsprachlichen Charakter; Texte wie Comics *(les bandes dessinées)* werden grundsätzlich gesprochen konzipiert, obwohl sie in graphischer Form erscheinen.

Konsequenz

Für die Variationserscheinungen, die gängigerweise mit der Opposition Geschrieben/Gesprochen in Verbindung gebracht werden, ist demzufolge nicht das phonische oder graphische Medium von primärer Relevanz, und dies gilt universell, sondern die Art und Weise, wie die **Äußerung** *(énoncé, S. 25)* **konzipiert** ist. Diese kann nämlich in einer graduellen Progression mehr oder weniger stark durch Merkmale kommunikativer **Nähe (Mündlichkeit)** oder kommunikativer **Distanz (Schriftlichkeit)** geprägt sein.

Kommunikative Nähe und Distanz werden durch unterschiedliche Versprachlichungsstrategien verwirklicht und signalisiert. Ist ein Äußerungsakt durch Vertrautheit, physische Nähe und Spontaneität gekennzeichnet, lässt sich aus linguistischer Sicht eine Vereinfachung morphosyntaktischer und lexikalischer Merkmale feststellen sowie eine Zunahme von Sprach- und Gliederungssignalen, die dazu dienen, die Interaktion mit den Gesprächspartnern und dem situativen Kontext zu strukturieren und aufrechtzuerhalten (Gestik, Mimik, Gesprächspartikel).

Die Formen der Distanzsprache sind dagegen gerade durch morphosyntaktische und lexikalische Komplexität gekennzeichnet, weil diese erlaubt, das Informationsvakuum zu kompensieren, das durch den fehlenden direkten Kontakt zum Gesprächspartner entsteht.

Hierarchien

Typisch für die diasystematischen Varietätendimensionen ist, dass Merkmale einer Dimension in eine andere aufgenommen werden können, und zwar in einer festgelegten Reihenfolge (**Varietätenkette**), die wie folgt aussieht:

> Diatopisch → diastratisch → diaphasisch → diamesisch
> (im weiten Sinn).

Diese Sequenz veranschaulicht, dass Variationserscheinungen, die primär diatopischer Natur sind, sekundär auch diastratisch wirken können, während primäre und sekundäre diastratische Markierungen auch diaphasisch relevant sein können.

Beispiel: Eine Französin, die statt der Standardnasale die Laute [õⁿ] [ãⁿ] ausspricht, weist eine diatopisch markierte Realisierung von [õ] und [ã] auf, die typisch für das *français méridional* ist. Sekundär kann diese Realisierung der Nasallaute diastratisch relevant sein, wenn sie mit einem bestimmten sozialen Sprecherprofil (z. B. niedrigem Bildungsniveau, niedrigem sozialen Status etc.) korreliert.

Folgerichtig kann auch der Fall eintreten, dass manche diastratisch und diaphasisch markierten Spracherscheinungen eine derartige Verbreitung im Bereich der Nähesprache erlangen, dass sie sich schließlich als reine Mündlichkeitsmerkmale deuten lassen.

Beispiel: Obwohl *fac* und *prof* auf das *argot* der Studenten zurückgehen, finden sie auch im nichtstudentischen Milieu Anwendung. Sie haben somit ihre diastratische Markierung verloren und werden als reine Signale der Mündlichkeit, und zwar der Nähesprache, interpretiert.

2 Bezeichnungen für die französische Hochsprache

Modellfunktion

Der Begriff „Variation" setzt eine Varietät voraus, die als Vergleichsgröße dient. Diese Funktion wird normalerweise von einer Varietät übernommen, die sich im distanzsprachlichen Bereich

(Schriftlichkeit) ansiedelt und als prestigeträchtiges normatives Modell (**Hochsprache**) allgemein anerkannt ist.

Termini

Um das Konzept der Hochsprache zu bezeichnen, besitzt das Französische mehrere Termini. Die geläufigsten unter ihnen sind *langue commune, français commun, français standard, langue officielle, français universel, international, de référence* etc.

Alle diese Termini beziehen sich implizit und automatisch auf die Distanzsprache von Paris und Umgebung. Hebt sich eine Varietät diatopisch von dem als Hochsprache geltenden Modell ab, gehört sie, zumindest nach den gängigen Theorien, in die heterogene Gruppe der *français régionaux*.

Kritik

Zu berücksichtigen ist dennoch, dass es für viele Französischsprachige, die weitab von Paris und Umgebung oder auch nur außerhalb des französischen Nationalstaates leben, unökonomisch und unnatürlich ist, sich stets am linguistischen Epizentrum zu orientieren. Daraus ergibt sich, dass die Standardvarietät aus Frankreich sich auf Grund ihrer abnehmenden Funktionalität einem Delegitimationsprozess ausgesetzt sieht, wohingegen die lokale Varietät, welche die Funktionalität der Distanzsprache ausübt, von der Sprachgemeinschaft als der eigentliche Standard empfunden und erlebt wird. Diese komplexe, z. T. ideologisch befrachtete Problematik kann in dieser Einführung nicht vertieft werden[2]. Einen Einblick mag das folgende Zitat geben:

„Quand (...) on coiffe par une même appellation de français régional le français parlé dans l'ouest de la France et celui du Québec, on affirme que ces deux variétés sont dans un même rapport avec le français de Paris, pris implicitement comme référence; on conviendra que cette généralisation est excessive. Les locuteurs de français dans l'ouest de la France ont de leur usage une perception qui est naturellement conditionnée par une influence nationale qui rayonne depuis Paris, qui les rejoint par l'école, l'administration, la presse, la radio (...) etc. Au Québec, l'influence de Paris joue également, mais à distance et de façon moins contraignante: le Québécois n'a pas à devenir un Parisien pour fonctionner dans la société à laquelle il appartient; il évitera même de le faire en raison de la conscience qu'il a de son identité de Québécois."

Dies führt zu der Schlussfolgerung: „le français du Québec est une variété nationale, comportant divers registres comme le français de France, alors que celui de l'ouest de la France est une variété régionale, qui se situe donc dans un rapport de dépendance quant à la variété nationale" (POIRIER 1995:17).

3 Varietäten des Französischen: Diatopik

Klassifizierung

Versucht man die Diatopik des Französischen systematisch zu beschreiben, bietet sich eine **dreigliedrige** Klassifizierung in primäre, sekundäre und tertiäre Varietäten an.

Definitionen

Zu den **primären Varietäten** (auch **primäre Dialekte** des Französischen) zählen die Dialekte der *langue d'oïl (S. 33)*. Sie werden im Laufe der Kodifizierung, Konsolidierung und territorialen Verbreitung des Französischen überlagert und büßen an Funktionalität ein, sodass einige unter ihnen bereits im 19. Jh. auch im nähesprachlichen Bereich verloren gegangen sind (**Entdialektalisierung**/*dédialectisation*).

Mit dem Begriff „**sekundär**" werden die muttersprachlichen Varietäten bezeichnet, die, wie das Frankokanadische, als Folge der kolonialen Vergangenheit Frankreichs[3] entstanden sind.

Bei den **tertiären Varietäten** handelt es sich um innovative europäische Sprachentwicklungen, die das Substrat *(S. 71)* eines primären Dialekts des Französischen oder einer *langue ethnique (S. 68)* enthalten (KOCH/OESTERREICHER 1990:143). Ihre Entwicklung erklärt sich damit, „dass in den letzten 100–200 Jahren die Distanzsprachen auf die nähesprachlichen Varietäten ausstrahlen (…); dies führt zu einer Nivellierung der diatopischen Divergenzen, vor allem im morphosyntaktischen, aber auch im lexikalischen und lautlichen Bereich" (KOCH/OESTERREICHER 1990: 131).

Tertiäre und des öfteren auch sekundäre Varietäten werden auch als *français régionaux* bezeichnet. Ein Verfahren, dem, wie bereits erwähnt *(S. 64)*, viele Linguisten kritisch gegenüber stehen. So lehnen manche soziolinguistisch geprägten Ansätze die Anwendung dieses Begriffes nicht nur im Falle des Frankokanadischen, sondern auch der Varietäten Belgiens und der Schweiz ab. In dieser Abhandlung bezieht sich der Begriff *français*

---

[2] Einen Überblick dazu bietet POIRIER (1987).
[3] Ebenfalls mit der Kolonialzeit in Zusammenhang steht die Entwicklung der **Kreolsprachen** des Französischen. **Kreolsprachen** sind sozial bedingt; sie entstehen – dort, wo Völker von fremden Mächten unterworfen werden – aus der Vermischung von Sprachelementen der einheimischen mit der Sprache der Eroberer. Ihre Entwicklung ist graduell und dauert mehrere Generationen. Den Anfang macht eine **Pidginsprache**, d. h. ein ad hoc entwickeltes Kommunikationsmittel zur Verständigung zwischen Einheimischen und Kolonialherren, das lexikalische Elemente der einheimischen und der fremden Sprache in stark vereinfachten morphosyntaktischen Strukturen kombiniert. In einer zweiten Phase entwickelt sich das Pidgin von einer fremden Elementarsprache in eine Muttersprache. Von nun an bildet und konsolidiert sich eine Kreolsprache mit einem vollständigen Sprachsystem. Trotz ihrer Verwandtschaft zum Französischen sind Kreolsprachen auf Grund der Einzigartigkeit ihrer Phonetik, Lexik und Morphosyntax autonome Sprachsysteme, die nicht als Varietäten des Französischen einzustufen sind. Aus diesem Grund werden sie in diesem Buch nicht behandelt.

régionaux ausschließlich auf die tertiären Varietäten, die sich in Frankreich entwickelt haben.

1 Primäre Varietäten: die Dialekte des Französischen

Definitionen

Die Dialekte stellen das Forschungsobjekt der **Dialektologie** dar. Als Dialekte sind Sprachvarietäten zu verstehen, die sich auf Grund des Vorhandenseins einer beliebigen Anzahl Kriterien in einer bestimmten Gegend als homogene sprachliche Erscheinung postulieren lassen (BERSCHIN/FELIXBERGER/GOEBL 1978:245).

Um die fließenden Übergänge zwischen den verschiedenen Dialektvarietäten sichtbar zu machen, bedient man sich Karten, auf denen Linienbündel eingetragen werden, die **Isoglossen** heißen.

Methodologie

Die Isoglossen lassen sich durch die Analyse von Datenerhebungen gewinnen, die dadurch zu Stande kommen, dass Informanten aus ausgewählten Ortschaften auf einige für aufschlussreich erachtete Sprachparameter hin befragt werden. Zwei Dialektvarietäten können als unterschiedlich gelten, wenn sie bei Anwendung repräsentativer Parameter (diese können phonetischer, lexikalischer oder morphosyntaktischer Natur sein) wichtige Oppositionen aufweisen, die sich als klare Isoglossen festhalten lassen.

„Les frontières que l'on assigne traditionnellement au wallon liégeois correspondent à la zone où le concept *„mouchoir"* est désigné par le type */norét/*" (KLINKENBERG 1994:37).

Die Zusammenstellung der Karten, die aus der Auswertung der Daten einer spezifischen Region entstanden sind, erfolgt in den **Sprachatlanten** dieser Region. Die Zahl der Sprachatlanten ist erheblich; zu den bedeutendsten Sprachatlanten des Französischen gehören der **ALF** – *Atlas linguistique de la France,* von JULES GILLIÉRON und EDMOND EDMONT, Paris, 1902–1910 – und der **ALW** – *Atlas linguistique de la Wallonie,* Liège, 1953–1997 –, welcher auf 20 Bände angelegt ist, von denen bisher acht erschienen sind (vgl. WINKELMANN/LAUSBERG LRL, Bd. I,2 im Druck).

Gebiete

Folgende schematische Darstellung bietet einen Überblick über die Gebietsverteilung der primären Dialekte des Französischen *(s. Karte S. 76).*

Wallon Wallonisch

Mit einigen Einschränkungen (darunter dem *Gaumais,* einem lothringischen Dialektgebiet und dem Osten, welcher pikardisch geprägt ist) ist Wallonisch in der *Wallonie (la Belgique de tradition romane)* zu finden. Das Wallonische dehnt sich auch auf das angrenzende französische und luxemburgische Staatsgebiet aus.

Picard Pikardisch	Das Pikardische erstreckt sich über ein breites Areal, das von Belgien *(West-Hainaut)* bis zur Normandie reicht. Mit Ausnahme eines kleinen flämischen Gebiets nördlich von Lille ist es in den *départements du Nord, du Pas-de-Calais, de la Somme* und in einem Teil vom *département de l'Oise* zu finden.
Parlers de l'Ouest Dialekte des Westens	Üblicherweise werden unter den Dialekten des Westen die *parlers* subsumiert, die geographisch betrachtet in den Regionen *Normandie, Haute-Bretagne, Maine, Anjou, Perche, Poitou, Aunis, Saintonge* und *Angoumois* zu finden sind. Die wichtigsten unter ihnen sind das **Normannische**, das **Gallo**, das **Angevinische** und das **Poitevinische**. Die Verbreitung der Dialekte des Westens ist im Osten und im Süden, wo sie jeweils vom Bretonischen und vom Okzitanischen überlagert werden, eindeutig zu bestimmen. Wie auch das Pikardische können die Dialekte des Westens als Studienfach im universitären Bereich gewählt werden. Als problematisch erweist sich jedoch das Fehlen einer über die einzelnen *parlers* hinaus gültigen Verschriftungsnorm.
Parlers de l'Est Dialekte des Ostens	Sie lassen sich in zwei Hauptgruppen einteilen: Dialekte des Ostens und des Südostens. Zur ersten Gruppe gehören das Lothringische *(lorrain)* und die Dialekte der *Champagne (champenois)*. Zur zweiten die der *Franche-Comté* (Freigrafschaft Burgund) und der *Bourgogne (bourguignon)*. Die dialektale Ostgrenze fällt mit der des romanischen Sprachraums gegenüber dem germanischen zusammen.
Le Centre Dialekte des Zentrums	Das Zentrum entspricht im Großen und Ganzen den Regionen der *Ile-de-France* und des *Orléanais*, d.h. dem Gebiet des *francien*, wobei die Untersuchungen zeigen, dass nur noch die Intonation Spuren der ursprünglichen Dialektvarietäten trägt.
Frankoprovenzalisch	Das skizzierte Panorama wäre unvollständig ohne die Erwähnung des **Frankoprovenzalischen** (*le franco-provençal*). Diese Varietät lässt sich, wie die zusammengesetzte Bezeichnung bereits andeutet, nur schwer klassifizieren, weil sie typologisch betrachtet sowohl Züge der französischen als auch der okzitanischen Dialekte aufweist, sodass sie je nach Forschungsperspektive als Dialekt des Französischen oder als selbständige Minderheitensprache behandelt wird. Verbreitet ist das Frankoprovenzalische, welches inzwischen zu großen Teilen vom Französischen verdrängt worden ist, nicht nur in Frankreich *(Lyonnais, Forez, Dauphiné, Savoyen, südlicher Teil der Franche-Comté)*, sondern auch in Italien *(Val d'Aoste)* und in der *Suisse romande*. Die geschätzte Zahl der Sprecher fällt von Werk zu Werk unterschiedlich aus. Laut TUAILLON (1993:142) ist auf französischem Boden mit 50 000–60 000 Sprechern zu rechnen. Die Gesamtzahl beträgt nach MARTIN 200 000 Sprecher (LRL, 1990, Bd. V,1 S. 679).

2 Sekundäre und tertiäre Varietäten

Überblick

Die Divergenz zwischen dem Standard und den sekundären/tertiären Varietäten hängt von der linguistischen Beschaffenheit des Territoriums ab. Abgesehen von einem Zentralbereich um Paris und der *région parisienne* (ehemaliges Gebiet des Franzischen), die diatopisch neutral sind, lassen sich in Nordfrankreich und Wallonien, im frankoprovenzalischen Raum und in der Westschweiz diatopisch mehr oder weniger stark markierte Varietäten des Französischen identifizieren.

Auffälliger ist die diatopische Variation dort, wo das Französische eine der *langues ethniques* (auch *langues minoritaires*), d. h. der nicht zum Französischen gehörenden Varietäten, überlagert hat.

Eine systematische Beschreibung der sekundären und tertiären Varietäten des Französischen kann hier nicht geleistet werden. Exemplarisch sollen dennoch ausgewählte Variationserscheinungen aus folgenden Bereichen illustriert werden:

- das Lautsystem des *français du Midi* (tertiäre Varietät);
- das Lexikon des *québécois* (sekundäre Varietät) und
- die Morphosyntax des *français de Vourey*, eines Dorfes im franko-provenzalischen Gebiet (tertiäre Varietät).

Lautlicher Bereich *(Français du Midi)*

Festlegungen

Der Begriff *français du Midi* oder *méridional* bezeichnet eine regionale Varietät, die in den okzitanophonen Gebieten Südfrankreichs verbreitet ist. Phonetisch betrachtet weist die Aussprache der Einheimischen, auch wenn ihre sprachliche Primärsozialisation ausschließlich auf Französisch stattgefunden hat, einige systematische Besonderheiten auf, die auf den Sprachkontakt zwischen Französisch und Okzitanisch zurückzuführen sind.

Merkmale

Anders gestaltet als im Standardfranzösisch sind
- die vokalischen Oppositionen [o]/[ɔ], [e]/[ɛ] und [ø]/[œ], denn sie stehen in komplementärer Distribution und zwar nach folgendem Muster: ist die Silbe offen (KV), neutralisiert sich diese Opposition und es treten ausschließlich Vokale mit mittlerer Qualität auf, die als [E], [O] und [Ø] notiert werden können; ist sie geschlossen (VK), kommen nur die offenen Laute vor. Folgendes Schema veranschaulicht diese Distribution:

	KV	KVK/VK
[O], [E], [Ø]	+	−
[ɔ], [ɛ], [œ]	−	+

Dies führt dazu, dass einige Oppositionen des Standardfranzösischen im *français du Midi* neutralisiert werden: *[fe]/fée* vs. *[fɛ]/fait*, welche beide als [fE] realisiert werden.
- Im *français du Midi* wird das *e instable* öfter ausgesprochen als im Standardfranzösischen, sodass die Zahl der Silben in dieser Varietät höher ist.
  Que me dites-vous là? Standard: [kəm$_1$dit$_2$vu$_3$la$_4$] / *français du Midi* 1[kə$_1$mə$_2$di$_3$tə$_4$vu$_5$la$_6$].
- Auch werden im *français du Midi* die Nasalvokale anders artikuliert. Einerseits weil sie geschlossener sind, andererseits, weil der darauf folgende Nasalkonsonant mehr oder weniger stark mitartikuliert wird.
  [ãmpate] / [ã^{m}pate] / *empâter;* Standard → [ãpate]

Lexikalischer Bereich *(Québécois)*

Überblick — Am häufigsten und auffälligsten von der diatopischen Variation betroffen ist neben dem lautlichen der lexikalische Bereich. Dies lässt sich mit einem Bündel unterschiedlicher Faktoren erklären, die über das rein Linguistische hinausgehen und sich erst in Verbindung mit der sozialen Struktur (Berufsprofile, ökonomischer Status etc.) und den Kulturtraditionen (Religion, Bildung etc.) einer Sprachgemeinschaft klären lassen. Auch Staatsgrenzen spielen eine Rolle bei der Bildung lexikalischer Variation, und zwar nicht nur wegen der *statalismes,* d. h. der Lexeme, die zur Bezeichnung landesspezifischer Institutionen dienen (*la mairie* heißt in Belgien *maison de ville* oder *maison communale, régent* steht für *professeur de lycée* etc.), sondern weil sie die Ausstrahlung des Epizentrums hemmen können. Je labiler sich der normierende Einfluss des Epizentrums auf ein Randgebiet auswirkt, desto auffälliger sind die Eigenheiten des Lexikons der betrachteten Varietät.
Ein gutes Beispiel dazu liefert das Französische von Québec (*le québécois* oder *franco-canadien,* **FQ**). Da diese Region sich klimatisch und soziokulturell deutlich von Frankreich und Europa unterscheidet, kommt im Frankokanadischen eine Reihe von Lexemen vor, die dem europäischen Standardfranzösisch fremd sind.
  Mit *„poudrerie"* bezeichnet man im Frankokanadischen *„la façon dont le vent soulève la neige sèche en nuages qui gênent la visibilité". „L'opération qui consiste à enlever la neige après une tempête"* wird durch *„déneiger"* und *„déneigement"* ausgedrückt. *„'S'encabaner' signifie ,se préparer pour l'hiver' et, au figuré, ,rester chez soi, se claustrer, ne voir personne'"* (DARBELNET 1993:304).

Definitionen — Ein Lexem kann als diatopisch markiert gelten, wenn es einer der folgenden **vier Gruppen** zugeordnet werden kann:

3 Varietäten des Französischen: Diatopik

1. Das Lexem stellt im Vergleich zur Varietät des Französischen, die als *français de référence* **(FrR)** dient (also die Distanzsprache von Paris und Umgebung), eine Innovation dar.
2. Das Lexem weist Bedeutungen auf, die im *français de référence* nicht vorkommen.
3. Das Lexem weist ein grammatisches Verhalten auf, das im *français de référence* nicht vorhanden ist.
4. Das Lexem weist eine Distribution auf, die im Vergleich zur Referenznorm auffällig ist.

(s. Bsp. 1–4)

Beispiele

Illustriert werden diese Verhältnisse am *québécois*[4].

Zu 1. *Sous-ministre* n. m. (= *nom, masculin*) Haut fonctionnaire auquel un ministre confie l'administration de son ministère. Innovation québécoise, sur le modèle de *sous-directeur, sous-secrétaire*.
Aiguise-crayon n. m. Taille-crayon. N'a pas été relevé ailleurs qu'au Québec.

Zu 2. *Abreuvoir* n. m. Dans les endroits publics, appareils permettant de boire grâce à un mécanisme commandant un jet d'eau. Extension du sens du FrR (= *français de référence*) «point d'eau, récipient ou dispositif permettant aux animaux de boire».
Casse-croûte n. m. Petit restaurant qui offre des mets rapides. Innovation sémantique à partir du sens de «repas léger pris rapidement du FrR».

Zu 3. *Pantalons* n. pl. L'emploi du pluriel est attesté en français depuis le XVIIe s. jusqu'à une époque récente.
Égal adv. D'une manière égale. Emploi attesté dans les parlers de l'Anjou.

Zu 4. *Additionnel* adj. 1° Qui s'ajoute, qui constitue un supplément (en parlant de choses). Plus courant en FQ et de distribution plus variée que dans le FrR ou il est donné comme «didactique» ou propre à certains vocabulaires. Influence de l'angl. *additional*. 2° Qui s'ajoute, supplémentaire (en parlant de personnes). Dans le FrR, le mot ne se dit pas de personne; l'usage québécois est attribuable à l'angl. *additional*.
Quasiment adv. Presque. Mot attesté en français depuis le XVIIe s. est devenu familier dans le FrR, mais demeure neutre en FQ.

Klassifikation

Diatopisch markierte Lexeme lassen sich im Hinblick auf ihre **Herkunft** wie folgt klassifizieren (POIRIER 1995:13–56):

A. **Archaismen.** Das Lexem gehört einer früheren Phase des *français de référence* an. Während das Epizentrum das betref-

fende Lexem aufgegeben hat, wird es in der untersuchten Varietät weiterhin aktiv verwendet.
B. **Dialektismen.** Das betreffende Lexem gehört nicht dem *français de référence*, sondern einem seiner Dialekte an.
C. **Entlehnung infolge Adstrateinfluss.** Zwei Völker mit jeweils der Sprache L1 (Französisch) und L2 (z. B. Englisch) leben im ständigen Kontakt. Die Sprache L1 übernimmt Lexemgut aus der prestigeträchtigen Sprache L2.
D. **Substrateinfluss.** Das Französische hat bei seiner Verbreitung andere Sprachen überlagert und verdrängt. Diese haben Spuren (lexikalischer, phonetischer, etc. Natur) im Französischen hinterlassen.
(s. Bsp. A–D)

Beispiele

Zu **A.** *Miroir* n.m. Glace. Emploi vieilli de nos jours dans le FrR.
Astheure adv. Maintenant. Variante graphique de *à cette heure*, mot attesté français depuis le XVIe s. mais déclaré vieux ou rural dans le dictionnaire du FrR; usuel en FQ.

Zu **B.** *Bozo* n.m. Individu simple d'esprit. Sans doute hérité des parlers de France (relevé dans le parler manceau); existe également dans l'anglais américain qui a pu l'emprunter au français québécois.
Malin adj. Irascible (d'une personne); dangereux (d'un animal). Emploi bien attesté dans les parlers du nord-ouest, de l'ouest et du centre de la France.

Zu **C.** *Marche* n.f. Prendre une marche: faire une promenade. Calque[5] de l'angl. *to take a walk*.
Drave n.f. Transport, flottage du bois. De l'angl. *drive*.

Zu **D.** *Atoca* n.m. Baie rougeâtre, à saveur acidulée, servie en confiture ou en gelée. Mot d'origine amérindienne (iroquoienne).
Ouananiche n. f. Saumon d'eau douce que l'on trouve dans les lacs et rivières du nord du Québec. Mot d'origine amérinde (algonquienne, plus précisément montaignaise).

Der morphosyntaktische Bereich *(Français de Vourey)*

Forschungslage

Im morphosyntaktischen Bereich scheint die diatopische Variation weniger ausgeprägt als im lautlichen und lexikalischen zu sein. Da allerdings systematische und ausführliche morphosyntaktische Untersuchungen der tertiären Varietäten kaum vorliegen, hat diese Aussage bislang nur bedingte Gültigkeit.

---

4 Die oben dargestellte Systematik sowie folgende Beispiele stammen aus POIRIER (1995:13–56).
5 *Calque:* Lehnübersetzung, d. h. eine Glied-für-Glied-Nachbildung eines fremden lexikalischen Vorbilds.

Vorgestellt werden im Folgenden morphosyntaktische Merkmale anhand einer Untersuchung von GASTON TUAILLON über „*Les régionalismes du français parlé à Vourey, village dauphinois*" (1983).

Standort

Vourey befindet sich an der *Isère*, 52 km von Grenoble entfernt und ist kein *coin-perdu*, denn „c'est un village qui a toujours été proche des grands axes d'échange entre Lyon et Grenoble et entre Genève ou la Savoie et le Midi rhodanien" *(S. 11)*. Die Entdialektisierung wurde in Vourey bereits im letzten Jahrhundert abgeschlossen. Die Informanten von TUAILLON haben die lokale francoprovenzalische Varietät nicht mehr erworben *(S. 13)*, somit ist ihre erste Sprache Französisch *(S. 19)*.

Von den 29 grammatischen Erscheinungen, die TUAILLON vorstellt, werden im Folgenden drei erwähnt.

Phänomen 1

Avoir eu* + *second participe *(les temps surcomposés)*
J'ai eu travaillé avec les boeufs, quand j'étais jeune. J'ai acheté mon premier tracteur en 1952 (S. 64).
Après qu'on a eu mangé la viande, on a fait une partie de boules, puis on s'est remis à table pour le dessert (S. 64).

Obwohl die *temps surcomposés* auch im Standardfranzösischen belegt sind (HOLTUS 1995: 87–90), ist ihre Verbreitung vor allem in der französischen Schweiz und in Südfrankreich besonders groß. Die Zahl der Frankophonen, die sich dieses Regionalismus bedienen, bewegt sich laut TUAILLON um die 10 Mio. Funktional betrachtet drückt dieses Tempus „un passé jugé éloigné et qu'on ne peut pas déterminer par une datation pontuelle: impossible de dire j'ai eu couru le 10 juin 1980" aus (BLANCHE-BENVENISTE 1991:216).

Phänomen 2

Y statt des Pronomens *le*
On était tous malade, mais ma femme, elle y était plus que tous les autres. Pour faire ce métier, il faut y aimer. (S. 368)

„Ce *y* fait parti d'un système qu'on peut décrire ainsi: il y a d'une part le masculin *le* et le féminin *la*, qui ont une valeur 'individualisante'; d'autre part il y a *y* avec une valeur non individualisée, mais globale, massive. (...) l'aire d'extension de ce *y* coïncide avec le substrat franco-provençal, qui connaît une opposition à trois termes: *lo (lou), la, o (ou)* (BLANCHE-BENVENISTE 1991:214).

Phänomen 3

Umkehrung der Pronomenfolge bei der dritten Person
Il m'agace ce gosse! Un jour, la gifle qu'il mérite, je lui la donnerai (S. 239).

Die diatopisch neutrale Reihenfolge ist *je la lui donnerai*.
Dieses syntaktische Merkmal der Nähesprache ist besonders in den *Départements de Drône, d'Ardèche* und generell in Südfrank-

reich verbreitet. Betroffen ist außerdem auch die Reihenfolge der Pronomina beim Imperativ: *donne-moi le!*
Da diese Reihenfolge auch in anderen Varietäten des Französischen zu finden ist, z. B. im Frankokanadischen, wird sie inzwischen schlichtweg als ein reines Merkmal der Nähesprache betrachtet.

3 Sprachliche Minderheiten auf französischem Boden

Aufzählung

Der französische Nationalstaat ist vielsprachig, denn auf seinem Boden werden außer dem Französischen auch andere Idiome gesprochen. Zu diesen zählen das **Okzitanische** mit seinen Dialekten, das **Katalanische**, das **Baskische**, das **Bretonische**, das **Flämische**, der **Elsässer** Dialekt (Deutsch), das **Korsische** (Italienisch).

Definitionen

Eine **sprachliche Minderheit** ist eine mehr oder weniger zahlreiche Sprachgemeinschaft, deren Muttersprache nicht mit der Amtssprache *(S. 54)* des Staates zusammenfällt, in dem sie lebt. Die politisch/gesellschaftlich dominierende Amtssprache wird auch als **Dachsprache** bezeichnet.

Eine Parallelerscheinung zum Auftreten von Minderheitensprachen ist die **Diglossie**. Der Begriff Diglossie bezeichnet das funktionale Gefälle zwischen einer als sozial niedrig eingestuften Sprachvarietät **A** (z. B. muttersprachlicher Dialekt oder *langue ethnique*), die als Nähesprache dient und der Sprache der Primärsozialisation entspricht, und einer prestigeträchtigen **Dachsprache B**, die im distanzsprachlichen Bereich Anwendung findet und erst mit der Einschulung erlernt wird.

Tendenz

Die Minderheitensprachen auf französischem Boden sind wie auch die Dialekte in ihrer Existenz bedroht. Festzustellen ist jedoch eine steigende Sensibilisierung für diese Problematik und eine graduelle Abwendung vom monolinguistischen Zentrismus. KLINKENBERG (1994:254) schreibt dazu:

„Les cultures locales en France ont connu un net déclin à la fin du XVIIIe siècle, et au XIXe l'État républicain a développé une politique de centralisme qui a pénétré les esprits. Les mouvements de renaissance de ces cultures minoritaires est très sensible dans la seconde moitié de ce siècle. Plutôt situé à droite avant la guerre de 39–45 et pendant celle-ci, ce mouvement a pris par après des orientations plus progressistes: le processus de décolonisation des années 50 et 60 et la naissance de la sensibilité écologique au cours des deux dernières décennies qui ont suivi n'y sont pas étrangers."

Überblick — Die folgende schematische Darstellung liefert einen Überblick über die geographische Verteilung und die Sprecherzahl der Minderheitensprachen auf französischem Boden.

Romanische Sprachen

Langue d'oc / Occitan / Okzitanisch — Geographisch betrachtet dehnt sich das Okzitanische über ca. 30 *départements du Midi* aus und zwar unterhalb einer Linie, die von der *Gironde* ausgehend nordöstlich vom *Massif central* verläuft, die *Rhône* zwischen *Vienne* und *Valence* erreicht, um die Alpen südöstlich von *Grenoble* Richtung Italien zu überqueren. Somit erstreckt sich das okzitanische Sprachgebiet auch auf italienischen Boden, und zwar vor allem auf einige Täler der piemontesischen Alpen. Die Zahl der aktiven Okzitanophonen ist nur schwer bestimmbar. Generell werden sie auf 10–12 Mio. geschätzt, wobei zumindest zwei Mio. zu den aktiven Sprechern zählen sollen. Besser konserviert sind die okzitanischen Varietäten der Pyrenäen und des *Massif central*.

Catalan / Katalanisch — Katalanisch wird im *Département Pyrénées-Orientales* gesprochen und zwar an der Grenze zur spanischen Region Katalonien. Seine Sprecherzahl beläuft sich auf ca. 200 000.

Corse / Korsisch — Das Korsische ist eine mit dem Sardischen verwandte romanische Sprachvarietät, die zuerst vom Toskanischen beeinflusst worden ist, heute vom Italienischen und Französischen. Gesprochen wird es auf der Insel Korsika von ca. 200 000 ihrer Bewohner. Kurse zum Erlernen des Korsischen können seit den 80er Jahren in der Schule besucht werden.

Germanische Sprachvarietäten

Alsacien / Elsässisch — Mit diesem Begriff werden oftmals zwei verschiedene Dialekte des Deutschen bezeichnet. Einerseits das Elsässisch, welches in den *Départements Haut-Rhin* und *Bas-Rhin* sowie z. T. in *Sarrebourg* heimisch ist, und der Rheinfränkische Dialekt *(le lorrain germanique)*, welcher in Ostlothringen und zwar im östlichen Teil des *Département Moselle* gesprochen wird. Diese Region ist durch eine komplexe Sprachverteilung charakterisiert – Triglossie ist nicht selten (Elsässisch/Französisch/Deutsch) –, deren Ursache darin liegt, dass sie im Laufe der Jahrhunderte immer wieder abwechselnd unter französischer oder deutscher Herrschaft stand. „Une Alsacienne, née en 1863 et morte en 1945, a changé quatre fois de nationalité. Cela a eu bien sûr des conséquences sur l'usage des langues dans cette région" (ROSSILLON 1995:25). Sprecherzahl:

zwischen 1,2 und 1,5 Mio. Tendenz: stark rückläufig, besonders im *Département Haut-Rhin*.

Flamand
Flämisch

Das Flämische gehört typologisch zu den westlichen germanischen Sprachen und bildet mit den niederländischen Varietäten die Gruppe der niederdeutschen Dialekte. Gesprochen wird es an der Grenze zu Belgien in einem räumlich begrenzten Gebiet im nördlichen Teil des *Département Nord* (Dunkerque und Hazebrouck). Die Schätzung der Sprecherzahl ist unterschiedlich: MÜLLER (1985) 300000, GECKELER/DIETRICH (²1997) 40000–100000 (Tendenz rückläufig).

Keltisch

Breton
Bretonisch

Das Bretonische gehört zum Inselkeltischen. In der Zeit der Völkerwanderungen (6. Jh. n. Chr.) breitete es sich in Gallien aus. Das Sprachgebiet des Bretonischen dehnt sich in der westlichen Bretagne aus und zwar entlang einer Linie, die von dem im Norden liegenden *Paimpol* nach *Vannes* im Süden verläuft. Sprecherzahl: ca. 800000 (rückgängig). „Ce patrimoine national que constitue pour la France la langue bretonne est fort mal en point. On peut craindre que le Breton ne soit plus parlé que par des spécialistes, dans quelques décennies; 5.000 élèves seulement apprennent le breton dans les collèges et lycées, et très rares sont les parents qui parlent breton à leurs enfants" (ROSSILLON 1995:23).

Nicht-indogermanische Sprachen

Basque
Baskisch

Die Herkunft des Baskischen ist heute noch ungeklärt. Seine vom Indoeuropäischen stark abweichende Sprachtypologie hat es vor der Romanisierung geschützt. Verbreitet ist es vor allem in Nordspanien, und zwar auf einem Streifen, der von Bilbao bis zur französischen Grenze reicht. Auf französischem Boden wird es im westlichen Teil des *Département des Pyrénées-Atlantiques* gesprochen. Die Sprecherzahl wird auf 70000–120000 geschätzt.

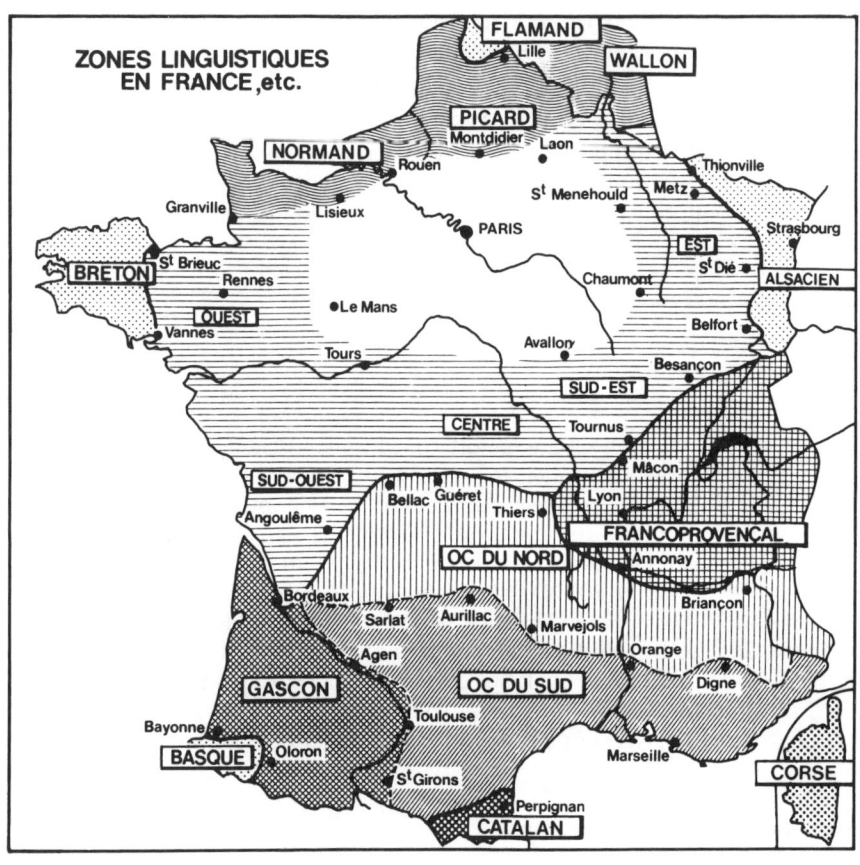

| Karte | Linguistische Gebiete im Frankreich von heute. Aus BERSCHIN/FELIXBERGER/GOEBL (1978:267). |

4 Sprachvariation in der Gesellschaft: Diastratik

| Situierung | Die Untersuchung diastratischer Sprachvariation siedelt sich innerhalb der **Soziolinguistik** an, einem Wissenschaftszweig der Linguistik, der die wechselseitige Abhängigkeit von Sprach- und Sozialstruktur und die vielfältigen *pratiques langagières* der in organisierten Strukturen (Gesellschaften) interakiv handelnden Menschen untersucht. |

Zu den sozialbedingten Parametern, die für die Entstehung und Entwicklung von diastratischer Sprachvariation am wichtigsten sind, zählen Alter und Geschlecht der Sprachbenutzer sowie ihre soziale Position. Letztere ist auf Grund von Koordinaten wie sozialer Herkunft, Bildungsniveau, beruflichem und ökonomischem Status (Arbeitgeber, Arbeitnehmer, arbeitslos), Weltanschauung, politischer Ausrichtung etc. zu ermitteln.

Hypothese

Die Grundhypothese ist, dass die erwähnten Parameter eine Auswirkung auf das Sprachverhalten der Menschen ausüben, die sich in Form von Sprachvariation dokumentieren lässt.

Definition

Bilden die Variationserscheinungen auf Grund ihrer Frequenz, Art und Homogenität eine sprachliche Varietät, d. h. ein sprachliches Subsystem, das nicht nur das Sprachverhalten eines Individuums, sondern einer abgrenzbaren Gruppe von Menschen kennzeichnet, spricht man von **Gruppensprachen**. Zu diesen gehören die schichtenspezifischen Sprachvarietäten (auch **Soziolekte**, wie z. B. die Sprache des Arbeitermilieus oder der höheren *bourgeoisie* etc.), die beruflich bedingten **Fachsprachen** und die **Sondersprachen** (z. B. die *argots*, S. 78).

1 Forschungsmethoden im Bereich diastratischer Sprachvariation

Methodik 1

Diastratische Sprachvariation lässt sich methodologisch betrachtet anhand von **zwei** Forschungsmethoden untersuchen.

Im ersten Fall wird versucht, Erscheinungen diastratischer Sprachvariation kontrastiv zum Standard zu isolieren. Zu berücksichtigen ist dabei, dass sich im Französischen viele Sprachmerkmale diastratischer Natur in den diaphasischen Bereich verlagert haben *(S. 63)*, sodass ihr Vorkommen nicht mehr als sozialbedingt, sondern nur noch als registerspezifisch, z. B. als *français populaire, familier (S. 83)* etc. zu interpretieren ist.

- Zu den wenigen diastratischen Spracherscheinungen der französischen (Nähe-)Sprache, die heute noch als eindeutig niedrig markiert gelten, zählen KOCH/OESTERREICHER (1990:148) im **morphosyntaktischen Bereich** die Formen *a(l)* für *elle* und *y* für *lui* (betontes Personalpronomen der 3. Pers. Sing.):
[...] *alors la dame a m'a regardé puis al a eu un petit rire* [...]
[...] *mais si j'y dis que je vous emmène* [...]
Zu erwähnen ist auch das polyfunktionale *que* vor allem dann, wenn es anstelle der Relativpronomina *de/à laquelle, duquel/auquel* etc. vorkommt.
[*celle-là que je parle* [...].

- Im **lexikalischen Bereich** sind als niedrig markiert vor allem die verschiedenen *argot*-Lexeme zu nennen:
Poulet/police, battant/coeur, le bavard/l'avocat, gueule/bouche, grisbi, magot, pognon/argent etc.

Typische *argot*-Ausdrücke, deren Vorkommen inzwischen als registerspezifisch einzustufen ist *(familier)*, sind z. B. *mec, flic, fric, toubib (médecin)* etc. (vgl. MEISSNER 1992).

Methodik 2 Der zweite Forschungsansatz sieht die systematische Beschreibung einer Gruppensprache vor. Die Funktionalität der einzelnen Varietät zusammen mit ihrer grammatischen Beschaffenheit (phonetische, morphosyntaktische, lexikalische Merkmale) stellen in dieser Hinsicht die bevorzugten Untersuchungsobjekte. Illustrieren lässt sich dieser Ansatz am Beispiel der **Sonder-** und **Fachsprachen** (s. u.).

Sondersprachen

Definitionen Sondersprachen bilden sich innerhalb von sozialen Gruppen, deren innere Kohäsion durch eine gemeinsame Weltanschauung und/oder ähnliche Interessen/Ziele aufrechterhalten wird *(esprit de corps)*. Ihre Palette reicht von den historischen *argot*-Formen wie der kryptologisch geprägten Gaunersprache über die *jargons/argots*[6] der Schüler und Studenten bis hin zu spartenspezifischen Sondersprachen wie denen der Ärzte, der Seeleute etc. Funktional betrachtet stehen sie nur partiell im Dienste kryptologischer Intentionen (d. h. Verheimlichung der vermittelten Inhalte gegenüber Fremden); vielmehr dienen sie zur Stärkung der Gruppenidentität und zur Abgrenzung gegenüber „*l'autre*" oder dem als „normal/spießig" empfundenen Bürger.

Besonders relevant bei der Beschreibung von Sondersprachen ist der lexikalische Bereich (Wortbildung und Wortschatz), denn er weist die meisten Auffälligkeiten gegenüber dem Standard auf.

Das Hauptverfahren, wodurch Sondersprachen ihr Lexikon entwickeln, ist die **lexikalische** *manipulation* (KLINKENBERG 1994:55). Diese besteht in der lautlichen Umstrukturierung von bereits existierenden Lexemen oder in der gänzlichen Neubenennung von im Lexikon bereits aufgenommenen Konzepten. Illustrieren lässt sich dieses Verfahren am *verlan*.

Beispiel Das ***verlan*** ist „un marqueur d'identité des bandes d'adolescents de banlieues, (...) des jeunes rejetés par la société, en situation d'échec scolaire, qui veulent marquer leur différence ou leur révolte" (CALVET 1994:63). Strukturell lässt es sich als ein Wortbildungsverfahren beschreiben, in dem die Silbengruppen der Standardlexeme vertauscht bzw. verschoben werden. Dabei können die ursprünglichen Vokallaute Veränderungen unterschiedlicher Natur erfahren: *Femme/meuf, mec/keum, laisse tomber!/laisse béton!*

Das Lexeminventar des *verlan* ist, wie bei den meisten Varietäten dieses Typs, instabil und unterliegt ständigen Veränderungen:

|**Modifikationsverfahren**| *Être chébran* (aus *être branché*, d. h. *à la mode*) ist schon kurz darauf durch *être bléca* (*être cablé*) überholt worden.

Die formalen Veränderungen der *verlan*-Lexeme lassen sich problemlos rekonstruieren. Das Lexikon vieler Sondersprachen entsteht allerdings infolge äußerst komplexer Verfahren. Das ist z. B. der Fall bei dem *loucherbem* oder *louchébème* „où un élément consonantique initial est rejeté en fin de mot et remplacé par un /l-/, en même temps que le mot se voit complété par un pseudo-suffixe /-em/, /-é/, /-ingue/, etc." (KLINKENBERG 1994:55):
fou → *louf* → *loufdingue*; *bon* → *lonb* → *lonbém* etc.

Fachsprachen

Gesellschaftliche Relevanz: Großes Interesse haben in den letzten Jahrzehnten auch die Fachsprachen und die fachsprachlich geprägten Textsorten gefunden, was natürlich mit der zunehmenden Bedeutung fachlicher Kenntnisse und des fachsprachlichen Diskurses in unserer Gesellschaft zusammenhängt.

Abgrenzungen: Will man die **Fachsprachen** von den **Sondersprachen** abgrenzen, lassen sich folgende Aspekte gegenüberstellen:
- Fachtermini und Fachsprachen entstehen, um **(Fach-)Wissen** auf einem bestimmten Gebiet zu vermitteln, anzuwenden und zu tradieren; sie müssen also so strukturiert sein, dass sie die Mobilität des erworbenen Wissens bzw. Könnens unter Fachleuten und Institutionen gewährleisten.
- Fachsprachen sind **nicht schichtenspezifisch** orientiert. Ihre Existenz hängt nicht vom sozialen Status und von der sozialen Position des Sprachbenutzers ab. „Deshalb situieren Fachsprachen die Gesprächspartner auch nur in fachlicher Hinsicht auf einer Skala der Teilhabe, die von Fachfremdheit bis zum Spezialistentum reicht" (MÜLLER 1975:149).
- Während Sondersprachen darüber hinaus der Nähesprache angehören – sie werden gesprochen, aber kaum geschrieben –, siedeln sich Fachsprachen generell (jedoch nicht ausschließlich, s. KOCH 1988:31) **im distanzsprachlichen Bereich** an (Behörden, Institutionen, Berufsmilieu etc.) und werden somit bevorzugt in Form von geschriebenen Texten konzipiert.
- Daraus geht hervor, dass Fachsprachen im Unterschied zu den Sondersprachen relativ stabile, z. T. sogar starre, fest an **tradierte Text- und Diskurskonventionen** gebundene Sprachva-

---

6 Eine eindeutige Abgrenzung der Begriffe Sondersprache, *argot*, *jargon* ist problematisch. Vgl. diesbezüglich SCHMITT (1990, Art. 313).

rietäten sind, deren Beherrschung seitens der Sprachbenutzer eine gewisse Übung voraussetzt. Fehlt diese Vertrautheit mit dem fachsprachlichen Diskurs, können Fachsprachen sekundär „zu einer **Kommunikationsbarriere** zwischen den gesellschaftlichen Gruppen" führen, „wie sie sich im laienhaften Umgang des normalen Durchschnittsbürgers mit der Verwaltung, mit der Justiz, mit den Institutionen der medizinischen Versorgung, etc. offenbart" (KALVERKÄMPER 1988:153). Dient ihre Anwendung bewusst als Abgrenzung gegenüber anderen Sprechern, nähern sich Fachsprachen paradoxerweise der Funktionalität der Sondersprachen an.

Fachsprachliche Spezifika

Die linguistischen Faktoren, die die Eigenart des fachsprachlichen Diskurses ausmachen, lassen sich auf drei zentrale reduzieren:
1. das Lexikon, und zwar die Eindeutigkeit der Fachtermini;
2. die Textstruktur;
3. die Syntax.

(1) Lexikalisch/ Terminologisch

Die auffälligste und besterforschte fachsprachliche Besonderheit ist wohl das Lexikon. Semantisch betrachtet sind Fachtermini durch ihre angestrebte Monoreferentialität gekennzeichnet; denn im Prinzip beziehen sie sich innerhalb ihres Fachgebietes auf eine einzige außersprachliche Gegebenheit.
Beispiel: Das Lexem *parole* bedeutet in der Gemeinsprache „Wort" *(le sens de ses paroles m'échappe)*, „verbale Äußerung" *(les effets décident mieux que les paroles)*, „Versprechen" *(tenir sa parole)*, „die Fähigkeit zu sprechen" *(perdre la parole)*, etc. (vgl. ROBERT ²1995). Kommt *parole* in einem linguistischen Text vor, kann es nur als „Aktivierung der *langue*" interpretiert werden.

(2) Textstrukturell

Ein Text kann bereits auf Grund seiner **Makrostruktur**[7] als fachbezogen identifiziert werden. Indizien dafür sind z. B. das Vorkommen von Tabellen, Graphiken, Zahlen, Siglen und Abkürzungen. Fachtexte weisen außerdem graphisch deutlich signalisierte Inhaltsgliederungen auf, deren Progression je nach Fach über relativ feste Muster verfügt.

„Für manche Textsorten gelten sehr starre Baupläne (bis zur Extremform des Vordrucks). Auffallend ist die häufige Eigendeklaration von Textart oder Textteil *(brevet, curriculum vitae; voies de recours, contre-indications)*" (PÖCKL 1990:269).

(3) Syntaktisch

Die spezifische Funktionalität des fachsprachlichen Diskurses bleibt wohl auch im syntaktischen Bereich nicht ohne Auswirkung, sodass in den fachsprachlichen Texten der fachlich geprägten Textsorten bevorzugt diejenigen syntaktischen Strukturen vorzufinden sind, die sich im Laufe der Kanonfixierung als besonders geeignet für die Vermittlung fachlicher Inhalte erwiesen haben. Verallgemeinernd lassen sich folgende Syntaxmerkmale feststellen:

- **Reduzierung des verbalen Tempussystems.** Da der Fachtext prinzipiell nicht narrativ, sondern deskriptiv geprägt ist, tritt die temporale Gliederung in den Hintergrund, sodass das Präsens, welches auch als neutrales Tempus dient, in dieser Varietät hohe Frequenz aufweist. Stark vertreten sind außerdem, vor allem bei Texten wie **Rezepten, Einleitungen, Formularen** etc., die explizit auf das Verhalten des Empfängers einwirken, der Imperativ und der Infinitiv (folgende Beispieltexte entsprechen typographisch annähernd den Originalen).

TOURNEDOS[8] PIÉMONTAIS	Les sauter à l'huile, les dresser sur un risotto tomaté disposé au fond du plat, mettre une demi-tomate sur les tournedos et semer d'un coulis de tomates
Temps de cuisson, 5 mn	**6 tournedos • 3 cuillères d'huile • Risotto tomaté • 3 tomates**

- Typisch für den fachlichen Diskurs sind auch die **tournure passive** und **impersonnelle.** Dies lässt sich damit erklären, dass in Fachtexten der kommunikative Schwerpunkt auf den Gegenstand bzw. das Thema zentriert ist.
  Beispiel: „Le D.E.A. se prépare en un an. L'autorisation d'accomplir la scolarité en deux ans peut être accordée par le Directeur de l'U.F.R. sur proposition du responsable du D.E.A. ELLE EST DE DROIT POUR LES CANDIDATS EXERÇANT UNE ACTIVITÉ PROFESSIONNELLE RÉGULIÈRE; SUR PRODUCTION D'UNE ATTESTATION DE LEUR EMPLOYEUR" (Studienordnung der Universität Besançon – *Année universitaire 1993–94*).

- Eine auffällige Syntaxerscheinung der Fachsprachen ist der **nominale Stil**; charakteristisch dafür ist die hohe Anzahl an Verbnominalisierungen *(attester → attestation, proposer → proposition)* und die außerordentliche strukturelle Erweiterung der Nominal- und Präpositionalsyntagmen *(S. 113)*. Diese werden zu den Hauptträgern der Bedeutung, während dem Verb (oft Kopulaverben wie *être, devenir* oder Formen wie *présenter, démontrer, résumer*, welche sich auf die durchgeführte kommunikative Handlung beziehen) hauptsächlich die Funktion der syntaktischen Satzstrukturierung zukommt (Verteilung der Funktionen Subjekt, Objekt, indirektes Objekt etc. *S. 116*).

---

[7] Makrostruktur: Ein Begriff der Textlinguistik, der sich auf den jedem Text zu Grunde liegenden globalen, abstrakten Plan bezieht.
[8] *Sous ce nom, on désigne des sortes de petits beefsteaks taillés dans la queue de filet de bœuf et sautés à la poêle ou grillés* (Pellaprat 1979:68).

Beispiel: $_S[_{NS/Subj.}[L'inscription\ en\ troisième\ cycle]\ _{VS}[est\ subordonnée\ _{PS/Ind.Kompl}\ [à\ l'obtention\ d'une\ maîtrise,\ d'un\ diplôme\ de niveau\ au\ moins\ équivalent\ ou\ au\ bénéfice\ de\ la\ validation\ d'un\ niveau\ reconnu\ équivalent\ ou\ d'acquis\ liés\ à\ l'expérience\ professionnelle\ et\ aux\ travaux\ personnels\ des\ candidats]]]$[9].

Angemerkt sei, dass verbale Nominalisierungen die Argumentstruktur des Verbs erben (*construire* und *construction* weisen jeweils ein Agens und ein Thema auf (S. 112) – *Les maçons construisent une maison* vs. *la construction d'une maison par les maçons*. Während jedoch die Argumentstruktur des Verbs vollständig zum Ausdruck kommen muss (**les maçons construisent*), ist dies bei Nominalisierungen nicht der Fall *(la construction de la maison)*.

Gerade dieses Merkmal in Verbindung mit dem rekursiven Charakter der Nominalerweiterung *(le jury de soutenance désigné par le Directeur de l'U.F.R. sur avis du responsable de l'école$_1$ comprend.... → Il$_1$ comprend...)* erklärt die außergewöhnliche Verbreitung des Nominalstils in Fachtexten, denn er erweist sich als flexibel genug, um die Formulierung komplexer Sachverhalte in kompakter Sprachform zu gewährleisten.

2 Sprachbewertung

Wertungsverhalten

Ein wichtiges, erst seit den Sechzigerjahren im Aufkommen begriffenes Forschungsfeld der Soziolinguistik hat die **Attitüden** der Sprachbenutzer gegenüber ihrer Sprachumwelt *(discours épilinguistique)* zum Thema, d. h. die Vorstellungen und Wertungsmechanismen, die sie den eigenen oder anderen Sprachvarietäten gegenüber entwickeln. Dazu gehören z. B. die Einstellungen der frankophonen Sprecher gegenüber den Dialekten und den Minderheitensprachen oder die der Belgier und frankophonen Kanadier gegenüber dem eigenen Französisch und dem Französischen Frankreichs.

Hyperkorrektes Sprachverhalten

Ein interessantes Forschungsfeld in diesem Bereich ist der **Hyperkorrektismus**, eine Erscheinung, die im Rahmen der *insécurité linguistique* anzusiedeln ist. Er ist vor allem unter Sprechern zu finden, die sich vom prestigeträchtigen Standard entfernt fühlen bzw. es tatsächlich sind. Im Fall des Französischen sind dies vor allem die *communautés linguistiques périphériques,* z. B. Belgien, die Schweiz etc.

Beispiel: Ein typischer Hyperkorrektismus ist die Anwendung von *dont,* welches für elegant gehalten wird, und zwar dort, wo es nicht hingehört.

Schriftmerkmale in Mündlichkeit	Großen Einfluss auf die linguistischen Vorstellungen einer Sprachgemeinde übt auch die geschriebene Sprache aus. Da die Schrift als primärer Vermittler der Distanzsprache dient, tritt bei den Sprechern die Neigung auf, manche für den *code graphique* spezifischen Merkmale in den *code phonique* zu übernehmen. **Beispiel:** Hierzu gehört u. a. die Aussprache der in der Graphie vorhandenen Doppelkonsonanten, (*immense* → [immãs] statt [imãs]), auch wenn sie bekanntlich im französischen *code phonique* mit wenigen Ausnahmen nicht vorkommen.
Spracherziehung	Auch die Schule spielt in Bezug auf die Sprachbewertung eine zentrale Rolle. Michel Francard schreibt im Schlusswort zu einer Befragung über *Les représentations linguistiques des jeunes francophones de la Communauté française de Belgique*: „Un grand nombre des représentations sur la langue est véhiculé et transmis par l'école (…) Il n'est donc pas arbitraire d'attribuer à l'institution scolaire un rôle essentiel dans l'émergence d'attitudes d'insécurité linguistique. Notre enquête en apporte la confirmation. Plus l'adhésion au modèle de légitimité linguistique prôné par l'école est grande, (…) plus nombreuses sont les traces d'une insécurité linguistique latente (…)" (1993:39–40).

5 Diaphasische Variation

Abgrenzung	Der Begriff diaphasische Varietät wechselt sich in der linguistischen Literatur sowohl mit dem Begriff **Register** als auch mit **Stil** ab. Als Synonyme können diese Begriffe nicht verwendet werden, denn während Sprachregister für eine Sprachgemeinschaft als ganze relevant sind, bezieht sich Stil auf die Sprachproduktion des Individuums.
Definition	Generell bedienen sich die Sprecher, ohne sich dessen immer bewusst zu sein, je nach kommunikativer Situation eines adäquaten Sprachregisters, sodass beispielsweise am Arbeitsplatz oder in einer öffentlichen Institution anders gesprochen wird als im privaten/intimen Lebensbereich. Die Zahl der beherrschten Sprachregister ist wiederum sozial bedingt: Anzunehmen ist, dass gebildete Menschen über eine breitere Registerauswahl als weniger gebildete verfügen.
Termini	Für das Französische ist es Brauch, zwischen folgenden diaphasischen Varietäten zu unterscheiden: *français vulgaire (argotique), populaire, familier, courant (usuel, commun, standard), cultivé.*

---

9 S = Satz, SN = Nominalsyntagma, PS = Präpositionalsyntagma, VS = Verbalsyntagma

Kritik	Auch wenn sich diese Bezeichnungen im Rahmen der französischen Sprachwissenschaft ausschließlich auf diaphasische Varietäten beziehen, sind sie dennoch mit Vorsicht anzuwenden, denn dadurch, dass sie sich in Opposition zur höheren Norm definieren, besteht wohl die Gefahr, sie mit schichtspezifischen Varietäten in Verbindung zu setzen. Noch problematischer ist diese Einteilung, wenn man bedenkt, dass Variationserscheinungen diaphasischer Natur ihren Wert erst im kommunikativen Kontext erhalten. „Wenn *flotte* (*eau*, L.G.F.) im Distanzbereich *familier* ist, so wäre es im Nähebereich einfach *courant;* das im Distanzbereich als *vulgaire* zu kennzeichnende *déguelasse* rückt im Nähebereich auf *populaire* usw., während sein „Synonym" *répugnant* im Distanzbereich als *courant*, im Nähebereich aber bereits als *cultivé* einzustufen wäre" (KOCH/OESTERREICHER 1990:150).
Phonetische Merkmale	Rein diaphasisch niedrig markierte Lauterscheinungen sind im Französischen selten. **Beispiel:** Die bedeutendste ist wohl die Reduktion der *liaison consonantique:* wird die *liaison* im *français cultivé* konsequent durchgeführt, so nimmt ihre Frequenz mit dem Übergang von der Distanz- in die Nähesprache graduell ab, sodass sie im *français vulgaire* nur noch nach /-z-/ /-n-/ und /-t-/ aktiviert wird. Die Reduktion des *e instable* ist dagegen keine registerspezifische Erscheinung. Denn auf Grund ihrer Frequenz und Verteilung lässt sich diese Erscheinung als ein typisches Merkmal der gesprochenen Nähesprache erklären.
Morphosyntaktische Merkmale	Auch im morphosyntaktischen Bereich finden sich kaum Erscheinungen, die genuin diaphasisch niedrig markiert sind. Denn die Phänomene, die als solche zu klassifizieren wären, sind schon im Laufe des 19. Jhs. in den sprachlichen Nähebereich eingedrungen und charakterisieren somit das Gesprochene schlechthin. Ohne die Merkmale des Gesprochenen vorstellen zu wollen, werden zu rein illustrativen Zwecken einige davon aufgelistet (vgl. KOCH/OESTERREICHER 1990:146–165): **Beispiele:** *Ça* statt *cela (peu importe si ça te plaît d'pas bosser)* Statt *qui, qu'* vor anlautendem Vokal: *le dossier qu'était perdu.* Statt *ne... pas* nur *pas: non non non je peux pas manger; ben moi j'y étais pas au courant.*
Lexikalische Merkmale	Relevant ist dagegen die diaphasische Variation im lexikalischen Bereich. *Français* **vulgaire:** *putain, connerie;* *français* **populaire:** *vache, poire (visage), bagnole, bosser;* *français* **familier:** *dingue, gars, mec, pub.*

Inter- dependenz	Diastratische und diaphasische Varietäten stehen in komplexer wechselseitiger Beziehung. Dies lässt sich am Beispiel des Vokabulars für „Toilette" zeigen. Zu den **bekanntesten Termini** gehören *commodités, toilettes, petit coin, cabinets, w.-c., chiottes, gogues*. Dem *français* ***cultivé*** *(vieilli)* ist *aller aux commodités* zuzuordnen. Niedrig markiert (***vulgaire*** und ***populaire***) sind *chiottes* und *gogues*. *Toilettes* ist im Bereich des *français* ***courant*** anzusiedeln. *Petit coin, cabinets* und *w.-c.* sind eher im *français* ***familier*** verbreitet. Obgleich dieselbe Person je nach kommunikativer Sprechsituation sich des Begriffs *toilettes* (auf dem Arbeitsplatz), *petit coin* (unter Freunden), *w.-c.* (im privaten Bereich) bedienen kann, lassen sich bei der Verwendung dieser Termini einige Präferenzen feststellen, die mit dem sozialen Status der Sprachbenutzer korrelieren. So scheint *chiottes* v. a. unter Männern bevorzugt zu werden, während der Euphemismus *petit coin* im kleinbürgerlichen Milieu verbreitet ist. *Cabinets* und *w.-c.* sind in der Kindersprache häufig.

6 Literatur

Zu 2	BLASCO FERRER 1996: §§ 112–118; KOCH/OESTERREICHER 1990; OESTERREICHER 1995; MÜLLER 1975/1985; LRL-Artikel (1990, Bd. V,1) Nr. 337 (Prüßmann-Zemper).
Zu 3	BLANCHE-BENVENISTE/JEANJEAN 1987; BOCHMANN 1989; CORBETT ²1993; FRANCARD/LATIN 1995; TUAILLON 1983; WOLF 1983a; die LRL–Artikel (1990, Bd. V,1) 325 (Holtus), 326 (Carton), 327 (Horiot), 328 (Dubuisson/Simoni-Aurembou), 329 (Taverdet), 330 (Martin).
Zu 4 + 5	CALVET 1994; KALVERKÄMPER 1988; MÜLLER 1975/1985; die LRL-Artikel (1990, Bd. V,1) Nr. 303 (Lundquist), 307 (Müller), 309 (Gardin / Holtus), 310 (Zimmermann), 311 (Bierbach/Ellrich), 312 (Pöckl), 313 (Schmitt), 314 (Lüdi) und 317 (Lerat).

KAPITEL 4: Pragmalinguistik des Französischen

1 Vorbemerkung

Forschungsansätze

Schwerpunkt dieses Kapitels sind ausgewählte Themenbereiche aus den im frankophonen Milieu wurzelnden Ansätzen der Pragmalinguistik. Besondere Aufmerksamkeit wird dem ***courant énonciatif*** geschenkt, einem seit den Siebzigerjahren in fortwährender Entwicklung begriffenen Ansatz, der mit Namen wie EMILE BENVENISTE, CATHERINE KERBRAT-ORECCHIONI, OSWALD DUCROT, ANTOINE CULIOLI und DOMINIQUE MAINGUENEAU verbunden ist.

Im letzten Abschnitt werden einige Informationen zur **théorie de l'argumentation** geliefert. Eine auch nur annähernd systematische Darstellung dieses Ansatzes, dem die Arbeiten von JEAN C. ANSCOMBRE, OSWALD DUCROT und die Untersuchungen der Genfer Gruppe um EDDY ROULET und JACQUES MOESCHLER zuzurechnen sind[1], ist im Rahmen dieses Grundrisses nicht zu leisten.

Die Entscheidung, frankophone statt angloamerikanisch geprägte Ansätze zu behandeln, beruht ausschließlich auf der Nähe zur französischen Sprache und unterliegt keinem qualitativen Urteil.

Den Ausführungen über die Pragmalinguistik gehen einige allgemeine Überlegungen über die Relation zwischen **Pragmatik** und **Semantik** voraus.

2 Theoretischer Überblick

Definition

Eine der ersten Definitionen des Begriffes „Pragmatik" liefert CHARLES W. MORRIS 1938 (*„Foundation of the theory of signs"*) im Rahmen seiner Reflexionen über die **Semiose**, d. h. über den Prozess, infolgedessen „etwas" als Zeichen, und zwar auch als Sprachzeichen, funktionieren kann und als solches gebraucht und verstanden wird.

Danach beinhaltet die Beschreibung sprachlicher Zeichensysteme drei Ebenen, die ebenso vielen Dimensionen der Semiose entsprechen:

- die **Pragmatik**, d. h. den Bereich der Semiose, der den Relationen zwischen Zeichen und Zeichenbenutzern entspricht;
- die **Syntax** (S. 109), d. h. die Ebene der Verbindbarkeit der Zeichen untereinander, und
- die **Semantik**, den Bereich der Relationen der Zeichen zu den bezeichneten Objekten. Angemerkt sei, dass die bezeichneten

Gegenstände **Referenten** heißen, während mit **Referenz** die Bezugnahme auf einen Referenten bezeichnet wird.

Trend

Obwohl MORRIS keine strikte Trennung zwischen der semantischen und der pragmatischen Dimension der Semiose vornimmt, kristallisiert sich eine solche rasch heraus, und zwar in der Weise, dass die pragmatische Dimension vor allem bei systemlinguistisch geprägten Ansätzen als *Ultima Ratio* für die durch klassische Semantiktheorien nicht erklärbaren Bedeutungserscheinungen verstanden wird.

Kritische Ansätze zur Überwindung dieser Dichotomie sind von Anfang an vorhanden. Sie setzen sich jedoch nur langsam durch. Ein konkretes Beispiel liefern außer dem *énonciation*-Ansatz auch die Studien zur ***analyse pragmatique du discours et de la conversation*** um die Genfer Schule und JACQUES MOESCHLER, welcher der „séparation entre sémantique (...) et pragmatique (...) une conception de *la pragmatique intégrée à la sémantique*" (MOESCHLER 1985:45) entgegensetzt.

Semantik und Pragmatik

Traditionelle Ausgangspositionen

Wort-semantik

Das primäre Forschungsobjekt der **Semantik** ist traditionsgemäß die **lexikalische Bedeutung**, d. h. die Bedeutung der einzelnen Lexeme **(Wortsemantik)**. **Lexikalische Bedeutungen** sind danach im mentalen Lexikon der Menschen gespeichert und werden daher als Teil der sprachlichen Kompetenz *(S. 20)* verstanden; als solche haben sie, abstrahiert von einem kommunikativen Kontext[2], für alle Sprecher einer Sprachgemeinschaft die gleiche **Denotation**, d. h. die gleiche **Grundbedeutung**[3].

---

1 Zu erwähnen sind auch die vielen *travaux en analyse du discours et de la conversation de l'école de Genève*, die eine Brücke zu kognitiv-pragmatischen Ansätzen angloamerikanischer Prägung (z. B. SPERBER und WILSON ²1995, *Relevance*) schlagen und im Rahmen dieser Abhandlung nicht besprochen werden können. Einen Überblick dazu bietet der Sammelband MOESCHLER (1996), insbesondere die Seiten 175–194, deren deutsche Urfassung in FRITZ/HUNDSNURSCHER (1994:69–94) enthalten ist.

2 Der Begriff „**kommunikativer/situativer Kontext**" bezieht sich auf die für die Verwirklichung eines Äußerungsaktes *(S. 25)* benötigten außersprachlichen Instanzen. Diese können sich je nach Theorieansatz numerisch auch deutlich unterscheiden. Wir zählen zu den unabdingbaren Kontext-Instanzen die **Sprachteilnehmer**, ihre **kommunikativen Ziele** und den **gegebenen temporalen** und **räumlichen** Rahmen. Dem Begriff Kontext steht der „Ko-text" gegenüber. Der Ko-text stellt die textuelle, d. h. sprachliche Umgebung eines sprachlichen Ausdrucks. In *Anne est belle: je l'aime beaucoup* verweist *l (la)* auf einen sprachlichen Ausdruck des Ko-textes *(Anne)*.

3 Die **Grundbedeutung** eines Lexems ergibt sich (nach strukturalistisch geprägten Ansätzen) aus der Gesamtheit und Synthese der es konstituierenden **Seme**. Seme sind die kleinsten distinktiven Bedeutungskomponenten eines Lexems.

Satzsemantik	Zu den traditionellen Forschungsfeldern der Semantik gehört auch die Bedeutung der **Propositionen (Satzsemantik)**, d. h. des Inhaltes sprachlicher Ausdrücke, die aus der Verknüpfung eines **Prädikats** (Verb + Komplemente, S. 115) mit einem **Subjekt** bestehen. So wie der Satz die größtmögliche Untersuchungseinheit der Syntax ist, stellt die Proposition die maximale Einheit der Satzsemantik dar.
Textsemantik	Wird eine Proposition infolge eines **Äußerungsaktes** *(S. 25, 91)* in einen konkreten kommunikativen Kontext eingebettet, erfährt sie eine Erweiterung ihrer Bedeutung, die sich anhand des Begriffs **aktuelle Bedeutung** erfassen lässt. Zusätzlich kann dieselbe Äußerung noch einen **kommunikativen Sinn** *(S. 25)* erhalten, welcher von der Sprachsituation (**Kontext**), insbesondere von den jeweiligen Sprachzielen und den Intentionen der Sprachbeteiligten, abhängt (SCHWARZ/CHUR 1993:§ 1.2.4).
Beispiel	Rein semantisch stellt eine Äußerung wie *Cet homme$_1$ est un homme$_2$* eine Tautologie (d. h. eine Zirkeldefinition) dar. Diese löst sich jedoch auf, wenn sie in einen adäquaten Kontext eingebettet ist, denn *homme* kann zwei verschiedene aktuelle Bedeutungen erhalten: während *homme$_1$* sich mit „Mensch männlichen Geschlechtes" umschreiben lässt, bedeutet *homme$_2$* soviel wie „die Eigenschaft männlich zu sein" *(„être viril")*, sodass unsere Äußerung als *Cet homme est vraiment viril* interpretiert werden kann. Bezieht sich diese Äußerung auf einen Referenten (s. oben), dessen Aussehen nicht mit den gesellschaftlich fixierten Normen der Männlichkeit übereinstimmt, entsteht eine Diskrepanz zwischen Wirklichkeit und aktueller Bedeutung, die dem kommunikativen Sinn entspricht. Seine Deutung kann nur von den beteiligten Sprechern geleistet werden und fällt je nach Kontext unterschiedlich aus.
Konsequenz	Dadurch dass die aktuelle Bedeutung und der kommunikative Sinn erst in einem konkreten Äußerungsakt aktualisiert werden, sind sie im Unterschied zur lexikalischen Bedeutung **Performanzerscheinungen** und fallen somit als Forschungsobjekt in den Bereich, der für die Relationen zwischen Sprachzeichen und Sprachbenutzer zuständig ist, nämlich in die Pragmalinguistik.

Neuere Ansätze

Kontextualisierung	Mittlerweile hat sich der Gegensatz Semantik/Pragmatik entschärft. Ursache dafür ist die Erkenntnis, dass „Bedeutungen an und für sich" (d. h. von einem kommunikativen Kontext völlig abstrahiert) nicht existieren.

Denn auch wenn man glaubt, die Bedeutung eines Lexems kontextunabhängig definieren zu können, betten wir das zu erklärende Lexem unbewusst in einen Kontext ein, und zwar in den Kontext, der nach unserer kommunikativen Erfahrung und unseren enzyklopädischen Kenntnissen am typischsten ist.

Beispiel

So entspricht *couper* auf Anhieb einem „*couper avec le couteau ou les ciseaux*", wobei *couper,* in weniger typische Kontexte integriert, auch „*abattre (un arbre)*", „*fractionner*" etc. bedeuten kann.

Methodologische Konsequenzen

Diese Überlegung hat eine Umorientierung bei der Gestaltung kommunikativer Sprachmodelle eingeleitet. Ist man zuerst davon ausgegangen, dass sowohl bei der Produktion als auch bei der Rezeption sprachlicher Einheiten die lexikalische Bedeutung der Äußerung im Vordergrund steht, während dem situativen Kontext eine Art Stützfunktion zukommen würde, so gewinnt mittlerweile die Hypothese Raum, nach der bei kommunikativen Prozessen der Kontext als vorgegebene kommunikative Komponente im Vordergrund steht.

Der Kontext ist somit die primäre bedeutungsstiftende Entität, welche durch das Hinzukommen der sprachlichen Äußerung vervollständigt wird (GARRIDO 1997:135–147). Ausgesprochen wird also nur der kleine Informationsteil, der es dem Gesprächspartner erlaubt, das kommunikative Ganze zu erfassen.

Beispiel

A und B leben seit Jahren zusammen. A geht jeden Dienstagabend mit Arbeitskollegen ins Schwimmbad. An einem Montagabend sagt B zu A: *Ça t'irait d'aller voir „On connaît la chanson" demain soir?* Worauf A antwortet *Ben, écoute, demain c'est mardi* und B erwidert *Ah d'accord! Si tu as envie on peut y aller après-demain.*

Dieses Beispiel verdeutlicht, dass nicht der Äußerung ein Kontext zugeordnet werden muss, sondern, dass dieser bereits gegeben ist und dass die sprachliche Äußerung, wie bei einem Puzzle, das Stück ist, das nach der Berechnung des Sprechers noch fehlt, damit die vollständige Information vom Gesprächspartner erschlossen wird: das kommunikative Ganze wird also sprachlich vom Teil (**Ko-text**, *S. 87, Fußnote*) dargestellt (GARRIDO 1997:139). Daraus geht hervor, dass eine Antwort wie z. B. *Non, je ne veux pas parce que le mardi, moi, je vais à la piscine* im gegebenen Kontext als „überdeterminiert" vermieden wird[4].

---

4 GRICE (1975:45–47) erklärt dieses Sprachverhalten mit dem Kooperationsprinzip *(S. 28)* und den dazu gehörenden **Maximen:** die der
- **Quantität** *(mache deinen Beitrag zur Kommunikation so informativ wie erforderlich),* der
- **Qualität** *(versuche deinen Beitrag zur Kommunikation so zu gestalten, dass er wahr ist),* der
- **Relation** *(mache deinen Beitrag relevant, d. h., sage nur das, was die Sprechsituation verlangt)* und der
- **Modalität** *(sei klar).*

„Überdeterminiert" bedeutet also in unserem Beispiel so viel wie „nicht relevant" bzw. „redundant".

Integration

Zur Annäherung der Semantik an die Pragmatik trägt auch die Revision der (naiven) Auffassung bei, „(...) selon laquelle le sens de tous les signes linguistiques (...) se réduirait à leur contenu représentatif et pourrait être considéré indépendamment de leur mise en exercice, des positions discursives de leurs utilisateurs" (MAINGUENEAU 1994:13).

Denn, wie ROMAN JAKOBSON anhand seines berühmten Modells der Funktionen sprachlicher Kommunikation gezeigt hat, stellt die referentielle Funktion, d. h. das Sprechen über die Objekte der Außenwelt, nur eine der sechs wesentlichen Sprachfunktionen dar[5].

Sprachbenutzer reden also nicht nur des Informationsaustausches wegen; vielmehr bedienen sie sich der Sprache, um ihre eigene Sprechtätigkeit zu thematisieren: sie verteidigen und präzisieren ihre Sprachbeiträge und situieren sich gegenüber dem produzierten Diskurs, gegenüber den beteiligten Sprechern und dem Äußerungsakt, bei dem sie mitwirken.

Diese Aktivität hinterlässt Spuren in den Äußerungen, d. h. Sprachausdrücken, die nicht **repräsentativer** (sie dienen also nicht der Bezugnahme auf Referenten und lassen sich somit nicht mit dem Zugriff auf die Semantik erklären), sondern **pragmatischer** Natur sind und als Marker der *activité énonciative (S. 91)* der Sprachbeteiligten aufgefasst werden können.

Beispiel

Sprachzeichen können unabhängig von ihrem Inhalt, d. h. von ihren semantischen Merkmalen, dazu dienen, die argumentative Tätigkeit der Sprachbeteiligten zu gestalten. Dies lässt sich z. B. anhand von *déjà* und *à peine* illustrieren.

Ein zwölf Jahre alt gewordener Junge (A) möchte einen für Zwölfjährige verbotenen Film sehen; die Kassiererin spricht A daraufhin an *(T'as 12 ans, toi?)*. Während eine Äußerung wie *oui, j'ai déjà 12 ans* kommunikativ im Einklang mit der geschilderten Situation steht, gilt dergleichen nicht für *oui, j'ai à peine 12 ans*, auch wenn beide Antworten den gleichen propositionalen Inhalt *(j'ai 12 ans)* vermitteln. Die unterschiedliche Wirkung dieser Äußerungen lässt sich mit der divergierenden **argumentativen Ausrichtung** *(orientation argumentative)* von *déjà* und *à peine* erklären. Denn während *déjà* die Argumentation in die Richtung von *avoir 12 ans* lenkt, steuert *à peine* in diesem Kontext entgegen. Diesen Markern gilt die besondere Aufmerksamkeit der frankophonen Pragmalinguistik.

3 Der *courant énonciatif*

Definition

Jede Äußerung ist das Produkt eines einzigartigen, individuellen Äußerungsaktes[6], d. h. eines Geschehnisses, das infolge der

Sprachtätigkeit eines Senders und eines Empfängers zu einem bestimmten Ort und einer bestimmten Zeit zu Stande kommt. Mit den Worten von BENVENISTE lässt sich ein **Äußerungsakt** als „la mise en fonctionnement de la langue par un acte individuel d'utilisation" (BENVENISTE 1974:80) umschreiben.

Obwohl Äußerungsakte auf Grund ihrer individuellen und kontextabhängigen Natur *parole*-Erscheinungen sind, weisen sie überindividuelle Merkmale auf, die auf ihre *langue*-Verankerung hindeuten. Diese Merkmale stellen eine Art unveränderliches Raster *(support)* dar, das den Sprechern „la mise en exercice du système (...) la conversion de la langue en discours" (MAINGUENEAU 1994:10) erlaubt.

Zielsetzung Ziel der Forschungen über *l'énonciation* ist die Beschreibung der systembedingten überindividuellen Merkmale der *activité énonciative:* Ihre Forschungsobjekte sind also all die **Sprachzeichen** und **Sprachausdrücke**, die Aufschluss über die Umwandlung der *langue* in diskursive Tätigkeit geben:

„Le courant énonciatif (...) recherche (...) les traces de l'**inscription**, dans le système de la langue, de ses conditions d'utilisation" (FUCHS/LE GOFFIC 1992:133). Sie sucht die „marques de l'énonciation, c'est-à-dire tout ce qui dans le <u>dit</u> („Äußerung", L.G.F.) dénonce du <u>dire</u> („Äußerungsakt", L.G.F.)" (SCHOTT-BOURGET 1994:77).

Der *courant énonciatif* bevorzugt also als Forschungsobjekt gegenüber dem kommunikativen **Kontext** den sprachlichen **Ko-text**.

---

5 Nach dem Prager Strukturalisten JAKOBSON (1963) sind bei jedem sprachlichen Austausch sechs grundlegende Faktoren beteiligt *(référent₁, destinateur₂, destinataire₃, canal₄, code₅, message₆)*, denen jeweils eine spezifische Funktion *(référentielle₁, émotive₂, conative₃, phatique₄, métalinguistique₅, poétique₆)* zugeordnet ist. Obwohl in bestimmten Texten die eine oder die andere Funktion besonders stark hervortreten kann, sind alle bei jedem Äußerungsakt vorhanden.
- Will der Sender₂ dem Empfänger₃ eine Botschaft₆ über einen **Referenten₁** (Gegenstand, Sachverhalt) mitteilen, benötigt er einen **Code₅**, der über einen Kanal₄ (Luft, Graphie etc.) vermittelt wird.
- Ist die Kommunikation auf den Referenten zentriert, dominiert die **referentielle** Funktion.
- Die **emotive** Funktion betrifft den Sender und zwar seine Einstellung zum Sachverhalt und zur kommunikativen Situation im allgemeinen.
- Auf den Empfänger gerichtet ist die **konative** (auch **appellative**) Funktion. Sie entsteht dadurch, dass jede sprachliche Mitteilung mehr oder weniger stark dahingehend ausgerichtet ist, die Aufmerksamkeit des Empfängers zu wecken (man denke z. B. an Werbebotschaften).
- Die **phatische** Funktion betrifft den Kanal, sie tritt immer dann verstärkt hervor, wenn dem Kanal besondere Relevanz zukommt (z. B. Fernsehinterview in Direktübertragung, *Allo? Je peux vous voir mais pas vous entendre! Allo?!).*
- Äußerungen wie *si j'emploie ce mot, c'est au sens de ...* deuten auf die **metasprachliche** (auch **metakommunikative**) Funktion hin und spiegeln das Bewusstsein der Sprachbenutzer für ihren Sprachcode wider.
- Auf die Nachricht zentriert ist schließlich die **poetische** Funktion, wobei „poetisch" nicht mit Dichtung, sondern allgemein mit Ästhetik in Verbindung zu setzen ist.

6 Das im „Äußerungs<u>akt</u>" enthaltene Wort „-akt" soll auf keinen Fall als Hinweis auf die Sprechakttheorie interpretiert werden. „Akt" dient ausschließlich zur Wiedergabe des im Suffix *-ation (énonciation)* enthaltenen Inhalts *„action de (énoncer)".*

Themen	Die folgenden Seiten konzentrieren sich auf die Beschreibung einiger für den *énonciation*-Ansatz besonders relevanter Themenkomplexe. Zu den vorgestellten Themen gehören: die *embrayeurs* (s. o.), die *adverbes d'énonciation* (S. 98), die *polyphonie* (S. 100) und die *présupposition* (S. 102).

1 Die Deiktika/*les embrayeurs*

Definition	Der Begriff *embrayeurs* wurde von JAKOBSON zur Übersetzung der englischen Bezeichnung *shifters* eingeführt. In der linguistischen Tradition sind die *embrayeurs* als **Deiktika** bekannt, d. h. als Sprachzeichen, die, wie KARL BÜHLER in seiner *„Sprachtheorie"* (1934) zeigt, der zeitlichen und räumlichen Positionierung des Senders innerhalb des Äußerungsaktes dienen. *Embrayeurs*, was im Deutschen als **Kommutatoren** wiedergegeben werden kann, drückt auf fast plastische Art und Weise diese Funktion aus, denn die Deiktika leisten, genauso wie die Autokupplung *(embrayage)*, die Koordinierung zwei sich funktionell kompensierender, jedoch konzeptionell anders gearteter Sphären der sprachlichen Kommunikation, nämlich des sprachlichen und des situativen Kontextes (also **Ko-text** und **Kontext**, *S. 87, Fußnote*), wobei die Deiktika an beiden Ebenen partizipieren. Deiktika lassen sich in lokale, temporale und personale einteilen.

Personaldeixis

Paradigma	*Je-moi/nous, tu-toi/vous* (zusammen mit den entsprechenden Possessiva) stellen das Paradigma der **Personaldeixis** dar. Obwohl diese Formen in der traditionellen Grammatikographie als Personalpronomina zusammen mit *il/ils, elle/elles* behandelt werden, unterscheiden sie sich funktionell grundsätzlich von den letzteren. Denn während *il/elle* echte **Pro-Nomen** in dem Sinn sind, dass sie für etwas stehen, das bereits erwähnt worden ist („Substitute"), stellen *je* und *tu* echte *personnes du dialogue* dar (MAINGUENEAU ²1990:6). *Je* und *tu* können, im Unterschied zu *il/elle*, deren Bezugspunkt im Ko-text enthalten ist, nur innerhalb des Äußerungsaktes interpretiert werden: daher werden sie auch als *pronoms personnels d'énonciation* oder *opérateurs de conversion* bezeichnet. *Je* und *tu* sind als *langue*-Zeichen referentiell leer.
Funktion	Integriert in einen Äußerungsakt übernehmen sie eine diskursive Funktion, indem sie den ständigen **Rollenwechsel** der beteiligten Sprecher signalisieren. „C'est l'acte de dire je qui donne le référent de *je*, de la même manière que c'est l'acte de dire *tu* à quelqu'un qui fait de lui l'in-

Pragmalinguistik des Französischen

terlocuteur. On ne peut donc connaître le référent de *je* et *tu* indépendamment des emplois qui en sont fait, des actes d'énonciation individuels" (MAINGUENEAU 1994:19).

Anaphora

In Opposition zu *je* und *tu* erlaubt *il* die Herstellung eines Bezuges auf Referenten, die nicht direkt an dem Äußerungsakt beteiligt sind. Kennzeichnend für diese Referenten ist, dass sie mittels eines Nominalsyntagmas oder einer funktionell ähnlichen Sprachstruktur bereits in die Diskurswelt der *énonciateurs* eingeführt worden sind, sodass der Referenzakt den Ko-text und nicht den Kontext betrifft. Die Grammatikographie bezeichnet diese Art sprachlicher Referenz als **Anaphora**. *Il/elle*[7] werden daher nicht als Deiktika oder Kommutatoren definiert, sondern als Anaphorika, wobei unter „Anaphora" ein sprachlicher Verweis auf bereits[8] verbalisierte Textteile zu verstehen ist[9].

Beispiel

Deixis. **A:** *J*$_{(A)}$*'y vais demain, au marché.* **B:** *Non, écoute, c'est mieux si moi, j*$_{(B)}$*'y vais tout de suite et demain tu*$_{(A)}$ *amènes Marie chez le dentiste.*

Anaphora. **B:** *Tu amènes Marie*$_{(NS,1)}$ *chez le dentiste*$_{(PS,2)}$. **A.** *Non, non, tu sais que moi et Marie*$_{(NS,1)}$ *on ne s'entend pas du tout; elle*$_{(1)}$ *en plus peut y aller toute seule chez monsieur La Roche*$_{(NS,2)}$: *tu ne me diras pas qu' il*$_{(2)}$ *va la manger!*

Semantik

Nous und *vous* gelten als die Pluralformen von *je* und *tu*. Diese Ansicht ist jedoch nur in Grenzen vertretbar, denn
„*je et tu ne sont pas à nous et vous ce que cheval est à chevaux ou il à ils; il ne s'agit pas tant de pluriels que de personnes amplifiées*" (MAINGUENEAU 1994:20).

Ein *nous* entspricht, wie das folgende Schema illustriert, nie mehreren *je* (also **nous = je+je+je*) und ein *vous* weist nicht immer die Bedeutung *tu+tu+tu* auf:

	1 ↗	*je + tu (+ tu ...)*				
nous	2 ⇒	*je + tu (+ il ...)*	*vous*	1 ⇒	*tu + tu (+ tu ...)*	
	3 ↘	*je + il (+ il ...)*		2 ↘	*tu + il (+ il ...)*	

Festlegung

Nur in den mit 1 nummerierten Fällen erfüllen *nous* und *vous* eine mit der von *je* und *tu* vergleichbare Funktion. In 2 und 3 übernehmen sie darüber hinaus Funktionen, die typisch für die Perso-

---

7 *Elle* kann auch als betontes Pronomen dienen. In diesem Fall stellt es das Gegenstück zu *lui* dar und kann auf im Kontext situierte Referenten hinweisen. Beispiel: *Et lui/elle? Qu'est-ce qu'il/elle veut ici?*
8 Manchmal kann der Verweis dem sprachlichen Referenzbezug vorangehen. Dann redet man von **Kataphora**. Beispiel: *il*$_1$ *pense à partir, le fils*$_1$ *de mon ami Jules, mais ...*
9 Anaphorische Funktionen üben außer Pronomina (darunter *en* und *y*) auch Nominal- und Präpositionalsyntagmen aus. Beispiel: *Elle a aussi écrit un article sur le pronom. Sans vouloir le présenter ici, on peut du moins soutenir que ce travail a contribué...*

nalpronomina der dritten Person sind. Daher werden nur *je* und *tu* als echte *embrayeurs* eingestuft.

Kommunikative Distanz vs. Nähe: *vous* vs. *tu*

Funktion	Die Personaldeixis dient auf Grund der Opposition *tu/vous (la forme de politesse)* auch als Marker für den sozialen Status der an einem Äußerungsakt beteiligten Sprecher[10]. Dabei erfahren *tu* und *vous* eine Erweiterung ihrer Funktion als Anzeiger der Empfängerrolle, um Angaben über den sozialen Status zu vermitteln, den sich die beteiligten Sprecher gegenseitig zuerkennen.
Beispiel	1. Mme Dupont zu einer Studentin: *Avez-vous lu le polycopié?* 2. Mme Dupont zu der Tochter: *Tu l'a mis où, mon dictionnaire?* Beispiel 1 illustriert eine *vouvoiement*-Anwendung. Angemerkt sei diesbezüglich, dass innerhalb der Opposition *tu/vous* die *vous*-Form das unmarkierte Element darstellt.
Konventionen	„On dit *tutoyons-nous* et très rarement *vouvoyons-nous*, le vouvoiement étant en général la forme spontanément utilisée, sauf chez les enfants, qu'on habitue peu à peu à passer d'un *tu* généralisé à un *vous* généralisé" (MAINGUENEAU 1994:27). Die Anwendung der *tu*- und *vous*-Form kann Schwankungen ausgesetzt sein. „Les animateurs de radio et de TV (...) se vouvoient à l'antenne et le plus souvent se tutoient hors antenne" (MAINGUENEAU 1994:28). Dies lässt sich damit erklären, dass die Anwendung des *tu* auf eine kommunikative Nähe schließen lässt, die letztendlich bei den Zuschauern das Gefühl der kommunikativen Ausgrenzung erwecken könnte.
Kommunikationspragmatik	Die Begriffe „Höflichkeitsform/*forme de politesse*" drücken die kommunikative Funktion von *tu* und *vous* nur unscharf aus. Denn die Aktivierung einer dieser Formen hängt eher vom sozialen Status ab, den sich die beteiligten Sprecher gegenseitig zuschreiben oder zuerkennen wollen, als von *politesse*-Werten. So kann das Beharren auf der *vous*-Form einfach ein Indiz dafür sein, dass der Sender eine kommunikative Annäherung an sein Gegenüber ablehnt, und umgekehrt stellt in gewissen Kontexten ein *tu* gar keine schroffe Anrede, sondern vielmehr eine Einladung zur Teilnahme an der eigenen kommunikativen Welt dar. Eine spezielle *forme de politesse* stellt die indessen stark im Rückgang begriffene Anrede in der dritten Person Singular dar.
Beispiel	Baptiste, der Kammerdiener von Mme Dupont: *Madame est servie.* Sie ist im Vergleich mit der vous-Form markiert, d.h. ihr Anwendungsbereich ist eingeschränkt und signalisiert eine ausgeprägte

kommunikative Distanz zwischen den Sprechern. Diese kommt dadurch zum Ausdruck, dass der Empfänger auf Grund der dritten Person als fremde, kommunikativ unbeteiligte Gestalt dargestellt wird. Dieser Mechanismus ist in reduzierter Form auch beim *vouvoiement* vorhanden, denn, wie das vorige Schema veranschaulicht, kann das vous auch ein Pronomen der dritten Person einschließen.

Hypokoristika

Ver-wendungs-situation	Wendet man sich einem Baby oder einem Haustier zu, darf als Anredeform zwischen *je*, *nous* und *il/elle* ausgewählt werden: **Beispiel:** Mme Dortu zu ihrem fünf Monate alten Neffen: *Je suis gentil, moi, tout petit comme je suis!/Il est gentil, lui, tout petit comme il est!* Diese Distribution der Anredeformen tritt auf, wenn der Empfänger ein Wesen ist, das kommunikativ betrachtet rezeptiv ist, ohne jedoch in der Lage zu sein, sich des Sprachsystems zu bemächtigen. Die Ersetzung von *tu* durch andere Anredeformen signalisiert also dieses kommunikative Gefälle.
Definition	Äußerungen dieser Art kommen in so genannten **hypokoristisch** geprägten Äußerungsakten vor, d. h. in verniedlichenden Kommunikationsformen (z. B. Sprache gegenüber Kindern). Der Wechsel der Anredeform allein reicht nicht, um diesen Gebrauch zu kennzeichnen. Auch der Ton und die Gestik spielen dabei eine maßgebliche Rolle (MAINGUENEAU 1994:26–27).

Lokale und temporale Deixis

Kommunikations-situation	Ein Sprecherwechsel zwischen einem Sender und einem Empfänger siedelt sich immer innerhalb eines lokalen und temporalen Koordinatensystems an, dessen Ausgangspunkt das *hic et nunc* (**hier und jetzt**) des sprechenden *ego* (Ichs) ist.
Funktion	Die Sprachmittel, die dieses Koordinatensystem festlegen, werden als lokale und temporale Deiktika bezeichnet. Ihr Wert kann nur innerhalb des Äußerungsakts erfasst werden. Auch die temporalen und lokalen Deiktika sind also Sprachmittel, die, wie die Anredeformen *je* und *tu*, primär zur Koordinierung der diskursiven Tätigkeit und nicht zur Übermittlung lexikalischer Bedeutung dienen.

---

10 Diese zusätzliche Funktion wird auch mit dem Begriff **soziale Deixis** bezeichnet.

Lokaldeixis

Raumbezüge

Zu den *déictiques spatiaux* gehören die Demonstrativa *(ce...-ci/-là, ça, ceci, cela, celui-ci/-là)*, die Präsentative (*voici* und *voilà*) sowie Adverbien und Adverbialsyntagmen wie *ici/là/là-bas, à gauche/à droite* etc. Die Raumdeixis stellt ein binäres Oppositionssystem dar:
- Die *ci*-Termini (auch *ici*) verweisen auf Referenten, die sich räumlich innerhalb des Einflussbereiches des Ichs lokalisieren lassen;
- die *là*-Formen sind ursprünglich für Referenten bestimmt, die als nicht in diesen Einflussbereich gehörend empfunden werden;
- die unmarkierten Termini sind die *ci*-Formen.

Beispiel: *Ce livre-ci, je l'ai acheté pour Louise, celui-là pour toi.*

Entwicklung

Das Oppositionssystem *ci/là* hat im Laufe der Zeit eine Umstrukturierung erfahren, die durch die immer häufigere Anwendung des *là*-Parameters anstelle des *ci*-Parameters ausgelöst wurde. Um die drohende Neutralisierung des defizitär gewordenen Oppositionssystems zu verhindern, sind die ursprünglichen *là*-Funktionen auf *là-bas* und reiterative Formen wie *celui-là-là* übertragen worden (MAINGUENEAU 1994:34). Dies hat die *là*-Formen als Ersatz für die *ci*-Formen freigegeben.

Anaphorische Funktion

Angemerkt sei schließlich, dass die Demonstrativa auch eine anaphorische Anwendung kennen. Sie können also auf Einheiten des Ko-textes verweisen.

Beispiele: *J'ai mangé du Reblochon$_{(1)}$. Ce fromage$_{(1)}$ est délicieux. Il critique toujours sa femme$_{(1)}$. Ça$_{(1)}$ m'énerve.*

Temporaldeixis

Zeitbezüge

Äußerungsakte sind Träger komplexer Zeitangaben, die dazu dienen, die verschiedenen während des Sprachaustausches aktivierten Zeitverweise und -dimensionen zu versprachlichen und gegenseitig zu koordinieren. Zu unterscheiden sind drei **Zeitdimensionen:**
- die Zeit des sprechenden Ichs, d. h. der **Augenblick**, in dem die Äußerung aktiviert wird *(temps relatifs à l'énonciation)*;
- die Zeit der in der Äußerung ausgedrückten Sachverhalte und Ereignisse und ihr temporaler Status gegenüber dem Augenblick des Äußerungsaktes (sie können also **vorzeitig, gleichzeitig** oder **nachzeitig** sein – *temps relatifs à l'énoncé*) und schließlich
- die außersprachliche Zeit, d. h. die reale **Ereigniszeit**.

Beispiele

1. *Tu la répares aujourd'hui ou plutôt demain?*
2. *A Noël₍₁₎, Paul s'est acheté un bateau et à partir de ce moment-là₍₁₎ il est parti tous les dimanches à Monaco.*
3. *J'ai été/serais heureuse de voir l'appartement hier/demain.*
4. *J'ouvre la conférence et vous invite à prendre la parole.*

Die zeitliche Referenz von *aujourd'hui/demain* (Bsp. 1) lässt sich ausschließlich innerhalb des tatsächlich realisierten Äußerungsaktes bestimmen. Losgelöst von ihrem Urheber (beispielsweise ein auf der Straße liegender Zettel mit der Botschaft: *J'arrive aujourd'hui à cinq heures*) sind diese Adverbien kommunikativ nicht mehr interpretierbar. Denn ihr Wert ist unauflöslich mit dem Koordinatensystem der *origo* (des *locuteur*) verbunden: *aujourd'hui* funktioniert also wie die Formen *ici* und *je*.

Dagegen ist der zeitliche Bezugspunkt von *ce moment-là* (Bsp. 2) direkt im Ko-text *(Noël)* enthalten; diese temporale Angabe ist also nicht deiktisch, sondern wie *il* und (klitisches) *elle* anaphorisch.

Die Zeit der Äußerung und des Äußerungsaktes können – müssen aber nicht – zusammenfallen. Bsp. 3 weist also eine Zeitverschiebung zwischen dem Moment auf, in dem die Äußerung aktiviert wird, und dem Zeitpunkt, auf den die Formen *demain* und *hier* hinweisen.

In Bsp. 4 fallen schließlich die Zeit der *énonciation* und des *énoncé* mit der außersprachlichen zusammen, denn in dem Augenblick, in dem der Sprecher sagt *j'ouvre*, verwirklicht sich die verbalisierte Handlung vollständig. Diese zeitliche Koinzidenz ist bei **performativ** verwendeten Ausdrücken gegeben, d.h. bei Verben, welche Sachverhalte vermitteln *(baptiser, jurer, promettre* etc.), die (unter gewissen grammatischen Bedingungen) bereits durch ihre Erwähnung in einem Äußerungsakt verwirklicht werden *(S. 27).*

Zwei Paradigmen

Daraus lässt sich folgern, dass das temporale System der Sprachen prinzipiell zwei Paradigmen aufweist.
- Das erste besteht aus **deiktisch funktionierenden** Sprachmitteln und leistet die temporale Verankerung der Äußerung in der kommunikativen Situation. „Les déictiques, en tant qu'embrayeurs, relèvent de la temporalité spécifique de la langue et non d'une quelconque chronologie extralinguistique" (MAINGUENEAU 1994:35).
Besonders relevant für die *conception énonciative* sind die zu dieser Gruppe gehörenden Ausdrücke, welche auch **embrayeurs temporels** genannt werden.
- Das zweite ist **nicht-deiktisch** (oder **anaphorisch**) und hat als Bezugspunkt *(point de repère)* den linguistischen Kontext (d.h. den Ko-text). Während manche Formen nur für eine dieser Ebenen bestimmt sind *(aujourd'hui, tout à l'heure)*, können andere (z.B. die Demonstrativa) auf beiden funktionsfähig sein.

Funktionsträger von Temporaldeixis	Zu den sprachlichen Mitteln, die temporal-deiktisch funktionieren, zählen außer ■ **Adverbien** wie *demain, maintenant, aujourd'hui* etc. und ■ **Syntagmen** wie *il y a cinq jours, dans deux minutes* auch ■ durch **Demonstrativa** determinierte Nominalsyntagmen wie z. B. *ce soir, à cette heure* etc., in denen die räumliche Dimension der Demonstrativa eine temporale Umfunktionierung durch die Semantik des Nomens (wie *soir, heure*) erfährt, und die ■ **Tempusmorpheme des Indikativs:** sie leisten die temporale Situierung der im *énoncé* dargestellten Sachverhalte/Ereignisse gegenüber dem Moment des Äußerungsaktes. Die erwähnten Ereignisse können wiederum zur Zeit des Äußerungsaktes gehören *(présent)* oder vor/nach ihm *(passé, futur)* stattfinden.
Tempus/ Modus	Angemerkt sei, dass trotz Bezeichnungen wie *subjonctif présent* und *imparfait* nur die ==Paradigmen des Indikativs in der Lage sind, die Äußerungsinhalte gegenüber dem Äußerungsakt temporaldeiktisch zu situieren==. Der Indikativ ist somit der Modus der „actualisation maximale, si l'on entend par là la mise en relation de l'énoncé et de son énonciation" (MAINGUENEAU 1994:55). Der Konjunktiv, der Infinitiv etc. können dies nicht leisten, weil ihre „apparition n'est pas motivée par la relation au moment de l'énonciation mais par la dépandance à l'égard d'une autre forme" (MAINGUENEAU ²1990:23). „Quelle que soit la valeur déictique temporelle du procès, le subjonctif ne varie pas" (MAINGUENEAU 1994:55). **Beispiel:** J'ai regretté Je regrette que Paul <u>soit</u> là. Je regretterai

2 Die Modalitäten, exemplifiziert an den *adverbes d'énonciation*

Definition	Die Modalität ist eine „semantische Kategorie, die die Stellungnahme des Sprechers zur Geltung des Sachverhalts, auf den sich die Äußerung (L.G.F.) bezieht, ausdrückt" (BUSSMANN ²1990:491). Zu den kanonischen Modalitäten zählen: ■ die **assertive** *(l'assertion):* der Satzinhalt wird vom Sprecher als ein Faktum dargestellt; ■ die **interrogative** *(l'interrogation):* der Satzinhalt oder Teile davon werden in Bezug auf ihren Wahrheitswert in Frage gestellt; ■ die **impositive** *(l'injonction):* der Satzinhalt wird gefordert oder als nötig präsentiert; und schließlich ■ die **exklamative** *(l'exclamation):* der Satzinhalt unterliegt einer subjektiven Wertung des Sprechers, die sich zwischen den Polen „sehr positiv" bis „negativ" ansiedelt.

Pragmalinguistik des Französischen

Funktionsträger	Sprachmittel zur Durchführung der kanonischen Modalitäten sind:
	■ der **Modus** (Indikativ vs. anderer Modus),
	■ die **Veränderung der Subjekt-Verb-Reihenfolge** und
	■ die **Satzintonation**.
	    Beispiele: Aussage: *Ils vendent l'appartement de Paris.*
	                 Interrogation: *Vendent-ils l'appartement de Paris?*
	                 Imposition: *Vendez l'appartement de Paris!*
	                 Exklamation: *Dis donc! Ils vendent l'appartement de Paris!*
	■ Äußerungen lassen sich auch anhand lexikalischer Verfahren modalisieren. Dies leisten beispielsweise so genannte **Satzadverbien**, d. h. Adverbien oder adverbiale Ausdrücke, die statt eines Verbs oder eines Adjektivsyntagmas allein (S. 113) den ganzen Satz modifizieren.
	    Beispiel: *Malheureusement on a oublié les documents les plus importants.*
	■ Nicht nur Äußerungen, sondern auch **Äußerungsakte** lassen sich durch die Anwendung bestimmter relativ häufig vorkommender Sprachausdrücke – *les adverbes d'énonciation* – modalisieren.
	    Dazu gehören u. a. Adverbien und Adverbiale wie *franchement, honnêtement, vraiment, sincèrement, à vrai dire, sans mentir, en fait, comme chacun sait,* die „*l'affirmation de véracité du discours*" betreffen; *personnellement, selon moi* etc., die Angaben über die Äußerungsquelle liefern und *sans vous offenser, en confidence* etc., welche die Relation zum Sprechpartner thematisieren (LE GOFFIC 1993:461–462).

Kommunikative Funktion	Die *adverbes d'énonciation* erlauben dem Sprecher, eine Stellungnahme gegenüber dem Ablauf der sprachlichen Interaktion zum Ausdruck zu bringen. Oft dienen sie zur Legitimierung der folgenden Äußerung oder Sprechhaltung und unterstützen somit die reibungslose Abwicklung des **Kooperationsprinzips** *(S. 89, Fußnote 4)*. Die genaue Deutung ihres kommunikativen Wertes hängt, wie bei den Deiktika auch, vom konkreten Äußerungsakt ab.
Beispiele	1. *Honnêtement, je n'aurais pas cru que vous y arriveriez.* 2. *Franchement, ça ne vaut pas la peine.* 3. *Vraiment, vous exagérez!* *Honnêtement, franchement* etc. stehen am Äußerungsanfang, sie schlagen somit eine Brücke zwischen dem bereits Gesagten und dem weiteren Kommunikationsverlauf. Paraphrasieren lassen sie sich mit Ausdrücken wie: „*puisque tu me demandes de te dire franchement ce que je pense/si tu me demandes de dire franchement ce que je pense alors je....*" (SCHOTT-BOURGET 1994:84–88).

Pragmatische Funktion	Daraus geht deutlich hervor, dass die *énonciation*-Adverbien den Gesprächspartner auf die folgende Äußerung vorbereiten, und zwar auf zweifache Weise: Einerseits entschärfen sie mögliche Konflikte, indem das Gesagte im Namen eines ethischen, überindividuellen **Wahrheitsprinzips** *(à vrai dire)* als unausweichliche Sprechhandlung gerechtfertigt wird, sodass potentielle Einwände seitens des Empfängers abgeschwächt werden. Andererseits lädt der Sprecher die Verantwortung für sein Handeln anderen auf, und zwar dem Gesprächspartner *(puisque tu me demandes de te dire franchement...)* oder dritten Instanzen (Wahrheitsprinzip), und schmälert somit die für das Gesagte zu tragende Verantwortung.
Textfunktion	Adverbien wie *franchement, vraiment* etc. können selbstverständlich auch auf andere Sprachebenen einwirken. Dies setzt generell eine Verschiebung ihrer Position von der Satzspitze zum durch sie modifizierten Sprachelement voraus. **Beispiel:** *Franchement, elle est bête* vs. *elle est <u>franchement</u> bête.*

3 Polyphonie

Entstehung	Das Polyphonie-Konzept wurde vom russischen Sprach- und Literaturwissenschaftler MIKHAÏL BAKHTINE (deutsche Graphie: MICHAIL BACHTIN) geprägt; eine konzeptuelle Systematisierung erfährt es jedoch im frankophonen Raum und zwar vor allem in den Werken von OSWALD DUCROT, welcher dem allgemein anerkannten Prinzip, nach dem die Äußerung als Produkt eines einzigen sprechenden Subjekts gilt, die These entgegensetzt, dass das Gesagte auch eine Synthese mehrerer Sprecherstimmen sein kann (*l'hétérogénéité discursive*).
Konzept	Von diesen Reflexionen ausgehend versucht DUCROT (1984: 171–233), eine differenziertere Konzeption des Sprecher-/Senderbegriffes zu formulieren. Dabei unterscheidet er folgende **drei Sprechinstanzen:** ■ *le sujet parlant* (**das sprechende Subjekt**), ■ *le locuteur* (**den Emittenten**[11]) und ■ *l'énonciateur* (**den Äußerungsproduzenten**).
Sujet parlant/ Locuteur	Das sprechende Subjekt ist die Person, die für die materielle Produktion des Äußerungsaktes verantwortlich ist. Der *locuteur* ist die Instanz, die die Verantwortung für das Gesagte trägt. *Sujet parlant* und *locuteur* können, müssen jedoch nicht, die gleiche physische Person sein. „Si je signe un formulaire préparé par l'Administration du type «Je, soussigné, déclare... » le *je* du locuteur de ce texte n'est autre que moi, qui n'en suis pourtant pas l'auteur effectif" (MAINGUENEAU 1991:128).

	Auch eine Äußerung wie *Paul dit qu'il ne viendra pas* lässt sich als **polyphon** interpretieren, denn sie wird von einem sprechenden Subjekt formuliert, das die Worte eines anderen Emittenten wiedergibt.
Sprecherverantwortung	Strukturen wie die **direkte und indirekte Rede** erlauben dem sprechenden Subjekt klarzustellen, dass die Verantwortung für das Gesagte nicht bei ihm liegt. „De même, dans les **énoncés échos** (L.G.F.), où l'on reprend les propos de l'interlocuteur (A: «Tu n'as pas de cervelle!», B. «Ah, je n'ai pas de cervelle!»), le *sujet parlant* n'est pas présenté comme responsable de l'énoncé écho" (MAINGUENEAU 1996:64).
Enonciateur	Der Terminus *énonciateur* bezieht sich dagegen auf eine Instanz, die, genau so wie der *locuteur,* Quelle einer Äußerung ist, mit dem Unterschied, dass der Empfänger nicht in der Lage ist, diese Quelle genau zu identifizieren. „L'«énonciateur» intervient dans un énoncé à titre d'instance donnant un «point de vue», une «position», qui ne s'expriment pas à travers des mots précis. Le destinataire perçoit ce «point de vue», sait qu'il doit l'attribuer à un «énonciateur» distinct mais ne peut pas aller au-delà" (MAINGUENEAU ²1990:77).
Beispiel „Ironie"	Dies ist der Fall bei der Ironie (DUCROT 1984:210–213), denn eine ironische Äußerung (wie beispielsweise *on n'aurait vraiment pas pu s'attendre à un temps meilleur,* gesagt bei strömendem Regen) vermittelt eine Perspektive, die auf Grund ihrer Widersprüchlichkeit nicht mit der des Emittenten zusammenfallen kann. Die ironische Wirkung entsteht also auf Grund einer **inszenierten Diskursdiskrepanz** zwischen einem realen Emittenten und einem nicht näher bestimmbaren Äußerungsproduzenten.
Textrekurrenz	Polyphonie lässt sich in vielen Diskurserscheinungen aufspüren. So impliziert eine negative Äußerung immer eine positive, welche von einem nicht genannten énonciateur aufgestellt wird. **Beispiel:** *La politique de M. Chirac n'est pas innovatrice* vs. *La politique de M. Chirac est innovatrice.*
Kommunikative Leistung	Das Polyphonie-Konzept erweist sich als besonders leistungsfähiges Instrument zur Untersuchung der verschiedenen Arten von *discours rapportés* (Redewiedergabe). Ein typisches Beispiel stellt diesbezüglich das **Zitat** dar, eine Redewiedergabe, die es u. a. dem Emittenten erlaubt, diskursive Verantwortung im Namen eines Loyalitäts-/Autoritätsprinzips abzutreten[12] . Polyphon geprägt ist nach DUCROT auch die **Präsupposition** *(s. u.).*

---

11 Siehe für diesen Begriff auch BRINKER (⁴1997:15).
12 Ein synthetischer Überblick mit bibliographischen Angaben zu dieser Problematik bietet MAINGUENEAU 1991:137–139.

4 Präsupposition

Explizite Information

Betrachtet man konkrete Äußerungen, stellt man fest, dass sie oft einen expliziten und einen impliziten[13] Informationsteil aufweisen. Der explizite – *le posé* – kommt durch die Prädikation zustande und fällt semantisch mit dem propositionalen Inhalt *(S. 88)* der Äußerung zusammen. Explizite Inhaltskomponenten können negiert und erfragt werden:
Beispiel: *Marion est allée au mariage de Colette* vs. *Marion n'est pas allée au mariage de Colette.*

Implizite Information

In Bezug auf den impliziten Inhalt unterscheidet Ducrot (1984: 13–31) **zwei Bestandteile**: das *présupposé* und das *sous-entendu*.

- Das *présupposé* lässt sich aus der Sprachstruktur der Äußerung (aus dem Ko-text) rekonstruieren und dient sozusagen als Stütze für das *posé*. So übernimmt bei dem vorigen Beispiel die Präsupposition „Colette hat geheiratet" die Funktion eines Basisrasters für die Proposition „x ist zur Hochzeit von Colette gegangen". Da das *présupposé* nicht immer leicht zu identifizieren ist, behilft man sich mit dem Negations- und Fragetest: Präsupponierte Inhalte bleiben **unverändert**, auch wenn das *posé* (der propositionale Inhalt) negiert oder in Frage gestellt wird.
Beispiel: Sowohl bei *Marion n'est pas allée au mariage de Colette* als auch bei *Est-ce-que Marion est allée au mariage de Colette?* bleibt die Präsupposition „Colette hat geheiratet" erhalten.
Dadurch dass das *présupposé* nicht negiert oder erfragt werden kann, ist es eine kommunikative Komponente, die sich einer **expliziten** Einstufung als wahr oder falsch entzieht: das Präsupponierte gilt somit als nicht zur Debatte stehend, d. h. als von den Gesprächspartnern offensichtlich akzeptierte Information. Charakteristisch für das *présupposé* ist, dass „tout en prenant la responsabilité d'un contenu, on ne prend pas la responsabilité de l'assertion de ce contenu, on ne fait pas de cette assertion le but avoué de sa propre parole" (Ducrot 1984: 233).

- Das *sous-entendu* kann mit der konversationellen Implikatur von Grice *(S. 28)* verglichen werden. Seine Deutung kann nur innerhalb des Kontextes geleistet werden, in den es eingebettet ist. Da das *sous-entendu* nicht im Ko-text eingetragen ist, muss es auf der Basis eines rationalen Prozesses erschlossen werden. Ob die Rezeption eines *sous-entendu* wirklich stattgefunden hat, d. h. ob der Empfänger ein *sous-entendu* so interpretiert hat, wie es vom Sender gemeint war, ist nicht mit hundertprozentiger Sicherheit festzustellen.

Forschungsfragen	Die Präsupposition hat als im Ko-text nachvollziehbares Phänomen innerhalb des *énonciation*-Ansatzes bevorzugt die Aufmerksamkeit auf sich gezogen. Zentrale Fragestellungen der bislang durchgeführten Untersuchungen lassen sich wie folgt auflisten: 1. Welches sind die **Funktionen** der Präsupposition? 2. Welchen **linguistischen Status** haben Präsuppositionen? Und, da sie sich indirekt durch den Ko-text erschließen lassen, 3. welches sind die **Sprachstrukturen**, über die sich Präsuppositionen vermitteln?
(1) Funktionen	Versucht man die wichtigsten Funktionen der Präsupposition aufzulisten, lassen sich **drei** Schwerpunkte festlegen.

A. Die Präsupposition ist, wie auch das *sous-entendu*, ein Mechanismus der **sprachlichen Ökonomie**. Die Durchführung von kommunikativen Abläufen wäre praktisch unmöglich, wenn manche Informationsteile nicht als bekannt vorausgesetzt werden könnten, wenn also der Zwang bestünde, bei jedem Kommunikationsablauf alles erneut verbalisieren zu müssen.

B. Präsuppositionen tragen zur **textuellen Kohärenz** und **thematischen Progression** bei. Sie sind also indirekt ein konstitutives Merkmal der **Textualität**. Denn die Textkohärenz (zusammen mit der Textkohäsion, *S. 28*) ist dafür verantwortlich, dass eine Folge von Sätzen als zusammenhängendes Ganzes (als Text) empfunden wird. Die thematische/diskursive Progression kommt dadurch zustande, dass Inhalte, die bereits explizit thematisiert worden sind, in den Hintergrund rücken und sich somit in ein *présupposé* verwandeln.

„Les présupposés sont ainsi *pré-construits,* construits antérieurement à l'énoncé – soit parce qu'ils ont été posés dans la partie du texte qui précède; – soit parce que c'est une proposition déjà admise par l'interlocuteur; – soit parce que c'est une proposition censée admise universellement, évidente" (MAINGUENEAU 1990:87).

C. Da die *présupposés* als offensichtliches Wissen der beteiligten Sprecher einzustufen sind, können sie zur **unauffälligen Informationsaufnahme** in der Diskurswelt benutzt werden. Sie treten also bevorzugt dann auf, wenn der Emittent Inhalte vermitteln will, ohne sich explizit als die Quelle des Gesagten auszugeben, und wenn die Vermutung nahe liegt, dass der Gesprächspartner bestimmten Inhalten kritisch gegenüber steht. In dieser Funktion treten *présupposés* vermehrt im politischen und juristischen Diskurs auf.

Beispiel: X befindet sich auf einem Kommissariat und wird gerade verhört. Er behauptet, Y nie gekannt zu haben. Der Kom-

---

13 Für eine Annäherung an die Thematik des „*implicite*" vgl. KERBRAT-ORECCHIONI (1982 und 1986).

missar ist dagegen davon überzeugt, X habe Y sehr wohl gekannt und fragt „*Quand a-t-il (Y) travaillé pour la dernière fois?*" und unterstellt somit dem Befragten gerade den Sachverhalt, den er bestreitet.

(2) Linguistischer Status

Für DUCROT sind *présupposés* polyphonische Strukturen, die sich auf zwei unterschiedliche Produktionsinstanzen E_1 und E_2 zurückführen lassen, von denen E_2 der Träger der in der Äußerung enthaltenen Assertion ist, während E_1 die Verantwortung für den präsupponierten Inhalt zukommt.
Erklärung: Illustrieren lässt sich dieser Standpunkt an der Äußerung *Pierre a cessé de fumer*. Bei dieser Äußerung präsentiert sich ein Emittent (E_2) als Träger der Assertion *Pierre ne fume plus maintenant*. Die gleiche Äußerung präsupponiert jedoch auch *Pierre fumait autrefois*. Der Urheber dieser Präsupposition ist nach DUCROT ein E_1, das einem kollektiven *on* („man") entspricht und eventuell auch den Emittenten mit einschließt.

Daraus geht für DUCROT (1984) hervor, dass die *présupposés* als wahrhafte **Sprechhandlungen** zu betrachten sind, durch die der Emittent den Zuhörer zu zwingen versucht, Inhalte aufzunehmen, ohne dass sie explizit zur Diskussion gestellt werden.

Zu beachten ist, dass die Verteilung der *présupposés* und *posés* keine statische Angelegenheit ist: vielmehr ist den Sprechern immer die Möglichkeit vorbehalten, die *présupposés* erneut als expliziten Äußerungsinhalt zu thematisieren.
Beispiel: A zu B: *Marion n'est pas là. Elle est allée au mariage de Colette* (Präsupposition: „X heiratet"). B: <u>*Colette se marie?!*</u> *Ben tiens! Pourquoi ne me l'as-tu pas dit auparavant?*

(3) Sprachstrukturen

Der folgende Abschnitt bietet einen Überblick über einige der Sprachstrukturen, über die Präsuppositionen vermittelt werden.
- **Faktive Prädikate**, d. h. Verben, die die Wahrheit des von ihnen regierten Objektsatzes präsupponieren. Dazu gehören z. B. *savoir, ignorer, se douter, regretter* etc. Typisch für diese Verbklasse ist, dass der Objekt-/Komplementsatz durch *le fait que/de* eingeleitet werden kann.
  Beispiel: *Paul regrette d'avoir dit une bêtise.* Präsupponiert wird: *Paul a dit une bêtise.*
  Jean ignore que sa fille est la meilleure de la classe. Präsupponiert wird: *La fille de Jean est la meilleure de la classe.*
- Verben (**Inchoativa, Transformativa**), die eine Zustandsänderung bezeichnen[14] (*cesser, commencer à, se mettre à, sortir, s'endormir*).
  Beispiel: *L'enfant de Paul a commencé à parler.* Präsupponiert wird: *avant il ne parlait pas.*

Pragmalinguistik des Französischen

- **Adverbien** wie *encore* und *déjà*, deren Inhalt Informationen über den aspektuellen *(Kap. 6)* Verlauf des Vorgangs liefert: *Marion est encore là/Marion est déjà là* liefern bei gleichem *posé* (*Marion ist anwesend*) entgegengesetzte *présupposés: Marion était là auparavant/Marion n'était pas là auparavant.*
- Definite, durch Attribute **erweiterte Nominalsyntagmen.**
  Beispiel: *L'ami de Marie* präsupponiert *Marie a un ami; le fameux roman* präsupponiert *le roman est fameux.*
- Von Verben abgeleitete Nomina (**Nominalisierungen**[15]).
  Beispiel: *La destruction de Rome* präsupponiert *Rome a été/est détruite; l'amélioration du niveau de vie* präsupponiert *le niveau de vie s'est amélioré.*
- **Ergänzungsfragesätze** *(interrogatives partielles)*. Im Gegensatz zu den Entscheidungsfragesätzen, die als Antwort „ja" oder „nein" verlangen, werden in Ergänzungsfragesätzen durch die Anwendung von Interrogativpronomen nur Teile des Satzinhaltes erfragt:
  Beispiel: *Qui part?* präsupponiert *quelqu'un part; avec qui pars-tu en vacances?* präsupponiert: *x part en vacances avec quelqu'un. Quand l'a-t-il vu?* präsupponiert *il l'a vu* etc.

4 Argumentieren/der *courant argumentatif*

Abgrenzung

Wir schließen dieses Kapitel mit einigen Überlegungen zum Begriff **Argumentation**. Argumentieren darf im Rahmen der pragmalinguistisch geprägten Ansätze nicht mit dem in der Logik üblichen Sinn von „deduzieren" oder „beweisen" verwechselt werden.

„(...) argumenter ne revient pas à démontrer la vérité d'une assertion, ni à indiquer le caractère logiquement valide d'un raisonnement" (MOESCHLER 1985:46).

Funktion

Das Argumentieren dient dazu, überzeugende Thesen im Dienste einer bestimmten Schlussfolgerung vorzubringen. Argumente implizieren immer Gegenargumente.

---

14 Die Begriffe „inchoativ" und „transformativ" beziehen sich auf die **Aktionsart** des Verbs. Der Terminus „Aktionsart" bezeichnet eine **semantische** Eigenschaft des Verbs, d. h. die Art und Weise, wie der Sachverhalt zustande kommt, also die Verlaufsweise des versprachlichten Sachverhaltes. Verben mit inchoativer/transformativer Aktionsart bezeichnen den Übergang eines Zustandes in einen anderen *(fleurir, maigrir, agrandir, engraisser* etc.). Vgl. BUSSMANN (²1990:329 und 806).

15 DUCROT schreibt bezüglich der Nominalisierungen: „Le propre de la nominalisation est de faire apparaître un énonciateur, auquel le locuteur n'est pas assimilé, mais qui est assimilé à une voix collective, à un ON" (DUCROT 1984:232). Daraus geht hervor, dass auch Nominalisierungen, welche übrigens sehr stark im wissenschaftlichen Diskurs vertreten sind, es dem Emittenten erlauben, seine diskursive Verantwortung zu begrenzen *(S. 81).*

Beispiel: *Le baromètre a baissé* (A$_1$), *il va donc pleuvoir* (C). *D'ailleurs j'ai mal au genou* (A$_2$) (MOESCHLER 1985:45. A = *argument*, C = *conclusion*).

Forschungsansätze

In der frankophonen Linguistik haben sich bezüglich der Argumentation **zwei (verwandte) Forschungsrichtungen** entwickelt:
- Die eine, zu der Namen wie DUCROT und ANSCOMBRE zählen, hat ihre Aufmerksamkeit vor allem auf die Art und Weise gerichtet, wie sich die Propositionen eines Diskurses zu einem **argumentativen Geflecht** gestalten lassen. Damit eine Äußerung A$_1$ ein Argument zu Gunsten der Äußerung A$_2$ darstellt, so lautet die Grundthese dieses Ansatzes, reicht die inhaltliche Angemessenheit von A$_1$ nicht. Vielmehr werden bestimmte formale Bedingungen benötigt, die von A$_1$ zu erfüllen sind (ANSCOMBRE/DUCROT ^{2}1988:8).

  Verantwortlich für die formale Steuerung der Argumentation sind danach eine Reihe von Ausdrücken, die als **argumentative Operatoren** und **Konnektoren** (*les opérateurs/connecteurs argumentatifs*) bezeichnet werden.

  Die argumentativ orientierten Ansätze können in diesem Kapitel nicht vorgestellt werden; es sollen jedoch zumindest die Begriffe *opérateur argumentatif* und *connecteur argumentatif* – im heutigen sprachwissenschaftlichen Diskurs bereits verankerte Konzepte – in den beiden folgenden Abschnitten erörtert werden *(s. u.)*.

- Die zweite, von ROULET, MOESCHLER u.a. vertretene Forschungsrichtung hat sich vor allem mit dem **linguistischen Status** der Argumentation befasst (Ist die Argumentation semantisch und/oder pragmatisch bedingt? Kann das Argumentieren auf einen spezifischen *acte de langage (S. 27)* reduziert werden? etc.) und versucht, von der Prämisse ausgehend, dass die Argumentation von Prinzipien gesteuert wird, welche Bestandteil einer übergeordneten Diskurs- und Konversationsgrammatik sind, die Argumentation in eine **Konversationstheorie** zu integrieren (MOESCHLER 1994:69–94).

1 Argumentative Operatoren

Argumentative Progression

DUCROT geht in seinen Untersuchungen davon aus, dass „(...) il est constitutif du sens d'un énoncé de prétendre orienter la suite du dialogue. Dire que l'énoncé *Qui est venu?* est une question, c'est dire qu'il prétend obliger le destinataire à répondre (...)" (DUCROT 1984:30).

Daraus lässt sich die Hypothese aufstellen, dass die Sprachen über Formen wie z. B. *presque/à peine, pas plus/pas moins* etc. ver-

Pragmalinguistik des Französischen

fügen, die einen Einfluss auf die argumentative Richtung/Stärke einer Äußerung ausüben, indem sie die Auswahl der folgenden Argumente und Schlussfolgerungen einschränken, ohne jedoch den vermittelten Inhalt im wesentlichen zu verändern. DUCROT nennt diese Formen *opérateurs argumentatifs*.

Beispiel 1

Die Äußerungen *Il est huit heures* und *Il n'est que huit heures* vermitteln semantisch betrachtet die gleiche Information und zwar „es ist acht Uhr". Nur die erste erlaubt jedoch die Schlussfolgerung *presse-toi*. Denn *?il n'est que huit heures: presse-toi* ist in einem nicht spezifischen Sprachkontext problematisch.

Die *opérateurs argumentatifs* sind also **Indikatoren**, die dazu dienen, die argumentative Progression zu steuern.

Beispiel 2

*Marie est très douée pour les langues. Elle parle l'anglais, l'italien et **même** le chinois/?Elle parle le chinois, l'anglais et **même** l'italien.*

*T'es pas trop soigné: **au moins** mets-toi une cravate/?T'es pas trop soigné: **au moins** mets-toi ton diamant.*

Hier zeigt sich, dass *même* und *au moins* auf entgegengesetzte **Argumentationspole** hin ausgerichtet sind:
- während *même* ein im Auge des Sprechers **starkes Argument** einführt (die Beherrschung des Chinesischen ist sicherlich ein stärkeres Argument für die Sprachbegabung einer Französin als die Beherrschung des Italienischen),
- leitet *au moins* ein **schwaches Argument** ein (daher das „Seltsame" des Ausdrucks *au moins mets ton diamant*).

2 Argumentative Konnektoren

Definition

Die argumentativen Konnektoren sind Formen (Konjunktionen, Adverbien, adverbiale Lokutionen), die zwei oder mehrere Spracheinheiten (sowohl Äußerungen als auch Äußerungsakte und zum impliziten Inhalt gehörende Informationen) als Komponenten einer einzigen argumentativen Struktur verbinden (MOESCHLER 1985:62).
Sie lassen sich in **zwei Hauptgruppen** einordnen:
1. *introducteurs d'argument* – *car, puisque, parce que, mais* und
2. *introducteurs de conclusion* – *donc, alors, par conséquent, décidément, pourtant* etc. (MOESCHLER 1985:63).

Beispiel

Das Verhalten der argumentativen Konnektoren soll hier an *mais* illustriert werden:
Ce restaurant est bon$_{(A1)}$, mais cher$_{(A2)}$ (PLANTIN 1996:68–70).
Intuitiv lässt sich sagen, dass *mais* zwei Argumente (A_1, A_2) verbindet, die in einer Gegensatzrelation stehen. Im erwähnten

Beispiel ist dennoch semantisch keine Opposition vorhanden, denn ein „gutes" Restaurant „ist" erwartungsgemäß auch ein „teures". Verstehen lässt sich die *mais*-Funktion, wenn man die Schlussfolgerung (C) ins Auge fasst, die *mais* indirekt einleitet. A_1 impliziert „gehen Sie in dieses Restaurant"; A_2 dagegen „gehen Sie nicht hin".

Kommunikative Leistung

Äußerungen dieses Typs streben argumentativ nach der Schlussfolgerung, die im Einklang mit dem durch *mais* eingeleiteten Argument steht: Eine Umkehrung der Argumente setzt daher die Umkehrung der Schlussfolgerung voraus:
Beispiel: *Ce restaurant est cher, mais bon* → (C) ?*N'y allez pas!*/*Ce restaurant est cher, mais bon* → (C) *Allez-y!*

5 Literatur

Zu 2

Zur Annäherung an die Semantik und die Beziehungen zwischen Semantik und Pragmatik sind zu empfehlen SCHWARZ/CHUR (1993); KLEIBER (1993) und für Italienisch studierende Galloromanisten BERTUCCELLI PAPI (1993: § 2 *[Semantica e pragmatica]*).

Zu 3 und 4

DUCROT (1984), ANSCOMBRE/DUCROT (²1988); FUCHS/LE GOFFIC (1992: 3. Teil); MAINGUENEAU (²1990; 1990; 1991; 1994; 1996); MOESCHLER (1985; 1994); PARRET (1990); PLANTIN (1996).

KAPITEL 5: Grundbegriffe der französischen Syntax

1 Vorbemerkung

Methodologische Entscheidungen

Die folgenden Erläuterungen sind dazu bestimmt, das für das Verständnis jeglichen Syntaxdiskurses unentbehrliche begriffliche Grundinstrumentarium vorzustellen; eine Beschreibung der französischen Syntax – sei es im traditionellen Sinne, sei es anhand einer spezifischen Syntaxtheorie – wird nicht angestrebt. Das Französische soll jedoch als illustrierendes Sprachmaterial dienen.

2 Grundbegriffe

Syntax

Der Begriff **Syntax** ist zweideutig. Er bezeichnet einerseits eine **Teildisziplin** der Linguistik (wie z. B. die Phonologie, die Morphologie, die Semantik etc.); andererseits bezieht er sich auf die Bündelung von Relationen, Kategorien und Funktionen, die zusammen mit der Morphologie das **formale Gerüst** von Sätzen zu Stande bringen.

Satz

Die maximale Forschungseinheit der Syntax ist der **Satz**.

Der Satz ist (syntaktisch betrachtet) eine aus der Verbindung eines **NS (Nominalsyntagmas)** mit Subjektfunktion und eines **VS (Verbalsyntagmas)** bestehende Struktur. Die kanonische Form des Satzes ist eine im Indikativ formulierte Aussage.
Beispiel: $_{Satz}[_{NS}[Le\ climat]\ _{VS}[a\ subi\ des\ changements\ notables]]$.

Der Satz ist eine „autonome" Größe in dem Sinne, dass Sätze, auch wenn sie in größere Einheiten eingebettet sind, syntaktisch **vollständig** sind (so gesehen sind also Nebensätze keine Sätze, sondern Teilelemente eines übergeordneten Satzes, von dem sie abhängen)[1].
Beispiel: $_{Satz}[_{NS}[Le\ directeur]\ _{VS}[ne\ sait\ pas\ _{Komplement}[que\ j'habite\ ici]]]$.

Außerdem stellt der Satzbegriff eine **Abstraktion** dar, denn Sätze sind im Gegensatz zu Äußerungen kontextlose Gebilde, welche unabhängig von ihrer tatsächlichen Aktivierung vorstellbar sind: Sätze gehören zur *langue,* Äußerungen zur *parole.*

---

[1] Natürlich können Sätze Relationen mit den Spracheinheiten unterhalten, die ihnen vorausgehen und folgen. Diese Relationen sind jedoch, wie z. B. die Anapher *(S. 93),* anderer Natur und betreffen nicht die Beziehung des Verbalsyntagmas zu seinem Subjekt und seinen Komplementen.

3 Forschungsmethoden

Sichtweisen

Syntaktische Fragen können prinzipiell aus zwei unterschiedlichen Blickwinkeln betrachtet werden:
(1) **traditionell/deskriptiv**, (2) **theoretisch/generativ**.

(1) traditionell/ deskriptiv

Aus dem ersten Blickwinkel heraus wird versucht, die syntaktischen Merkmale der Sätze zu beschreiben: Sätze werden in kleinere Bestandteile zerlegt und klassifiziert. Dabei werden auch die syntaktischen Beziehungen festgelegt, die zwischen den herausgefundenen Bestandteilen herrschen.
Beispiel: *Cette jeune fille conduit très bien:* P *(phrase)*
⇒ *cette jeune fille:* SN *(syntagme nominal), sujet de la phrase*
⇒ *conduit très bien:* SV *(syntagme verbal)*
⇒ *conduit:* Verbe du SV
⇒ *très bien:* SAv *(syntagme adverbial), circonstant/adjoint du SV.*
Entstehung: Die traditionelle Syntax geht auf die griechisch-lateinische Grammatikschreibung zurück; lange Zeit steht sie ausschließlich im Dienste der normierenden Grammatikographie, bis sie in unserem Jahrhundert, angereichert mit Konzepten der modernen Linguistik, auch rein deskriptive Funktion erwirbt. Gerade auf Grund ihrer allgemein bekannten Terminologie und der ab den Sechzigerjahren erworbenen deskriptiven Komponente, die das Verstehen syntaktischer Strukturabhängigkeiten begünstigt, ist die traditionelle Syntax, die noch vor vierzig Jahren praktisch konkurrenzlos war, in der Sprachwissenschaft weiterhin gut vertreten.
Werke: Zu den repräsentativsten deskriptiv konzipierten Syntaxwerken der französischen Sprache zählen außer *„Le bon usage"* (GOOSSE [13]1993)[2] und der *„Grammaire méthodique du français"* (RIEGEL/PELLAT/RIOUL [3]1997), welche, wie die Titel andeuten, Arbeiten sind, die weit über die Syntax hinausreichen, vor allem die *„Grammaire de la phrase"* von LE GOFFIC (1993): „Ce livre se réclame à la fois de la tradition et de la modernité: la tradition est respectée par le recours aux grands cadres habituels de l'analyse en fonction et catégorie (...); mais on ne pouvait s'interdire d'y adjoindre quelques termes (concepts) linguistiques plus modernes (...)" (LE GOFFIC 1993:5).

(2) theoretisch/ generativ

Bei der zweiten Perspektive geht es um die Bedingungen, die es einem Sprecher erlauben, unzählige syntaktisch wohlgeformte Sätze in seiner Muttersprache zu bilden. Angestrebt wird die (im logisch/mathematischen Sinne) formale Darstellung der Regeln, die die Erzeugung syntaktisch korrekter Sätze erlauben. Langfristiges Ziel dieser Ansätze ist die Entwicklung einer vollständigen Sprachtheorie.

Ansätze: Die generative Grammatik *(S. 20)*, deren gegenwärtig meistrezipierte Version das **Prinzipien- und Parametermodell** (CHOMSKY/LASNIK 1993) ist, stellt wohl die bekannteste Syntaxtheorie dieser Art dar. Sie ist jedoch nicht die einzige, denn gerade aus der Auseinandersetzung mit ihren Schwächen ist eine Reihe neuer Ansätze entstanden – die so genannten **Unifikationsgrammatiken**[3] – die trotz ihrer Verwandtschaft mit der generativen Grammatik deutliche autonome Züge aufweisen. Sie sind von ihrer Herkunft angloamerikanisch geprägt; inzwischen hat jedoch ihre Rezeption in nicht-anglophonen Ländern begonnen. Im frankophonen Kontext bietet *„Les nouvelles syntaxes. Grammaires d'unification et analyse du français"* von ABEILLÉ (1993) eine erste ausführliche Einführung. Syntaxansätze dieser Art finden vor allem in Bereichen Anwendung, die, wie die Computerlinguistik, die maschinelle Erzeugung von Sprachen erforschen.

4 Forschungsebenen der Syntax

Satzstrukturierung

Die formale (morphosyntaktische) Gestaltung von Sätzen ist das Ergebnis des Zusammenspiels von mehreren Typen von Relationen, die wiederum ebenso viele Dimensionen der syntaktischen Analyse darstellen. Sie werden im Folgenden kurz aufgelistet und dann einzeln besprochen (vgl. auch Schema *S. 127*).

- Die **Syntagmenstruktur** *(la structure syntagmatique*, auch Konstituentenstruktur)[4], d. h. die geordnete Folge der zu einem gegebenen Satz gehörenden Syntagmen.
- Die **syntaktischen Funktionen**, d. h. die Relationen, die das jeweilige Syntagma mit dem es regierenden Element unterhält (z. B. Subjekt, direktes Objekt, indirektes Komplement etc.).
- Die **Kongruenz**, d. h. die flexionelle oder lexikalische Markierung der Satzsyntagmen durch die für die Kohäsion des Satzes relevanten grammatischen Kategorien (darunter Numerus, Tempus, Kasus etc.).

Zu diesen drei rein formalen Dimensionen der syntaktischen Satzstrukturierung sind weitere zwei hinzuzufügen, die jeweils die Ebenen der Semantik und der Pragmatik betreffen:

---

2 Auch die traditionell normative Komponente ist allerdings, wie der Titel selbst ankündigt, ein wesentliches Merkmal des *„Bon Usage"*, insbesondere der von ANDRÉ GREVISSE bearbeiteten Ausgaben (1. bis 11.).

3 Für eine einfache und prägnante Einführung in die am Französischen exemplifizierten Grundlagen der Syntax aus der Perspektive der Unifikationsgrammatiken verweisen wir auf SCHWARZE (1995).

4 Der Begriff **Syntagma** wurzelt im frankophonen Strukturalismus. „**Konstituente**" hat eine vergleichbare Bedeutung, stammt jedoch aus dem angloamerikanischen Forschungsumfeld.

- Die **Argumentenstruktur** des Verbs (d. h. seine lexikalische Beschaffenheit), welche Angaben über die Zahl und Art der **semantischen Rollen** liefert, die einem Prädikat X eigen sind, und gleichzeitig ihre Umformung in syntaktische Einheiten steuert.
- Die **Thema-Rhema-Gliederung** und ihre **Umstrukturierung**, d. h. die syntaktischen Strategien, die dem Sprecher erlauben, den thematischen und rhematischen Teil des Satzes nach kommunikativen Prinzipien zu gliedern.

Da der Argumentenstruktur als Trägerin der lexikalisch-semantischen Merkmale des Verbs eine zentrale Rolle bei der syntaktischen Gestaltung von Sätzen zukommt, steht diese Dimension in der folgenden Beschreibung an erster Stelle.

1 Die Argumentenstruktur/*La structure argumentale*

Erklärung	Der lexikalische Inhalt der Verben enthält Informationen über die Zahl der Referenten *(S. 87)*, die der Sachverhalt, den sie ausdrücken (Prädikation), benötigt, um versprachlicht zu werden. Diese Referenten werden als **Argumente** bezeichnet und durch Zahlen notiert; die semantische Funktion, die von ihnen in der jeweiligen Prädikation übernommen wird, heißt „**semantische** oder **thematische Rolle**"[5].
Beispiele	*Mettre* hat semantisch betrachtet **drei** Argumente, welche bei ihrer Aktualisierung in einem Satz jeweils die semantische Rolle eines **Agens** (das lebendige Wesen, das X irgendwohin stellt), eines **Themas** (das X-Objekt dieser Handlung) und eines **Lokativs** (der Ort, wohin X gelegt wird) übernehmen. *Plaire* hat **zwei** Argumente. Das erste erhält die Rolle des **Themas**, das zweite des **Experiencer**, d. h. des Referenten, der das Gefühl des „Gefallens" erlebt *(cette maison(Thema) me(Experiencer) plaît)*.
Raster	Die Angaben über die Zahl der Argumente und ihre semantischen Rollen bilden das **thematische Raster** des Verbs und werden wie folgt dargestellt: *Mettre:* <1, 2, 3> *Plaire:* <1, 2> (Agens, Thema, Lokativ) (Thema, Experiencer)
Rollen	Folgende Liste stellt die geläufigsten semantischen/thematischen Rollen vor. **Agens** *Romain bat le matelas.* **Thema** *J'ai acheté <u>une voiture.</u>* **Patiens** *Paul a cassé <u>les verres.</u>* **Empfänger** *<u>Paul</u> reçoit une lettre.*

	Experiencer	Ça *me* plaît.
	Ziel	On porte la température <u>à 100.</u>°
	Ursprung	Je l'ai acheté <u>chez lui.</u>
	Lokation	J'habite <u>à Paris.</u>
Funktionen	Die lexikalisch-semantischen Eigenschaften der Verben (und der übrigen syntaktischen Kategorien, S. 114) bestimmen entscheidend die Gestaltung der syntaktischen Struktur der Sätze. Denn die Syntagmen (NSen, VSen etc.) mit ihren syntaktischen Funktionen (Subjekt, Objekt etc.) stellen das Instrumentarium zur Umwandlung der im Lexikon gespeicherten semantischen Informationen in lineare Sprachsequenzen (Sätze) dar. Wie das jeweilige Argument konkret realisiert wird, d. h. ob es als NS, PS oder Satzteil vorkommt, hängt wiederum vom Verb ab, und zwar von seinem syntaktischen Verhalten (Subkategorisierung, Rektion, S. 115). Kanonische Entsprechungen lassen sich feststellen (z. B. entspricht generell die semantische Rolle „Thema" einem NS mit Objektfunktion), anders gestaltete Entsprechungen kommen jedoch durchaus vor. **Beispiel:** *[[Cette année], [les fleurs$_{(Thema,\ Subjekt)}$][poussent [bien]].*	

2 Die Syntagmenstruktur/*La structure syntagmatique*

Erklärung	Sätze bestehen aus Syntagmen, Syntagmen aus Lexemen *(Kap. 6)*. Was sind Syntagmen und wie lassen sie sich festlegen? „Ein Syntagma ist eine Gruppe von Wörtern, die als Ganzes ein Teil des Satzes ist" (SCHWARZE 1995:8). Man unterscheidet grundsätzlich zwischen Nominalsyntagmen (**NS**), Verbalsyntagmen (**VS**), Präpositionalsyntagmen (**PS**), Adjektivsyntagmen (**AS**), Adverbialsyntagmen (**AvS**). **Beispiele:** NS: *[la fille de Marie]; [le livre qu'il a écrit l'an dernier];* VS: *[acheter seulement le nécessaire]; [avoir cru ce qu'il a dit];* PS: *[avec le mien]; [à ma mère]; [entre moi et toi];* AvS: *[deux heures après]; [un peu plus loin d'ici]; [assez bien];* AS: *[tout à fait semblable à celui-là]; [digne de ce poste]; [envieux de tout le monde].* Wie man sieht, erhalten Syntagmen ihren spezifischen Namen nach dem Lexem, das ihr syntaktisches Verhalten bestimmt. Das Lexem, das diese Funktion übernimmt, wird in der Regel **Kopf** oder **Nukleus** *(tête, nœud)* genannt und gehört zu einer syntaktischen Kategorie.

---

5 Mit den aus der generativen Grammatik stammenden Begriffen Argumentenstruktur und thematische Rollen vergleichbar sind die im Strukturalismus wurzelnden Konzepte Valenz und Aktant *(S. 18)*

| **Syntaktische Kategorien** | Die Zahl der **syntaktischen Kategorien** (Wortarten, *classes syntaxiques*) ist je nach den angewandten Parametern unterschiedlich. Zur gleichen Kategorie gehören im Prinzip die Sprachzeichen, die in denselben syntaktischen Umgebungen vorkommen können und morphologisch vergleichbare Eigenschaften aufweisen.
Beispiel: *Le, ce, un, mon* sind Determinatoren. Als Angehörige der syntaktischen Kategorie „Determinator(en)" kommen sie alle links vom Substantiv vor und kongruieren mit ihm: *Les/ces/des/mes livres*.
Syntaktische Kategorien bilden die **Determinatoren** (Artikel, Demonstrativa, Possessiva), das **Nomen** bzw. **Substantiv**, das **Pronomen**, das **Verb**, das **Adjektiv**, das **Adverb** und die **Präposition**. |
|---|---|
| **Syntagmen und Wortarten** | Die Zahl der syntaktischen Kategorien und der Syntagmatypen stimmt, wie man sieht, nicht überein. Dies lässt sich damit erklären, dass manche syntaktische Kategorien eine Distribution aufweisen, die es erlaubt, sie als Kopf des gleichen Syntagmatyps anzusehen. So werden Syntagmen, deren Kopf ein Personalpronomen ist (*elle, ils, lui* etc.), dadurch dass sie mit Syntagmen kommutieren können, deren Kopf ein Nomen ist, nicht als **Pronominal-**, sondern auch als **Nominalsyntagmen** etikettiert. Im Rahmen der generativen Transformationsgrammatik fallen Adverbialsyntagmen wie *un peu plus loin (d'ici)* mit den Präpositionalsyntagmen zusammen, denn das syntaktische Verhalten von *loin* wird dem einer intransitivisch verwendeten Präposition (genauso wie manche transitive Verben auch intransitiv vorkommen können – *je mange un gâteau avec lui/je mange avec*) gleichgestellt. Auch ist festzustellen, dass es inzwischen kaum noch Syntaxbeschreibungen gibt, die die **Konjunktion** als selbständige syntaktische Kategorie betrachten, denn: «Il n'est pas utile de distinguer (...) une catégorie spéciale de „conjonction": le fait de „conjoindre" est un fait de fonctionnement et les termes „conjonctif" ou „connecteurs" ne cessent pas pour autant d'être adverbes ou pronoms» (LE GOFFIC 1993:21). |

Die Ermittlung der Syntagmen

Verfahren	Syntagmen/Konstituenten werden anhand der **IC-Analyse** festgelegt, ein im amerikanischen Strukturalismus wurzelndes Verfahren, welches auf der Prämisse beruht, dass Sätze anhand binärer (zweiteiliger) Segmentierungen bis in ihre kleinsten Einheiten (je nach Theorie Lexem oder Morphem) zerlegbar sind. Hilfe verschaffen bei der Segmentierung verschiedene **Tests**. Die wich-

tigsten unter ihnen sind die **Pronominalisierung** *(la pronominalisation)*, der **Fragetest** *(l'interrrogation)*, die **Verschiebung** *(le déplacement)*, die **Substitution** *(la substitution)*, die **Koordinierung** *(la coordination)*, die **Tilgung** *(l'effacement)*.

Beispiel	*Ma mère va à Paris en voiture.* Fragestellung: Stellt *à Paris en voiture* ein Syntagma oder zwei dar? Setzt man den Fragetest ein, so stellt man fest, dass auf die Frage *où va ma mère?* die Antwort *à Paris* folgt und auf *comment va-t-elle à Paris? en voiture.* Auch die Pronominalisierung liefert ähnliche Ergebnisse: *Ma mère y va en voiture.* Außerdem ist es möglich, *à Paris* zu verschieben: *à Paris, ma mère y va en voiture.* Daraus lässt sich schließen, dass *à Paris* und *en voiture* zwei Syntagmen des gegebenen Satzes bilden.

Die Subkategorisierung/*La sous-catégorisation*

Satzkonstituenten	Was bestimmt die Zahl und die Art der Syntagmen, die den Satz konstituieren? Zuerst ist festzustellen, dass die Syntagmen eines Satzes in **zwei** Hauptgruppen einzuteilen sind, und zwar ■ in diejenigen, die vom Verb abhängen und daher **satzkonstitutiv** sind; sie heißen **Komplemente** (Ergänzungen, *compléments*), und ihre Zahl wird von der Argumentenstruktur des Verbs bestimmt; ■ in diejenigen, die in keinem Abhängigkeitsverhältnis zum Verb stehen. Sie sind immer fakultativ und heißen **Adjunkte** bzw. **Zirkumstanten** *(adjoints/circonstants)*. **Beispiel:** So sind in *hier ton père a mis tous les meubles dans ma chambre* das NS *tous les meubles* und das PS *dans ma chambre* (welche jeweils die semantische Rolle „Thema" und „Lokativ" übernehmen) obligatorisch, weil sie die zwei Argumente von *mettre* syntaktisch ausdrücken. Das AvS *hier* ist dagegen ein Adjunkt; es wird nicht vom Verb verlangt und ist daher fakultativ.
Subkategorisierung	Die Tatsache, dass ein gewisses Lexem bestimmte Syntagmen verlangt, nennt man in der generativen Grammatik **Subkategorisierung** und in der traditionellen Grammatikographie **Rektion**. Mit **Subkategorisierungsrahmen** bezeichnet man die Formalisierung dieser Abhängigkeitsverhältnisse. **Beispiele:** *mettre:* [+ __ NS PS]; *acheter:* [+ __ NS]; *aller:* [+ ___ PS] **Erklärung:** Das Zeichen + steht für das NS mit Subjektfunktion, deren Spezifizierung im Subkategorisierungsrahmen redundant ist, weil im Einklang mit der Definition des Satzes (eine Verbindung eines Subjekts und eines Prädikats) dieses NS sowieso immer gegeben ist.

	Das **gleiche Verb** kann **verschiedene Subkategorisierungsrahmen** aufweisen: **Beispiel:** *croire:* [+ __] → *Jean croit;* [+ ___ NS] → *Je crois mon père;* [+ ___ que-S] → *Jean croit que tu l'as fait exprès;* [+__ Infinitiv] → *Jean croit l'avoir oublié hier;* [+ ___ PS (à/en)] → *Jean croit au progrès/en Dieu* etc. Subkategorisiert ein Verb ein bzw. mehrere Syntagmen, ist es **transitiv** (*habiter:* [+__ NS] bzw. [+__ PS/à/en]); subkategorisiert es keine, ist es **intransitiv** (*dormir;* [+__]). Eine **Veränderung** des Subkategorisierungsrahmens impliziert keine Veränderung der Zahl der Verbargumente: Auch wenn *manger* als [+ __] vorkommt, besitzt dieses Verb zwei Argumente (S. 112, 114).
Komplexe Beschreibungen	Addiert man die in der Argumentenstruktur und im Subkategorisierungsrahmen enthaltenen Informationen, so erhält man Verbbeschreibungen, die sich wie folgt darstellen lassen: **Beispiel:** *mettre:* <1, 2, 3> *(agent, thème, locatif)* [+ ___ SN SP]. Die Verben sind nicht die einzigen Lexeme, die Syntagmen subkategorisieren. Dies leisten auch Lexeme anderer syntaktischer Kategorien: **Beispiel:** *entre:* [NS, NS] → *entre le mur et la route; libération:* [PS/*de,* PS/*par*] → *la libération des otages par les pirates de l'air; propice:* [PS/*à*] → *propice au changement du droit civil.*

3 Die syntaktischen Funktionen

Zuordnungen	**Syntaktische Funktionen** wie Objekt, Subjekt etc. legen die Relationen fest, die Syntagmen mit ihrem regierenden Satzelement unterhalten. Bei der Untersuchung der syntaktischen Funktionen ist zwischen **Grund-** und **Nebenfunktionen** zu unterscheiden. Die gleiche Grundfunktion kann in einem Satz nur einmal vertreten sein: zwei NSen, beide mit Objekt- oder Subjekt-Funktion, sind ausgeschlossen. Zu den Grundfunktionen gehören das **Subjekt** *(le sujet),* die **prädikative Ergänzung des Subjekts** *(l'attribut du sujet),* das **direkte Objekt** *(l'objet direct),* die **prädikative Ergänzung des Objekts** *(l'attribut de l'objet),* das **indirekte Komplement** *(le complément indirect).* Zu den Nebenfunktionen gehören die verschiedenen **Adjunkte** *(les circonstants,* lokale, temporale, modale, finale, kausale Adjunkte etc.) und die **Apposition** *(l'apposition).*

Beispiel	S[AvS/Adjunkt[Hier] NS/Subj.[le ministre] VS[Verb[a nommé NS/dir.Obj.[M. Gadet] NS/ präd.Erg.[ambassadeur]] PS/Adjunkt[à Dakar]].
	Erklärung: *Hier* ist Adjunkt des Satzes, *le ministre* ist Subjekt des Satzes, *a nommé Monsieur Gadet ambassadeur* ist VS, *a nommé* ist das Verb des VS, *Monsieur Gadet* ist direktes Objekt des Verbs, *ambassadeur* ist die prädikative Ergänzung des direkten Objektes, *à Dakar* ist Adjunkt des Verbs.
Verfahren	Die Tests, die zur Festlegung der Syntagmen dienen, helfen auch bei der Bestimmung der syntaktischen Funktionen. **Beispiel:** *Tes collègues ont élu le substitut de Monsieur Gadet président.* Fragestellung: Welchem Syntagma kommt in diesem Satz die Funktion des direkten Objekts zu? Ersetzt man (**Substitutionsprobe**) jeweils *le substitut de Monsieur Gadet* und *président* durch das Akkusativpronomen *le*, dann lässt sich feststellen, dass das direkte Objekt dieses Satzes *le substitut de Monsieur Gadet (tes collègues l'ont élu président)* und nicht *président* ist, denn die Pronominalisierung von *président* ergibt bei gleich bleibender Intonation (vgl. Verschiebung, S. 125) einen grammatisch nicht akzeptablen Satz (??*tes collègues l'ont élu le substitut de Monsieur Gadet*)[6]. Besonders nützlich bei der Bestimmung des direkten Objekts ist der Test der **Passivierung**, denn nur das direkte Objekt kann als Subjekt eines Passivsatzes vorkommen: **Beispiel:** *Le substitut de Monsieur Gadet a été élu président (par ses collègues)* gegenüber ungrammatischem **Président a été élu le substitut de Monsieur Gadet (par ses collègues)*.

Das Subjekt / Le sujet

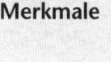

- Innerhalb der **Grundfunktionen** übernimmt das Subjekt eine Vorrangstellung und zwar, weil es im Französischen (im Unterschied zu den anderen romanischen Sprachen, wo das Subjekt auch implizit sein kann) immer explizit ausgedrückt wird.
  Beispiel: **Pleut, *mange une pomme* vs. (span.) *llueve, come una manzana.*
- Die **Bestimmung** des Subjekt-NS lässt sich im *code graphique* auf Grund seiner Kongruenz mit dem Verb feststellen; außerdem kann es durch ein Subjektpronomen (*il, elle* etc.) substituiert werden.

---

6 Fügt man diesem Satz eine Pause nach *élu* hinzu *(tes collègues l'ont élu, le substitut de Monsieur Gadet)*, dann stellt er eine Rechtsversetzung des Syntagmas *le substitut de Monsieur Gadet* dar, aber auf keinen Fall eine Pronominalisierung von *président* (S. 125).

Beispiel: *Sur la route passaient de lourds chariots* → **Sur la route passaient un chariot/De lourds chariots passaient sur la route* → *ils passaient sur la route.*
- Die infiniten Verbformen *(les verbes à mode non personnel)* haben **kein Subjekt** und werden daher von einem im Satz enthaltenen Subjekt indirekt kontrolliert.
Beispiel: «*Paul a promis de venir:* le „contrôleur" de venir est Paul» (Le Goffic 1993:133).
- Das Partizip und das Gerundium stützen sich auf ein **naheliegendes** NS *(voyant cela, Paul a fermé la porte).*
- Subjektfunktion können außer NSen (dazu gehören u. a. nominalisierte Ausdrücke wie z. B. *le mieux*) auch ***que*-Nebensätze** *(complétives)*, Konstruktionen mit dem **Infinitiv**, freie **Prononominalsätze** (d. h. Relativsätze ohne Antezedens, *intégratives pronominales*, vgl. Le Goffic 1993:46) übernehmen.
Beispiele: *Le mieux est d'y aller; que cela ne fonctionne pas prouve mon hypothèse; de te voir ici m'étonne; qui vivra verra.*
- Semantisch betrachtet übernimmt das Subjekt in der Regel die Rolle des Agens oder des Experiencer. Andere semantische Rollen (Thema, Empfänger) sind jedoch durchaus möglich.
Beispiel: *Le paysan* (Subjekt, Agens) *brûle les mauvaises herbes* (dir. Objekt, Thema)·
Les mauvaises herbes (Subjekt, Thema) *brûlent*[7].

Das direkte Objekt / *Le complément d'objet direct*

Merkmale

- Das direkte Objekt ist ein NS, das **direkt** (d. h. ohne Präpositionen) **vom Verb abhängt**. Diese Funktion können bei bestimmten Verben auch *que*-Sätze *(je sais que...)*, der Infinitiv *(je pense venir demain)* oder freie Pronominalsätze *(dis-moi qui va y aller!)* ausüben. Das direkte Objekt ist nicht frei beweglich und kann nicht durch ein AS ersetzt werden.
Beispiele: *Paul aime sa voiture* → **Paul sa voiture aime* → **Sa voiture aime Paul. Paul voit le danger* → **Paul voit dangereux.*
- **Semantisch** betrachtet fällt dem direkten Objekt in der Regel die Thema- oder Patiens-Rolle zu. Andere semantische Rollen (z. B. Experiencer) sind möglich.
Beispiele: *Son geste a étonné tout le monde*(dir. Objekt/Experiencer)·
- Das direkte Objekt muss genauso wie das Subjekt ausgedrückt werden. Seine **Auslassung** (**implizites** direktes Objekt) lässt sich kommunikativ erklären. Denn sie ist nur dann möglich, wenn der Kern der Aussage der Sachverhalt an und für sich ist.
Beispiele: *Paul mange (il a arrêté de travailler et maintenant il est en train de manger). Arrête de bavarder et mange!*

	Dass das Verb transitiv ist, beweisen Sätze wie *Paul mange épicé*, in denen „cet objet virtuel (...) peut néanmoins être qualifié" (LE GOFFIC 1993:235).
Ausnahmen	Problematische Fälle stellen artikellose Objekte dar, wie *Damien a peur, froid, soif, sommeil; Clarisse fait faillite, sensation* etc. sowie Zeit- und Mengenangaben des Typs *le matin, il partit; la porte mesure deux mètres*, die, wie ihre Resistenz gegen den Pronominalisierungs- und Passivierungstest zeigt, nicht als echte Objekte funktionieren. **Beispiel:** *Paul a peur* →* *La peur a été (par Paul)* → **Paul l'a*. Anzunehmen ist, dass Ausdrücke wie *avoir faim, soif* etc. beinahe feste Wendungen sind, in denen das artikellose Substantiv den lexikalischen Bestandteil liefert, während das Verb *avoir*, wie bei den zusammengesetzten Tempora, als Träger der morphologischen Markierung (Tempus, Person etc.) dient. Bei den Syntagmen, die Zeit- und Mengenangaben liefern, liegt dagegen eine Diskrepanz zwischen ihrer syntaktischen Realisierung als NS, welches rein formal einem direkten Objekt entspricht, und ihrer semantischen Rolle vor, welche normalerweise durch PSen ausgedrückt wird.

Prädikative Ergänzung des Subjekts und des Objekts/*Attribut du sujet et de l'objet*

Definition	Prädikative Ergänzungen sind nicht-verbale Ausdrücke, deren Inhalt ein zum Subjekt oder Objekt gehörendes Merkmal prädiziert.
Merkmale Subjektsergänzung	**Prädikative Ergänzungen des Subjekts** benötigen im Französischen ein Verb als morphologischen Träger der Prädikation. Die Zahl der Verben, die eine prädikative Ergänzung des Subjekts zulassen, ist beschränkt. Die wichtigsten unter ihnen sind die Kopula-Verben *être, rester, devenir, sembler, paraître*; sie subkategorisieren NSen, PSen und ASen. Prädikative Subjektergänzungen können obligatorisch oder fakultativ sein. Sind sie fakultativ, stützen sie sich sowohl auf transitive als auch intransitive Verben. Beispiele: ■ **Obligatorische:** *Gégé est malade; Paul devient médecin; Paul est un bon médecin; Léa semble triste; Marie est très BCBG (bon chic, bon genre*, LE GOFFIC 1993:197); *il passe pour idiot*.

---

7 Verben wie *brûler, augmenter, couler* etc., die sowohl transitivisch als auch intransitivisch sein können, heißen **unakkusative Verben**. Vgl. MÜLLER/RIEMER (1998:197).

■ **Fakultative:** *il a vécu heureux; Paulette a fini la course très éprouvée; il tomba amoureux de Louise* (LE GOFFIC 1993:360–364).
Besonderheit: Die prädikative Subjektergänzung kann nicht als Subjekt eines Passivsatzes vorkommen, sie lässt dennoch die Pronominalisierung mit *le* zu.
Beispiel: *Paul est un bon médecin; *Un bon médecin a été (par Paul); Paul l'est déjà (un bon médecin).*

Merkmale Objektsergänzung

Die prädikative Ergänzung des Objekts ist eine Relation, die sich innerhalb des VS abspielt. Sie erlaubt die Zuweisung eines NS, AS oder PS zum direkten Objekt. Die Zahl der Verben, die Syntagmen mit der syntaktischen Funktion einer prädikativen Objektergänzung subkategorisieren, ist begrenzt. Die häufigsten sind *nommer, considérer comme, tenir pour, rendre, trouver, élire* etc.
Beispiele: *Cette situation rend ma mère malade; je trouve son comportement admirable; c'est lui qui l'a nommée directrice.*
■ Auch prädikative Objektergänzungen können fakultativ sein.
Beispiele: *Nous avons quitté Marie rassurée; il mange les tomates vertes. On les a choisis sans défaut* (LE GOFFIC 1993:364–365).
■ Die Unterscheidung zwischen **obligatorischen** und **fakultativen** prädikativen Ergänzungen ist nicht immer einfach. LE GOFFIC (1993:361) äußert sich darüber wie folgt:
„Selon les cas, la relation de l'attribut accessoire au verbe peut être plus ou moins étroite: il existe en fait un continuum, depuis l'attribut essentiel, inséparable du verbe, jusqu'à un fonctionnement délié du verbe, en passant par le stade des attributs accessoires, ce continuum se traduisant par le passage graduel d'une construction très liée à une construction franchement détachée" (Vgl. Apposition, S. 122).

Die indirekten Komplemente/*Les compléments indirects*

Merkmale

Die indirekten Komplemente sind PSen (möglich sind auch Nebensätze), die vom Verb regiert werden. Ist das Verb ditransitiv, werden sie von einem direkten Objekt oder einem weiteren indirekten Komplement begleitet (vgl. LE GOFFIC 1993:337–357 und RIEGEL/PELLAT/RIOUL ³1997:223). *A-* und *de-*Komplemente sind durch *lui, y* und *en* (im Einzelfall sind dabei jedoch viele semantische und formale Restriktionen zu berücksichtigen) pronominalisierbar. Beispiele: ***à:*** *penser à la solution (y penser), je renonce à poursuivre mes études; (j'y renonce);* ***de:*** *profiter de la situation (en profiter), ses difficultés viennent de ce qu'il ..., cette sculpture vient d'Afrique, il a parlé de ce problème avec les locataires (il en a parlé avec les locataires);* ***en:*** *cette œuvre consiste en trois gros volumes;* ***pour:*** *j'opte pour la deuxième solution.*

Methodologisches Problem	Anzumerken ist, dass die Behandlung der indirekten Komplemente von Werk zu Werk unterschiedlich sein kann. So gewähren manche Grammatiken den indirekten Komplementen des Typs *à* NS und *de* NS, die sich jeweils durch die Dativpronomina und den Obliquus *en* substituieren lassen, eine Vorrangstellung und heben sie terminologisch gegenüber den übrigen hervor (z. B. „indirektes Objekt" für *à* NS). Wir nehmen diese Unterscheidung hier nicht vor.
Strukturelle Probleme	Die Festlegung der indirekten Komplemente eines Satzes ist nicht immer einfach und hängt von der Intensität der zwischen Verb und Komplement existierenden Bindung ab. Außerdem wird sie dadurch erschwert, dass viele Verben die Auslassung ihrer Komplemente zulassen oder mehrere Subkategorisierungsrahmen aufweisen: ein klares Indiz, dass die Stärke der Bindung zwischen dem Verb und seinen Komplementen eine skalare Größe ist. Am stärksten gebunden ist das direkte Objekt, dann kommen die Komplemente, die sich mit Dativpronomina, *en* oder *y* pronominalisieren lassen; an der letzten Stelle befinden sich die übrigen PSen, welche außerdem auch schwächere Positionsrestriktionen aufweisen. Das erklärt auch, weshalb die üblichen Tests bei der Bestimmung der indirekten Komplemente nicht immer befriedigende Ergebnisse liefern können. **Beispiele:** Ce gouvernement a sympathisé <u>avec le syndicat</u>; Tilgung: *Ce gouvernement a sympathisé; je songe <u>à changer mon style de vie</u>; Tilgung: *je songe; Pronominalisierung: J'y songe; il s'était habitué à sa nouvelle habitation; Pronominalisierung: il s' y était habitué. Tilgung: il s'était habitué (auch ohne Komplement ist der Satz wohlgeformt). **Fazit:** Es sollte demzufolge nicht verwundern, wenn der Unterschied zwischen manchen indirekten Komplementen des Verbs und den Adjunkten schwer ermittelbar ist.

Fakultative Komplemente: Die Adjunkte/*Les adjoints*

Merkmale	■ Adjunkte sind Syntagmen, in der Regel PSen, AvSen und äquivalente Nebensätze mit finitem oder infinitem Verb, die nicht vom Verb subkategorisiert werden. „En principe, le circonstanciel (l'adjoint, L.G.F.) à la différence des autres compléments, ne dépend pas d'un autre constituant de la phrase; il tire en quelque sorte son interprétation de sa combinaison avec sa préposition: le sens de *à l'automne* ou *sur la table*, opposés par exemple à *en automne* ou *sous la table*, résulte des relations entre la préposition *à* et le sens du nom *automne*" (MAINGUENEAU 1994a:91).

Die Bedeutung von *à Marie* in *je l'ai donné à Marie* hängt dagegen nicht von der Präposition *à*, sondern von der Relation dieses PS zum Verb ab.

- Semantisch betrachtet können Adjunkte Werte sehr unterschiedlicher Natur (temporal, lokal, modal, kausal, konditional, final, konzessiv etc.) übernehmen.
  Beispiele: *Il arrive <u>de bonne heure</u>$_{(Adj./Temp.)}$; je pars <u>quand il arrive</u>$_{(Adj./Temp.)}$; il parle <u>encore plus maladroitement</u>$_{(Adj./Modal)}$; il est né <u>à Lyon</u>$_{(Adj./Lok.)}$.*

- Als fakultative Satzelemente können sie verschoben oder getilgt werden.
  Beispiel: *J'ai mangé un gâteau délicieux <u>à la fête de Marie</u>* → *À la fête de Marie, j'ai mangé un gâteau délicieux.*

- Die Zahl der Adjunkte ist, abgesehen von Einschränkungen kommunikativer Natur, unbegrenzt.
  Beispiel: *Hier vers cinq heures, quand tu es rentré, Paul avait sans doute déjà acheté les cigarettes malgré l'interdiction que...*

| Typologie | Adjunkte lassen sich nach der Art der Satzteile klassifizieren, die sie modifizieren können. |

- Sie modifizieren das Verb oder das VS:
  Les enfants parlent <u>à voix basse</u>; Marie travaille <u>à son livre</u>.
- Sie modifizieren den ganzen Satz:
  <u>Une semaine plus tard,</u> le navire avait rejoint le vieux continent.
- Sie modalisieren den propositionalen Inhalt des Satzes:
  <u>Sans doute</u> Jules a-t-il eu des problèmes.

Fakultative Komplemente: Apposition

| Merkmale | Die appositive Funktion kann von NSen, ASen, PSen und Relativsätzen[8] ausgeübt werden; durch Apposition lassen sich sowohl Syntagmen als auch Sätze modifizieren; semantisch betrachtet steht die Apposition in einem Koreferenzverhältnis zum sprachlichen Element, auf das sie sich bezieht, und zwar in dem Sinne, dass beide Ausdrücke auf den gleichen Referenten der Außenwelt hinweisen. |

Beispiele: *Corneille, <u>ce formidable écrivain</u>, naquit à Rouen;*
Ici, <u>dans cette petite pièce</u>, il a très mal vécu.
Ce village, <u>que j'adore</u>, se trouve tout près de Marseille.

| Distribution | Appositive ASen können im Unterschied zu den anderen Syntagmen eine von ihrem Bezugselement entfernte Position belegen. |

Beispiel: *Elle chante toute la journée, <u>heureuse</u>;* **Corneille naquit à Rouen, <u>ce formidable écrivain</u>,....*

Kritik

Viele Grammatiken zählen zur Apposition auch Konstruktionen wie *La ville de Paris, le mois de mars, le peintre Manet* etc., welche dagegen eher wie im Fall von *la notion d'intelligence, le métier de médecin* als Komplemente des vorangehenden NS zu betrachten sind.

(Ces constructions L.G.F.) „n'ont rien d'appositif. Elles sont pourtant souvent assimilées à des appositions (cf. l'analyse traditionnelle de *la ville de Paris*) pour la seule raison qu'elles marquent une relation d'identité référentielle entre le nom et son complément" (RIEGEL/PELLAT/RIOUL ³1997:188).

Abschließender Überblick

Schema

Das folgende Schema bietet einen Überblick über die dargestellten syntaktischen Funktionen und die hierarchischen Beziehungen zwischen den verschiedenen Satzteilen.

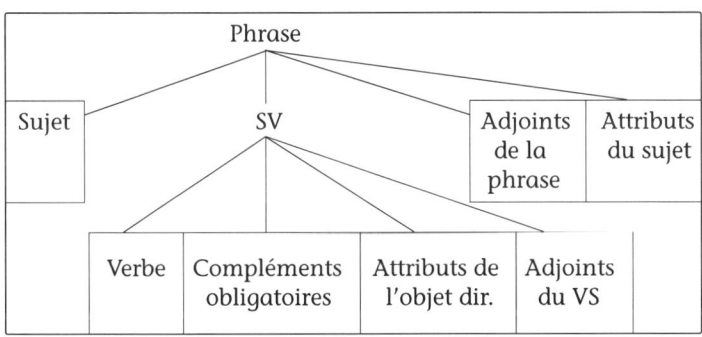

4 Die Kongruenz / *L'accord*

Funktionen und Funktionsträger

Für die Syntax sind Kongruenzerscheinungen dann interessant, wenn ihre Auswirkung über die Grenze des Syntagmas hinausreicht und den Satz als Ganzes betrifft.

Zu den Kongruenzerscheinungen, die diese Eigenschaft aufweisen, zählen einerseits der *accord* in Person und Numerus zwischen dem Verb und seinem Subjekt, andererseits Tempus-, Modus- und Aspektmarkierung des finiten Verbs.

---

8 Relativsätze werden von Relativpronomina eingeführt und modifizieren ein NS. Dem appositiven Relativsatz steht der restriktive gegenüber. Das Hauptmerkmal der restriktiven Konstruktion liegt darin, dass das Antezedens, auf das sich das Relativpronomen bezieht und das als Kopf des NS dient, referentiell zu ungenau ist, um allein als Satzsyntagma zu fungieren *(il cherche [les documents [que vous lui avez donnés hier]]).*

Satzrelevanz
- Die Kongruenz zwischen Subjekt und Prädikat ist satzrelevant, weil, wie die folgenden Infinitivkonstruktionen deutlich beweisen, erst durch ihre Aktivierung ein Satz überhaupt zustande kommen kann: *Paul finir son travail, *les enfants dormir.
- Die von der verbalen Flexion oder durch Auxiliarverben vermittelten Markierungen für die morphologischen Kategorien Tempus, Modus und Aspekt (S. 135) sind satzrelevant, weil sie die Darstellung des vom Satz ausgedrückten Sachverhalts in seiner Ganzheit (und nicht nur das Prädikat) betreffen: nicht das VS ist im Präsens, Imperfekt oder Konditional, sondern der Satz als Synthese eines Subjekts und eines Prädikats: *Julie aurait envie de voyager.*

5 Kommunikativ bedingte Änderungen der Satzstruktur

Informationsverteilung
Kommunikativ betrachtet besteht die kanonische Form des Satzes (NS + VS) aus **zwei** Elementen, die in Bezug auf die vermittelte Information zwei verschiedene kommunikative Funktionen ausüben: das **Thema** (auch Topik, *thème*) und das **Rhema** (auch Comment, Fokus, *propos*).

Definitionen
- Das **Thema** ist der Informationsteil, der durch den Kontext oder den bereits produzierten Ko-text *(S. 87, Fußnote 2)* vorgegeben und vom Sprecher beim Hörer als bekannt vorausgesetzt ist, d. h. die für den Hörer verfügbare Information. In der kanonischen Satzstruktur stellt das Thema den Ausgangspunkt der Mitteilung dar.
- Das **Rhema** ist die neue Information und entspricht daher dem Informationsteil, der für den Hörer am relevantesten ist. Im Prinzip ist die neue Information, d. h. der rhematische Teil, in kommunikativ neutralen Aussagen im rechten Satzteil lokalisierbar.
  Beispiel: *Tu as vu Paul*$_{Rhema}$? *Eh bien, il*$_{Thema}$ *a obtenu un poste exceptionnel*$_{Rhema}$!

Kommunikative Funktion
Anzumerken ist, dass Thema und Rhema keine oppositiven, sondern graduelle, dynamische Größen sind.
„Das Thema hat den geringsten, das Rhema den höchsten Grad an kommunikativer Dynamik (...) In der Zone des Übergangs befindet sich in der Regel das Verb" (BUSSMANN ²1990:785).
Beispiel: So ist ein rhematischer Ausdruck wie *son poste* in *Tu as vu Paul*$_{Rhema}$? *Eh bien, il*$_{Thema}$ *a obtenu son poste*$_{Rhema}$! kommunikativ betrachtet auf Grund des Possessivs, welches ein Zeichen dafür ist, dass der Sprecher bei dem Hörer die Kenntnis des angesprochenen Referenten (eine Beamtenstelle X) voraussetzt, weni-

ger rhematisch (bzw. dynamisch) als das im vorigen Beispiel durch *un*[9] determinierte NS (*un poste exceptionnel*).

Sätze, in denen jeweils das Thema mit dem Subjekt und das Rhema mit dem Prädikat zusammenfallen, vermitteln kommunikativ neutrale, d. h. nicht-markierte, Aussagen.

Eine Ausnahme bilden diesbezüglich Präsentativsätze des Typs *il y a deux films qui m'intéressent* und unpersönliche Konstruktionen wie *il arrive un navire,* die kommunikativ auf Grund der Tatsache, dass ihr Subjekt (*il*) ein bloßer Platzhalter ohne jegliche semantische Rolle ist, als globale Rhemata zu interpretieren sind.

Markierte Syntaxstrukturen

Prinzip

Die Satzstruktur gilt als **syntaktisch markiert**, wenn der Sprecher, um manche Informationsteile in den Vordergrund oder Hintergrund zu rücken, die kanonische Grundstruktur modifiziert.

Das formale Grundprinzip jeder kommunikativ bedingten Markierung der Satzstruktur ist die **Verschiebung** eines bzw. mehrerer Syntagmas/en außerhalb der phrasalen Matrixstruktur.

Typologie

Zu den häufigsten Verschiebungsverfahren zählen die **Links- und Rechtsversetzung** (*dislocation à gauche et à droite*) und die **Topikalisierung** *(la topicalisation)*. Kommunikativ markiert sind außerdem **Spalt-** und **Sperrsätze** *(phrases clivées et pseudo-clivées)*.

Links-/ Rechts versetzungen

Links- und Rechtsversetzungen kommen dadurch zustande, dass ein vom Verb subkategorisiertes Syntagma außerhalb des Satzrahmes verschoben wird, wobei seine ursprüngliche Satzstelle durch ein Klitikum angezeigt wird. Die formale Umstrukturierung ist von einer Änderung der Satzintonation begleitet, die meist in einer kurzen Pause hinter den versetzten Elementen besteht und graphisch durch ein Komma angezeigt wird. Wird das Syntagma über den linken Satzrahmen hinaus verschoben, handelt es sich um eine Linksverschiebung; ist der rechte Satzrand betroffen, um Rechtsversetzung. Versetzen lassen sich auch mehrere zum gleichen Satz gehörende Syntagmen. Beispiele:

---

9 Sehr vereinfacht kann man sagen, dass unbestimmte Determinatoren, wie der unbestimmte Artikel, rhematisch sind, weil sie dazu dienen, neue Referenten in die Diskurswelt des Sprechers einzuführen. Determinatoren wie der bestimmte Artikel und die Possessive sind dagegen thematisch orientiert, weil sie in der Regel erst dann verwendet werden, wenn sich das NS auf Referenten bezieht, die bereits in der Diskurswelt der Sprecher enthalten sind.

Linksversetzung: <u>le livre</u>, je ne l'ai pas trouvé; <u>à ma mère</u>, <u>ce produit</u>, je <u>le</u> <u>lui</u> ai déjà indiqué.
Rechtsversetzung: Je ne <u>l</u>'ai pas trouvée, <u>sa direction</u>; je ne <u>le lui</u> donne pas, <u>ton numéro de téléphone</u>, <u>à Louise</u>.

Funktion: Sowohl die Links- als auch die Rechtsversetzung lassen sich generell als Signale der **thematischen Entwicklung** (Progression) interpretieren. Das verschobene Element der Linksversetzung erlaubt es, ein Syntagma als Thema zu präsentieren, das sich in der Regel auf Grund seiner syntaktischen Funktion nur rechts vom Verb befinden kann. Ist das versetzte Element ein Subjekt (*moi, j'y vais*), dient es zur Sicherung des als bekannt vorausgesetzten Inhalts; die Rechtsversetzung „benutzt man typischerweise, wenn man die Referenz des klitischen Pronomen zunächst als gesichert behandelt hat, sie dann sozusagen nachträglich noch weiter absichern will" (SCHWARZE ²1995:790).

Topikalisierungen

Topikalisierungen sind funktionell der Linksversetzung vergleichbar; sie unterscheiden sich jedoch formal von dieser, denn das verschobene Element wird durch kein Klitikum im Satz vertreten. Die lose Wiederholung eines bereits erwähnten Ausdrucks sichert die Kohäsion zum Vortext; sie unterliegt jedoch Restriktionen semantischer Natur, denn nicht alle Verben ermöglichen die Topikalisierung ihrer Komplemente.
Beispiel: <u>A moi</u>, elle le donnera sûrement.

Spaltsätze

Spaltsätze entstehen dadurch, dass ein Satzsyntagma XS aus seinem Matrixsatz entfernt und in einen Präsentativsatz des Typs *c'est XS que/qui* integriert wird. Der Präsentativsatz wird dem Matrixsatz vorangestellt. Das abgespaltene Syntagma kann funktionell ein Subjekt, Objekt, indirektes Komplement, Adjunkt oder Komplement eines prädikativen Adjektivs sein.
Beispiel: Paul a mangé → C'est <u>Paul</u> qui a mangé; Paul a mangé la tarte → C'est <u>la tarte</u> que Paul a mangée; Nathalie est amoureuse de Jean → C'est <u>de Jean</u> que Nathalie est amoureuse.

Spaltsätze erlauben die Hervorhebung des Rhemas. Das herausgenommene Syntagma wird oft als **Fokus** bezeichnet, weil es sich kommunikativ einem weiteren Syntagma entgegensetzt:
Beispiel: C'est à Bordeaux que j'ai vécu (et non pas à Grenoble).

Sperrsätze

Sperrsätze stellen eine Synthese zwischen Linksversetzung und Spaltsatz dar. Das erste linksangebundene Element ist ein Relativsatz des Typs *ce que* + NS + VS, darauf folgt ein Präsentativsatz mit *c'est*.
Beispiel: J'ai vendu ma voiture → Ce que j'ai vendu, c'est ma voiture.

Auch Sperrsätze erlauben die kommunikative Fokussierung des rhematischen Teils.

5 Integrierte Strukturen und Funktionen: Überblick

Schema

Das folgende aus LE GOFFIC (1993) adaptierte Schema soll einen Überblick über das komplexe Zusammenspiel der vorgestellten Untersuchungsebenen der Syntax bieten.

Verb	ALLER (2 Argumente: Agens, Lokativ)		
Satz	Elles	sont allées	à Paris
Semantische Rolle	Agens	Sachverhalt	Lokativ
Grundstruktur	Subjekt	Prädikat	
Syntagmenstruktur	NS	VS	PS
Funktionen	Subjekt	(Verb)	ind. Kompl.
Kongruenz	Fem./Plur.	Fem./Plur.	- - -
Thema/Rhema	Thema	Rhema	

6 Literatur

Zu 2, 3 und 4

ABEILLÉ (1993), GARDES-TAMINE (²1990, Bd. 2), LE GOFFIC (1993), MAINGUENEAU (1994a) RIEGEL/PELLAT/RIOUL (³1997), SCHWARZE (1995), MÜLLER/RIEMER (1998).

KAPITEL 6 Morphologie des Französischen

1 Vorbemerkung

Zielsetzung

Dieses Kapitel befasst sich mit der **syntagmatischen** und der **lexikalischen Morphologie** (Formenlehre und Wortbildungslehre). Während jedoch von der lexikalischen Morphologie eine allgemeine Darstellung geboten wird, soll bei der syntagmatischen Morphologie (von der es in den meisten Grammatiken des Französischen ausführliche Beschreibungen gibt) ein einziges Thema – die Genusmarkierung der Substantive und der Adjektive, und zwar aus dem Blickwinkel der Opposition *code graphique* vs. *code phonique* – illustriert werden.

2 Grundbegriffe der Morphologie

Syntagmatische und lexikalische Morphologie

Die **Morphologie** *(la morphologie)*, d.h. die „Lehre von der Form", befasst sich mit den formalen Veränderungen von Lexemen.

Zu der romanischen und daher auch französischen Morphologie zählen im Einklang mit der traditionellen Grammatikographie und der historischen Grammatik des 19. und 20. Jh. die syntagmatische Morphologie *(la morphologie syntagmatique)* und die lexikalische Morphologie *(la morphologie lexicale)*:

- Die **syntagmatische Morphologie** untersucht und beschreibt die formalen Verfahren (z.B. Flexion), durch die Lexeme grammatische Kategorien (Genus, Numerus, Tempus, Aspekt, Kasus etc.) zum Ausdruck bringen.
  Beispiele: Tempus: *il va acheter, il détien-dra / déten-ait*; Numerus: *la fille de Julie / les filles de Julie*; Kasus: *qui, que* etc.
  Auch gehört die Klassifizierung der Lexeme in Wortarten (Nomen, Adjektiv, Verb etc., S. 114) zu den Aufgaben der syntagmatischen Morphologie.
- Die **lexikalische Morphologie** untersucht, wie von einer Basiseinheit ausgehend durch Hinzufügung von Affixen [**Ableitung** *(dérivation)*] oder Verbindung mehrerer Lexeme [**Zusammensetzung** *(composition)*] komplexe Lexeme *(mots complexes)* zustandekommen.
  Beispiele: *Réal → réal-is(er) → réal-is-able → ir-réal-is-able; épluche-légumes; esprit-de-sel; ontologie → palé(o)ontologie → palé(o)ontolog-ique*.

Kritik	Manche Ansätze stehen dieser Einteilung kritisch gegenüber und betrachten die lexikalische Morphologie als ein autonomes Forschungsgebiet der Linguistik. Eine Rechtfertigung findet diese Ansicht durch die unterschiedlichen Funktionen, die die syntagmatische und die lexikalische Morphologie übernehmen. Denn während die eine die Übertragung von grammatischen Informationen gewährleistet, trägt die andere zur Erweiterung des Lexikons bei.
Terminologische Festlegung	Von der Beobachtung ausgehend, dass auf beiden Gebieten das Morphem die grundlegende Forschungsgröße darstellt, soll hier die syntagmatische und die lexikalische Morphologie als zum selben Forschungsfeld gehörend betrachtet werden.

1 Lexem statt Wort

Problematik	Traditionsgemäß gilt das **Wort** als die grundlegende Forschungseinheit der Morphologie. Eine eindeutige Bestimmung des Konzepts „Wort" stößt jedoch, nicht zuletzt seiner Anwendung in der Alltagssprache wegen, auf verschiedene Hindernisse. **Beispiele:** Sind *enchanteur, enchanteresse, enchanteurs, enchanteresses* vier Wörter? Oder sind sie vier grammatische Formen des gleichen Wortes? Ist *machine à laver* als ein oder drei Wörter zu betrachten? Wie lassen sich Fälle wie *s'envoler* vs. *s'en aller* interpretieren?
Lösung	Bei dem Versuch, diese Widersprüche zu überwinden, haben sich vor allem **zwei Strategien** durchgesetzt: 1. Substituierung des Worts durch das Morphem als grundlegender Forschungseinheit der Morphologie. 2. Vermeidung des Terminus Wort zugunsten von **Lexem**, einem strukturalistisch geprägten Konzept, das trotz leichter Interpretationsschwankungen folgendermaßen definiert wird:
Definition	Ein Lexem ist eine abstrakte, d. h. der *langue* zugehörende, Spracheinheit, die aufgrund ihrer grammatischen Anpassung an einen gegebenen Sprachkontext *(parole)* verschiedene Realisierungsformen **(Wortformen)** annehmen kann. Als Lexeme zu betrachten sind auch aus mehreren Wortformen bestehende Spracheinheiten, wenn sie **lexikalisiert** sind, d. h. wenn ihre Teilelemente sowohl formal als auch inhaltlich eine Synthese bilden, die keine formale Veränderung erlaubt. **Beispiel:** **(Une) machine moderne à laver.* Die Summe der Lexeme einer Sprache stellt ihr **Lexikon** dar.

2 Morphologie phonique[1] et graphique

Divergenz

Beim Erwerb des Französischen ist sehr schnell festzustellen, dass Aussprache und Schrift zwei stark divergierende Erscheinungen darstellen.

Ursachen

Das Auseinanderklaffen von Aussprache und Schrift lässt sich primär dadurch erklären, dass die Orthographie des Französischen eine z. T. statische, historisch bedingte Erscheinung ist, die keine äquivalente Darstellung der dem Sprachgebrauch und deshalb der Variation ausgesetzten phonetischen Realisierung leisten kann. Diese Diskrepanz wird dadurch verstärkt, dass die französische Orthographie Laute, die dem Latein fremd waren, seit jeher durch das tradierte und z. T. ungeeignete lateinische Buchstabeninventar wiedergibt. Noch komplexer gestaltet sich das Verhältnis zwischen graphischer und phonetischer Form, wenn man bedenkt, dass das Prestige des Geschriebenen stets die Tendenz fördert, Buchstaben erneut auszusprechen, denen in der gesprochenen Sprache längst kein tatsächliches Phonem mehr entspricht.

Beispiele: Bereits im 17. Jh. wurde das heute in der Endung übliche [-ʀ] von Verben wie *finir* und *dormir* nicht mehr ausgesprochen; das inzwischen verstummte [-p-] von *dompteur* wird tendenziell erneut realisiert.

Konsequenz

Auch die Morphologie ist in vieler Hinsicht von dieser Dualität betroffen, denn die geschriebenen Texte halten einen sprachlichen Morphologiezustand aufrecht, der im Gesprochenen längst nicht mehr oder nur noch zum Teil vorhanden ist.

Beispiele: In der geschriebenen Sprache werden Person und Numerus beim Verb durch Flexionsendungen markiert. Im Gesprochenen sind Flexionsmarkierungen nur noch bei der vierten und fünften Person [paʀl-õ/-e] vorhanden, sonst werden Person und Numerus – und auch in diesem Fall lückenhaft (vgl. die dritte Person Plural) – ausschließlich durch die Klitika angezeigt: [ʒə], [ty], [il]/(sing./plur.) [paʀl]*(parle/-s/-ent)*, [paʀlɛ]*/(parlais/-t/-aient)*.

Die Linguistik berücksichtigt diese Dualität, indem sie zwischen **code graphique** und **code phonique** unterscheidet. Beide Ebenen können als adäquate Forschungsobjekte betrachtet werden. Dennoch kommt dem *code phonique* aufgrund des Primats der gesprochenen Sprache *(S. 11)* eine hervorgehobene Bedeutung zu.

3 Das Morphem / *Le morphème*

Lokalisation im System

Das Morphemkonzept wurzelt im Strukturalismus. Seine besondere Ausprägung fand es außer im amerikanischen Distributionalismus (BLOOMFIELD, *S. 17*) in der Theorie der *double articulation* (zweifachen Gliederung der Sprache) des französischen Funktionalisten MARTINET (*1908). Sprachen sind demzufolge **Zeichensysteme**, deren Besonderheit darin liegt, mit einer relativ kleinen Anzahl von Lauten (**zweite Gliederungsebene**) Tausende von kleinsten mit Bedeutung versehenen Einheiten – die Morpheme oder auch Moneme – bilden zu können (**erste Gliederungsebene**), aus deren Zusammensetzung wiederum eine nahezu unbegrenzte Zahl von Lexemen gebildet werden kann.

Definition

Ein Morphem wird demzufolge als das **kleinste bedeutungstragende Zeichen** einer Sprache verstanden *(l'unité langagière minimale porteuse de sens)*. Morpheme stellen die Synthese eines *signifiant* und eines *signifié* dar. Ihre weitere Zerlegung würde aufgrund des eintretenden Bedeutungsverlustes diese Synthese aufheben und das Morphem auflösen.
Beispiel: Das Konzept „Blume" ist im Französischen an die Lautkette [flœʀ] gekoppelt. Diese zwei Entitäten bilden zusammen das lexikalische Morphem {/flœʀ/}.

Morph, Allomorph, homonyme Morphe

Analysemethode

Das Verfahren, das zur Herstellung des Morpheminventars einer Sprache führt, heißt **Morphemanalyse**. Die wichtigsten Etappen der Morphemanalyse sind:
- die **Segmentierung** eines gegebenen Korpus in **Morphe** anhand der Bildung von **Minimalpaaren** und der **Kommutationsprobe**;
- die **Klassifizierung** der Morphe zu **Morphemen**.

Beispiel

Gegeben sei ein aus den Lexemen *manger, mangeable, penser, pensable* bestehendes und phonologisch transkribiertes Korpus:

Korpus	Morphe
[mɑ̃ʒ-e] [pɑ̃s-e] [mɑ̃ʒ-abl] [mɑ̃ʒ-e]	[mɑ̃ʒ-], [pɑ̃s]
[mɑ̃ʒ-abl] [pɑ̃s-abl] [pɑ̃s-abl] [pɑ̃s-e]	[-e], [-abl]

Erklärung

Morphe lassen sich durch den paarweisen Vergleich von Lexemen herausfinden: stellt man [mɑ̃ʒ-abl] und [mɑ̃ʒ-e] gegenüber, so lässt sich das Morph [mɑ̃ʒ-] identifizieren. Ob [-e] und [-abl] auch Morphe und nicht bloß bedeutungslose Lautfolgen sind (das wäre synchronisch betrachtet z. B. der Fall bei [-kɔs] in *précoce*), lässt sich mit der gleichen Vorgehensweise überprüfen. Aus der Gegenüberstellung von [mɑ̃ʒ-abl] und [pɑ̃s-abl] geht hervor, dass

---

1 Zu den Transkriptionen mit dem phonetischen Alphabet vgl. Anhang, *S. 158.*

-able aufgrund seiner Distribution und Funktion als ein Morph des Französischen einzustufen ist. Das gleiche Verfahren ist bei den übrigen Lautfolgen anzuwenden. Daraus resultieren vier Morphe, d. h. vier noch nicht klassifizierte Sprachzeichen

Die Klassifizierung dient dazu, die identifizierten Morphe jeweils einem Morphem, d. h. einer mit Bedeutung versehenen Einheit der *langue*, zuzuordnen. Unserem Korpus ist zu entnehmen, dass das Französische über ein Morphem {/mɑ̃ʒ-/} verfügt, dessen Bedeutung sich mit *absorption d'aliments* umschreiben lässt und als Baustein für die Bildung mehrerer flektierter oder abgeleiteter Wortformen fungiert (*manger, mangeur, mangeaille, mangeable* etc.). Außerdem läßt sich ein Morphem {/-abl/} identifizieren, dem die Bedeutung *qui peut être* zukommt, usw.

Varianten

Morphe, die trotz formaler Unterschiede das gleiche grammatische Verhalten (Distribution) und die gleiche Bedeutung aufweisen, sind Varianten des gleichen Morphems und heißen **Allomorphe**. Sie werden in **kombinatorische** und **freie Varianten** *(variantes contextuelles ou libres)* eingeteilt.

■ **Kombinatorische Varianten** sind kontextabhängig; sie können nicht untereinander kommutieren und entstehen aufgrund phonetischer, morphologischer oder syntaktischer Restriktionen.
Beispiel: Ein Fall morphophonologisch bedingter Allomorphie liefert die Distribution der Allomorphe des Morphems {*2ᵉ personne verbale, plurielle*}. Denn das Allomorph [-t]/*-tes (aimâtes)* wird, wie *aimiez, aimerez, aimeriez, aimassiez* mit ihrem Morph [-e]/*-ez* zeigen, durch [-a-], ein Morph des Morphems {*passé simple*}, ausgelöst.

■ **Freie Varianten** sind kontextunabhängig; sie können also untereinander frei wechseln. Das ist z. B. bei [jauʀ] / [jauʀt] *(yaourt)* und [jɔguʀt] *(yog(h)ourt)* der Fall.

Zu berücksichtigen ist, dass die Morphemanalyse nicht von der geschriebenen, sondern von der gesprochenen Form auszugehen hat, denn Morpheme stellen primär eine lautliche Erscheinung dar. So sind die Sequenzen *mang-* und *mang(e)-*, durch die das Geschriebene das Morphem {/mɑ̃ʒ-/} wiedergibt, orthographische Varianten desselben, jedoch keine Allomorphe von {/mɑ̃ʒ-/}.

Homonyme

Das Gegenstück zu den Allomorphen stellen die **homonymen Morphe** dar.

Homonyme Morpheme liegen vor, wenn dieselbe Form zwei oder mehrere Bedeutungen aufweist.
Beispiele: Typische Homonyme des Französischen sind [sə] (ein Morph, das sowohl die Bedeutung *adjectif/pronom démonstratif masculin „ce"* als auch *pronom personnel réfléchi 3ᵉ personne „se"*

trägt), [vɛʀ] mit den Bedeutungen „Wurm", „gegen", „Strophe", „grün" und [so], welches den Bedeutungen *„saut", „sceau", „seau", „sot"* entspricht etc.

Wie man sieht, weisen nicht alle Homonyme das gleiche Schriftbild auf. In diesen Fällen spricht man genauer von **Homophonie**. Werden die verschiedenen Bedeutungen durch das gleiche Laut- und Schriftbild zum Ausdruck gebracht, dann sind sie gleichzeitig Homophone und **Homographen**.

Klassifikation Morpheme werden schließlich einerseits
- in **lexikalische** *(lexicaux)* und **grammatische** *(grammaticaux)* sowie andererseits
- in **freie** *(libres)* und **gebundene** *(pas libres)* klassifiziert.

Das folgende Schema zeigt die Beziehungen der beiden Klassifikationen an:

	lexikalische Morpheme	grammatische Morpheme
frei	[flœʀ]/*fleur*, [lɛ]/*lait*	[a]/*à*, [də]/*de*, [il]/*il*
gebunden	[lyd-]/*(ludique)*, [elɛktʀ-]/*(électrique)*	[-õ]/*-ons*, [-aʒ]/*-age (feuillage)*

Lexikalische Morpheme beinhalten Konzepte, die Entitäten *(entités)* oder Sachverhalte *(faits, événements)* der Diskurswelt bezeichnen. So vergegenwärtigt *mang-* (Quelle *mangeaille lui as-tu proposée?*) in grammatisch noch unbestimmter Form das Konzept „Nahrungsaufnahme" und *trouv-* (Quelle *trouvaille lui as-tu proposée?*) das des „Findens/Erfindens"[2]. Dass sowohl *mangeaille* als auch *trouvaille* feminine Substantive sind, hängt hingegen von *-aille* ab. Morpheme, die wie *-aille* Träger von grammatischen Kategorien sind, heißen grammatische Morpheme. So ändert sich das grammatische Verhalten von *mang-* jeweils nach dem grammatischen Morphem, mit dem es verbunden ist: mit *-er, -ions* übernimmt es die Eigenschaften eines Verbs, mit *-able* die eines Adjektivs, mit *-eur, -oire* die eines Substantivs usw.

Die Größen Morphem und Lexem fallen in Sprachen wie dem Französischen oder dem Englischen oft zusammen. *Banal* ist also sowohl ein freies lexikalisches Morphem, das bei der Ableitung *banal-is-(er)* als Basis dient, als auch ein nicht abgeleitetes Lexem **(Simplex)** des Französischen. In stark flektivisch geprägten Sprachen, wie z. B. dem Latein, fallen die Größen Morphem und Lexem nur bei den syntaktischen Kategorien zusammen, die wie die Präpositionen bzw. Adverbien nicht von der Flexion betroffen sind.

---

[2] Eine Bedeutungsumschreibung von Stämmen wie dem hier zitierten *mang-* ist nicht einfach. Wandruszka schreibt diesbezüglich: „'Was bedeutet *cant* (aus *cantare*/„singen"; L.G.F.)'? oder 'Was heißt *cas* (*casa*/„Haus"; L.G.F.)'? sind als Fragen so nicht annehmbar. Doch selbst wenn man sie – als Linguist – akzeptiert, tut man sich mit ihrer Beantwortung schwer" (Wandruszka 1997:169).

Problematische Aspekte

Lexikalisch vs. grammatisch

Die Unterscheidung zwischen lexikalischen und grammatischen Morphemen ist nicht immer einfach. Denn auch grammatische Morpheme können Träger denotativen Inhalts sein: so verleiht -*aille* dem Morph, an das es sich bindet, außer einem grammatischen Inhalt auch einen denotativen, der in etwa als „positive oder negative Wertung" paraphrasiert werden kann:
Beispiele: *mangeaille* „Fraß" (Abwertung), *trouvaille* „glücklicher Fund" (Aufwertung).

Ohne dieses Thema vertiefen zu wollen, ist es angebracht, darauf hinzuweisen, dass der semantische Gehalt der Morpheme von einer gewissen Gradualität/Skalarität geprägt ist, welche von einem maximalen Darstellungswert *(pierre, chien)* über einen mittleren (-*eur* → *mangeur*, „Agens/Instrument"; -*ette* → *maisonnette* „Quantifizierung/klein/nett") zu einem rein grammatischen Inhalt, z. B. [-o] mit der Bedeutung *nombre, pluriel (travail* → *travaux)*, [a]/(à) mit der Bedeutung *fonction syntaxique/complément indirect* führt[3].

Frei vs. gebunden

Auch die Trennung zwischen freien und gebundenen Morphemen sollte nicht verabsolutiert werden, um so mehr im Französischen, wo es durchaus nicht selten der Fall ist, dass ein und dasselbe Morphem über freie und gebundene Varianten verfügt. So weist das Morphem {/lɛ/}/*lait* die Allomorphe [lɛ], [lɛt-] und [-let-] auf, wobei [lɛt-] und [-let-] nur gebunden vorkommen ([lɛtʀi]/*laiterie*, [letje]/*laitier*, [alete]/*allaiter*).

Quantität und Form

Außerdem ist zu berücksichtigen, dass die Segmentierung und Klassifizierung des Lexikons einer Sprache in Morphe und Morpheme eher einen potentiell als einen problemlos durchführbaren Vorgang darstellen. Folgende zwei Beobachtungen liefern die Ursachen dazu:
- Das Lexikon einer Sprache ist ein offenes System, das von keinem Wörterbuch vollständig dargestellt werden kann. Demzufolge ist die Ganzheit der lexikalischen Morphe quantitativ nicht ermittelbar.
- Die Regel „ein Morphem = ein *signifié* und ein *signifiant*" ist nicht immer gültig, denn ein Morphem kann oft die Synthese mehrerer *signifiants* darstellen. Solche Fälle sind als Morphemverschmelzungen *(amalgames)* bekannt.

Beispiele: Das Morphem {/piʀ/} /*pire* stellt die Summe von *plus* und *mauvais* dar; {/dy/}/*du* entspricht *de* + *le* etc.

Diskontinuitäten

Eine besondere Gruppe von Morphemen stellen außerdem die sogenannten *constituants discontinus* dar. Es handelt sich dabei um zwei nicht nebeneinander liegende Segmente, die jedoch nur ge-

Morphologie des Französischen

meinsam Träger eines lexikalischen oder grammatischen Inhalts sein können. Ein Beispiel für das Französische stellt die Negation dar ([nə (...) pa] /*tu ne parlais pas*).

3 Syntagmatische Morphologie

Kategorien

Traditionsgemäß stellt die syntagmatische Morphologie den Teil der Grammatikographie dar, der die formalen Mittel beschreibt und klassifiziert, durch die Lexeme Träger von grammatischen Kategorien werden. **Person, Numerus, Genus, Kasus, Tempus, Aspekt, Diathese** und **Modus** stellen die wichtigsten grammatischen Kategorien des Französischen und der übrigen romanischen Sprachen dar.

Analytisch und synthetisch

Grammatische Kategorien lassen sich sowohl analytisch, d. h. durch freie grammatische Morpheme, als auch synthetisch, d. h. durch gebundene Morpheme (Flexion), sprachlich konkretisieren, wobei Mischformen nicht ausgeschlossen sind.
Beispiel: Das Passiv ist eine Form der **Diathese** *(voix)*, d. h. eine grammatische Kategorie des Verbs, die es dem *énonciateur (S. 110)* erlaubt, den Subkategorisierungsrahmen *(S. 112)* des Verbs um ein Syntagma zu reduzieren. Die französische Sprache drückt den Übergang vom Aktiv zum Passiv, genauso wie die anderen romanischen Sprachen, analytisch aus, und zwar anhand von *être*. Die lateinische Sprache verfügt dagegen, um die Passivierung zu vollziehen, über Flexionsendungen, die dem Verbstamm hinzugefügt werden (lat. *amaris* = franz. *tu es aimé*).

Systematisch und isoliert

Grammatische Kategorien können außerdem sowohl systematisch als auch isoliert vorkommen. Eine grammatische Kategorie ist **systematisch**, wenn sie über eine regelmäßige Markierung verfügt.
Beispiel: Der **Kasus** (Nominativ, Akkusativ, Dativ etc.) dient dazu, die syntaktische Funktion *(S. 116)* der zu einem Satz gehörenden Syntagmen anzuzeigen. Der Kasus ist eine systematisch markierte Kategorie des Lateins, aber eine **isolierte** des Französischen. Denn in dieser Sprache erfahren nur einige Personalpronomina (z. B. *je/me/moi, tu/te/toi* etc.) und das Interrogativ- und Relativpronomem *qui/que* etc. eine Kasusmarkierung.

Explizit und implizit

Auch können grammatische Kategorien explizit vs. implizit (inhärent) sein. Im ersten Fall werden sie durch grammatische Morphe angezeigt, im zweiten Fall nicht.

---

3 Sehr interessant diesbezüglich WANDRUSZKA (1997:163–166).

Um eine **implizit** vorhandene grammatische Kategorie anzuzeigen, behilft sich die Linguistik mit dem (strittigen) **Nullmorphem**konzept.

Ein Nullmorphem ist ein konventionales Zeichen (Ø), das die Präsenz eines formal nicht wahrnehmbaren grammatischen Morphs anzeigt.

Beispiel: In *il ri-Ø-t* und *il souri-Ø-t* zeigt das Nullmorphem, dass diese zwei Formen, im Unterschied z. B. zu *il cour-u-t*, keine explizite Markierung des *passé simple* aufweisen, obwohl sie diesem Tempusparadigma zugerechnet werden.

Überblick Das folgende Schema bietet einen Überblick über die wichtigsten durch **Flexion** markierten grammatischen Kategorien des Französischen.

Kategorie	Bezeichnungen	Ausgewählte Formen	Beispiele
Aspect (Aspekt): verbe	perfectif = accompli imperfectif = pas accompli	passé simple, imparfait, gérondif etc.	*nous arrivâmes à minuit* [nuz aʀivam a minɥi] (perf.) *elle arrivait seule* [ɛ laʀivɛ sœl] (imperf.)
Cas (Kasus): pronom	nominatif, accusatif, datif, génitif etc.	*qu-i, qu-e, je, tu, il, elle, me, te, le, la, moi, toi*, etc.	*qui veut ça?* [ki vø sa] (sujet) *que veux-tu?* [kə vø ty] (objet direct) *il me la donne* [il mə la dɔn] (nominatif, datif, accusatif)
Genre (Genus): nom, adjectif, verbe, pronom	féminin, masculin	*-tion (f), -age (m), Ø/-e, -é/-ée, il/elle* etc.	*position, purisme* [pɔzisjɔ̃, pyrism] *éternel/éternelle* [etɛʀnɛl]
Mode (Modus): verbe	indicatif, impératif, (conditionnel)[4], subjonctif	ind.: Ø conj. présent: *-iss-* etc.	*le ciel vous bénisse!* [lə sjɛl vu benis]
Nombre (Numerus): pronom, verbe, nom, etc.	singulier, pluriel	Ø, -s, -x, -aux	*le nez /les nez; travail cher/ travaux chers* [tʀavaj ʃɛʀ, tʀavo ʃɛʀ]; *tu les a vues, mes amies* [ty lez a vy mez ami]
Personne (Person): verbe, pronom	1ᵉ, 2ᵉ, 3ᵉ personne, forme de politesse	*tu/-es, il/-e, vous/ -ez, ma, ta, son*	*tu gaspilles mon temps* [ty gaspij mɔ̃ tɑ̃] *êtes-vous contents?* [ɛt vu kɔ̃tɑ̃]
Temps (Tempus): verbe	présent, imparfait, futur etc.	Ø, -ai-/-i-, -r- etc.	*finissais, finissions* [finisɛ, finisjɔ̃] *finirai* [finiʀɛ]

Morphologie des Französischen

Das Schema zeigt, dass die Markierung der grammatischen Kategorien im *code phonique* und *code graphique* auseinandergeht. Während im Geschriebenen die grammatischen Kategorien ziemlich regelmäßig durch Flexion wiedergegeben werden, weist ihre flexionelle Realisierung im *code phonique* deutliche Lücken auf.

Im Folgenden soll dieser Aspekt der französischen Morphologie am Beispiel der Genusmarkierung bei den Substantiven und Adjektiven näher erläutert werden.

1 Genusmarkierung bei Substantiven

Merkmale

Die grammatische Kategorie Genus legt im Französischen eine Opposition zwischen femininen und maskulinen Substantiven fest. Das Genus der Substantive stellt, sofern sie nicht abgeleitet sind, eine inhärente grammatische Kategorie dar, denn die Substantive dieser Sprache tragen im Prinzip keine explizite Genusmarkierung. Nur infolge der Kongruenz innerhalb größerer syntaktischer Einheiten (Syntagma, Satz und Text) offenbart sich der Genus.

Beispiele: $Table_f$ → *de belles tables*, $comble_m$, → *le comble, pantalon$_m$,* → *un pantalon gris*, $garnison_f$ → *une petite garnison; ses mains$_{(f)}$ me plaisaient. Elles racontaient toute une histoire.*

Eine Ausnahme stellen diesbezüglich viele abgeleitete Substantive dar, weil die nominalen Derivationssuffixe oft an ein spezifisches Genus gekoppelt sind:

Beispiele: $-age_m$, $-ation_f$, $-aison_f$, $-eur_m$ / $-euse_f$ → $calculateur_m$ / $saudeuse_f$.

Genus und Sexus

Nomina können außerdem eine explizite Genusmarkierung erfahren, wenn das Genus durch das biologische Geschlecht von Lebewesen motiviert ist[5].

Beispiele: *Chat / chatte*, [ʃa / at], *patron / patronne*, [patrɔ̃ / patrɔn].

Oft ist diese Markierung nur im Bereich des *code graphique* explizit vorhanden (*ami / amie*, aber [$ami_{m/f}$]).

Die Markierung durch Flexion konkurriert mit verschiedenen, sehr leistungsfähigen lexikalischen Verfahren:
Garçon / fille, une femme médecin, une panthère mâle, etc.

---

4 Es sei hier kurz erwähnt, dass es umstritten ist, ob es sich beim Konditional um einen Modus oder ein Tempus handelt.

5 Man beachte jedoch bizarre Äußerungen wie *Le chef de l'État, accompagné de son époux*, deren Verdeutlichung allein pragmalinguistischen Strategien überlassen ist. Aus: *Madame la ministre...* in: *Le Monde*, 30.11./1.12.1997, S. 15.

Fazit

Aus dem Gesagten geht hervor, dass das Genus des Substantivs eine Kategorie ist, die sich im Prinzip nur indirekt beobachten läßt, und zwar über die formalen Veränderungen der Lexeme, mit denen das Substantiv kongruiert. Wir versuchen also, das Verfahren der Genusmarkierung am Adjektiv zu beschreiben.

2 Genusmarkierung bei Adjektiven

Genus in Funktion

Das Adjektiv ist an und für sich kein spezifischer Genusträger. „Jedes Adjektiv kann also sowohl maskulines als auch feminines Genus annehmen, und zwar in Kongruenz zu dem Nomen, zu dem es (...) in ein Determinationsverhältnis tritt" (WEINRICH 1985:46).

Dieses Determinationsverhältnis kann **attributiver** *(adjectif épithète)* oder **prädikativer** *(adjectif attribut)* Natur sein.
Beispiele:
- **Attributive Funktion:** *une grande maison, un grand personnage; une affaire laide, un lieu laid.*
- **Prädikative Funktion:** *cette maison est grande; ce lieu est laid.*

Die Genusmarkierung des Adjektivs geht im *code graphique* und *phonique* deutlich auseinander *(s. u.).*

Adjektive im *code graphique*

Markierung durch -e

Im *code graphique* lässt sich die Genusmarkierung des Adjektivs wie folgt beschreiben:

Abgesehen von den sogenannten *adjectifs épicènes,* d. h. denjenigen Adjektiven, die eine einzige unveränderliche Form aufweisen – sie bilden immerhin 42% (CATACH 1990:48) aller geschriebenen Adjektive, z. B. *libre, simple, pauvre, immuable, marron, rosa* –, wird das Femininum prinzipiell durch die Hinzufügung eines *-e* an die sonst unmarkierte und als maskulin fungierende Form des Adjektivs signalisiert.
Beispiele: *Une fille contente d'agir, un garçon content d'agir, une jolie expression, un joli personnage.*

Endet das flektierte Adjektiv in seiner Grundform auf Konsonant, dann übt dieses *-e* auch eine diakritische Funktion aus, denn es dient dazu, den auslautenden Konsonant als Markierung des féminin im *code phonique* zu schützen:
Beispiele: *Fort / forte* [fɔʀ/ fɔʀt], *petit / petite* [p(ə)ti / p(ə)tit], *gris / grise* [gʀi / gʀiz].

Ausnahmen, wo das Zeichen *-e* als reine graphische Markierung des Genus fungiert, gibt es dennoch: *seul / seule* [sœl], *amer / amère* [amɛʀ].

Morphologie des Französischen

Varianten	Das graphische Verfahren der Genusmarkierung verläuft allerdings nicht immer nach diesem Muster, denn bedingt durch etymologische, phonologische oder morphophonologische Ursachen hat sich eine vom Grundparadigma deutlich abweichende Palette von Stämmen[6] und Endungen gebildet (vgl. diesbezüglich REUMUTH/WINKELMANN 1994:229–242).
	Beispiele: *Bon / bonne, mignon / mignonne, paysan / paysanne, heureux / heureuse, léger / légère, doux / douce, sec / sèche, franc / franche, beau / bel / belle, nouveau / nouvel / nouvelle, public / publique* etc.

Adjektive im *code phonique*

Keine Markierung	Ca. 67% (CATACH 1990:48) der französischen Adjektive erfahren im *code phonique* keine Genusmarkierung. Zu dieser Gruppe gehören:
	■ Die Formen, die bei der Kongruenz mit **maskulinen Substantiven** auf **Konsonant** enden (wobei diese Formen im *code graphique* Genusmarkierungen haben können):
	Beispiele: [œ̃ bʀa/yn jãb red_{m+f}] *un bras / une jambe raide;* [œ̃ twa/yn vɛst nwaʀ_{m+f}] *un toit noir, une veste noire;* [œ̃ ka/yn ekɔl pyblik_{m+f}] *un cas public, une école publique;* [œ̃ djamã/yn mɛzɔ̃ ʃɛʀ_{m+f}] *un diamant cher / une maison chère.*
	■ Unveränderlich im *code phonique* sind auch die Adjektive, die bei der Kongruenz mit einem **femininen Substantiv** auf **Vokal** enden:
	Beispiele: [yn pɛʀsɔn/œ̃ tʀavaj swaɲe_{f+m}] *une personne soignée / un travail soigné;* [œ̃ gaʀsɔ̃/yn fij pɔli_{f+m}] *un garçon poli / une fille polie.*
Markierung	Bei den restlichen Adjektiven gibt es drei **Markierungsverfahren:** Typ (1) bis Typ (3).
Typ (1)	Das Adjektiv weist zwei Formen auf: eine **lange** und eine **kurze Form.** Die Langform endet auf Konsonant und kommt mit Feminina vor; die kurze Form determiniert Maskulina und endet auf Vokal:
	Beispiele: [gʀos/gʀo] [yn gʀos valiz /[œ̃ gʀo livʀ]; [p(ə)tit/p(ə)ti] [yn p(ə)tit fij]/[œ̃ p(ə)ti livʀ].

---

6 **Stämme** sind: „Morpheme oder Morphemkonstruktionen, an die Flexionsendungen treten können". Als Stämme „gelten daher sowohl freie Morpheme *(maison → maisons)* als auch Ableitungen *(maisonnette → maisonnettes)* und Zusammensetzungen *(protège-cahier → protége-cahiers)*" (BUSSMANN 1990:731. Beispiele von L. F. G.)

Weist die lange Form zwei auslautende Konsonanten auf, wobei der erste [-ʀ] ist, dann geht die kurze Form auf [-ʀ] aus:
Beispiele: [vɛʀt/vɛʀ], [dezɛʀt/dezɛʀ] etc.

Da von der kurzen, vokalisch auslautenden Form die lange nicht abzuleiten ist, empfiehlt es sich, die Relation zwischen diesen zwei Termini umzukehren und davon auszugehen, dass „le masculin se forme sur le féminin par la suppression de la consonne finale" (GARDES-TAMINE ²1990 Bd. 1:50).

Dieses Verfahren läßt sich außerdem damit rechtfertigen, dass „lorsqu'un mot est formé sur un adjectif, c'est, en morphologie orale, sur la forme féminine, plus longue que celle du masculin: rondeur [ʀɔ̃dœʀ], lentement [lɑ̃tmɑ̃]" (GARDES-TAMINE ²1990, Bd. 1:50).

Typ (2)

Die Genusmarkierung wird durch die Opposition lange/kurze Form aufgezeigt; im Unterschied zum ersten Typ ruft jedoch der Ausfall des Konsonanten **eine Veränderung des im Auslaut verbliebenen Vokals** hervor. Dazu gehören folgende drei Fälle:

- Der Ausfall des Konsonanten löst eine phonetisch bedingte Änderung der vokalischen Öffnung aus:
  Beispiele: [sɔt/so] *(sotte/sot);* [prəmjɛʀ/prəmje] *(première/premier).*
- Der Ausfall des Konsonanten ist mit einer Änderung der Vokalqualität verbunden und lässt sich diachronisch erklären:
  Beispiele: [fɔl/fu], [mɔl/mu]; [bɛl/bo] ([bɛl ami] = *bel ami/belle amie),* [nuvɛl/nuvo].
- Endet die lange Form auf Nasal, dann verursacht ihr Ausfall die Nasalisierung des auslautenden Vokals:
  Beispiele: [bɔn/bɔ̃], [fin/fɛ̃], [tɔskan/tɔskɑ̃] etc.

Typ (3)

Der dritte Typ weicht deutlich von den ersten beiden ab, denn die Adjektive dieser kleinen Gruppe sind durch eine Genusmarkierung charakterisiert, die durch **Konsonantenwechsel** signalisiert wird:
Beispiele: [sɛk/sɛʃ], [nœf/nœv], [vif/viv] etc.

Liaison

Keiner besonderen Erklärung bedarf die Genusmarkierung des Adjektivs bei der *liaison,* denn dort, wo sie erforderlich ist, tritt die lange, auf Konsonant auslautende Form auf. Ausnahmen bilden einige Adjektive, welche neben der langen und kurzen Form eine dritte, auf die *liaison* spezialisierte Form aufweisen:
Beispiele: [gʀɑ̃d mɛzɔ̃]/*grande maison,* [gʀɑ̃t amuʀ]/*grand amour,* [gʀɑ̃ kœʀ]/*grand coeur;* [dus atɑ̃t]/*douce attente,* [duz amuʀ]/*doux amour,* [du ʀəgar]/*doux regard* (GARDES-TAMINE ²1990, Bd. 1:52).

Fazit

Aus dem Vergleich der Genusmarkierungen des Adjektivs im *code phonique* und *graphique* geht hervor, dass sie deutlich auseinanderklaffen. Außerdem ist festzustellen, dass im *code phonique* die

Genusmarkierung des Adjektivs aufgrund der Opposition lange/ kurze Form durch ein relativ regelmäßiges Paradigma charakterisiert ist.

Das folgende Schema soll diese Ergebnisse synthetisch illustrieren.

		code graphique	code phonique
unveränderlich		Adjektive, die bei Maskulina auf -e enden (triste)	Formen, die bei Maskulina auf Konsonant [Rɛd] und bei Feminina auf Vokal enden [poli]
	Ausnahme	Adjektivisch verwendete Formen des participe passé (adoré/adorée), Farbbez. wie marron, rose, etc.	
veränderlich		Fem. gleich Mask. plus -e (grand/grande, petit/petite)	Mask. gleich Fem. minus Konsonant [gʀos/gʀo]. Mask. bei der liaison gleich Fem.
	Ausnahme	fou, mou, vieux, public etc.	[vif/viv], [sɛk/sɛʃ] etc.

4 Lexikalische Morphologie

1 Forschungstendenzen

Disziplingeschichte

Die historische Entwicklung des Faches bringt die Bildung **zweier großer Forschungsrichtungen** mit sich:

Diachronformale Ausrichtung

Die erste, gleichzeitig die ältere und verbreitetere, mit der Namen wie DIEZ und MEYER-LÜBKE verknüpft sind, ist diachronisch geprägt und konzentriert sich auf die formale Beschreibung der Ableitungsprozesse.

Die Wortbildungsverfahren werden prinzipiell als Mechanismen verstanden, die zur Erweiterung des Lexikons dienen; auf eine systematische semantische Darstellung der abgeleiteten Lexeme wird kein Anspruch erhoben, denn aufgrund idiosynkratischer Bedeutungsänderungen (d. h. Bedeutungen, die nicht aus der formalen Zusammensetzung des Lexems rekonstruierbar sind) gilt sie als vom Wortbildungsverfahren ausgehend nicht ausführbar. Fälle wie *lunette,* ein Lexem, dessen Bedeutung nichts mit „kleinem Mond" zu tun hat, untermauern diese Position. Das Wortbildungskapitel in BÉCHADE (1992) und die Abhandlung von THIELE (³1993) exemplifizieren diesen Ansatz.

Synchron-systematische Ausrichtung

Die zweite Tendenz ist weniger homogen: sie setzt sich aus vielen, in unserem Jahrhundert zustandegekommenen Ansätzen zusammen, deren maßgebliches Ziel eine systematische, synchronisch geprägte Beschreibung und Erklärung der Wortbildungsverfahren ist.

Wegweisend sind in diesem Sinne besonders die verschiedenen im Rahmen der generativen Grammatik entstandenen Ansätze, welche versuchen, die Methoden der Syntaxbeschreibung bei der Darstellung der Wortbildungskompetenz anzuwenden, und darauf hinzielen, das Inventar der Normen und Restriktionen zusammenzufassen, die die Generierung aller potentiell existierenden wohlgeformten Lexeme einer Sprache erlauben. Diese Verfahren haben mit der traditionellen Methode gemein, dass die materielle Seite des Zeichens (der *signifiant*) das bevorzugte Untersuchungsobjekt ist.

Eine Ausnahme dazu stellen die Arbeiten von strukturalistisch geprägten Forschern wie COSERIU und GAUGER dar, welche statt von der materiellen Seite auszugehen, einen inhaltlich ausgerichteten Ansatz versuchen (vgl. für eine kritische, sehr synthetische Darstellung WUNDERLI 1989:79–81).

Aktuelle Forschung: Semantische Ausrichtung

In jüngster Zeit haben Ansätze an Kontur gewonnen, die von einer konstruktiven Kritik an den rein formal ausgerichteten Ansätzen generativistischer Prägung ausgehend versuchen, die Wortbildungsverfahren auch aus dem Blickwinkel der Bedeutung zu beschreiben. Dazu gehört u. a. die **assoziative Derivationsmorphologie** *(morphologie associative),* ein auch im frankophonen Milieu vertretener Ansatz, dessen Prinzip folgendermaßen lautet: „(...) les règles de construction des mots (...) attribuent aux mots qu'elles construisent une interprétation sémantique (IS) et une structure morphologique (SM) associées telles que IS soit compositionnelle par rapport à SM" (CORBIN 1988:64).

Konkret handelt es sich um ein Theoriemodell, das deutlich zwischen der motivierten, d. h. von der morphologischen Struktur der Ableitung gewonnenen, Kernbedeutung und „den von ihr abgeleiteten Bedeutungsvarianten in konkreten Kontexten" unterscheidet (SEEWALD 1994:23).

„So führt die inhaltliche Interpretation des Substantivs *interpréteur* zunächst lediglich zu der Wortbildungsbedeutung, die angibt, dass es sich bei *interpréteur* um eine (nicht näher spezifizierte) Instanz („Subjekt oder Agens") handelt, die „interpretiert". Bedingt durch den fachlichen Verwendungszusammenhang kann diese Instanz darüber hinaus als „Gerät", „Programm" oder „Mensch" spezifiziert werden" (SEEWALD 1994:24).

Methodologische Entscheidungen

Die folgenden Ausführungen sind synchronisch orientiert. Sie stellen eine allgemeine Einführung in die Verfahren der lexikalischen Morphologie dar und stützen sich dabei auf einige Prinzipien der *morphologie associative*.

2 Wortbildungsverfahren des Französischen

Prinzipielle Trennung

Lexeme lassen sich generell in **einfache** und **komplexe** einteilen.
- Zu den **einfachen** Lexemen gehören außer Einheiten wie *laver, arbre, femme* etc. auch Lexeme wie *panier* (entstanden aus lat. *panem + arium*), deren Struktur, obwohl historisch betrachtet komplex, nicht mehr motiviert ist, d.h. vom Sprecher nicht mehr als komplex wahrgenommen wird. Die Zergliederung eines einfachen Lexems in kleinere, nicht zur Flexion gehörende Affixe, ist nicht möglich.
- Zu den **komplexen** Lexemen zählen die Formen, die aufgrund von Wortbildungsverfahren des Französischen entstanden sind *(mots complexes construits)*. Einen Sonderfall stellen die sogenannten *mots complexes non construits* dar (CORBIN 1987). Dazu gehören Lexeme, die sich aufgrund von Kommutationsproben segmentieren lassen – wie *pré-coce / pré-vu, dé-duire / dé-faire* und *bag-age / lain-age* –, ohne dass sich den Segmenten *-coce, -duire* und *bag-* noch eine Bedeutung zuweisen ließe. Ihr Status als Forschungsobjekt hängt vom angewandten Ansatz ab; diachronisch betrachtet lassen sich auch Formen dieses Typs als *mots complexes construits* analysieren.

Überblick

Die wichtigsten Wortbildungsverfahren des Französischen sind
- die **Ableitung** (Derivation) durch **Suffixe** und **Präfixe**,
- die **Zusammensetzung** (Komposition),
- die **Parasynthese**,
- die **Kürzung** und die Bildung von **Akronymen.**

Die meisten Beschreibungen der lexikalischen Morphologie zählen zu diesen Verfahren noch die **Konversion,** einen Vorgang, durch den ein Lexem ohne Anwendung von Derivationsaffixen aus seiner syntaktischen Kategorie in eine andere übergeht. Einzige direkt beobachtbare Spur dieses Wechsels ist die veränderte Distribution des Lexems, welches nun in Umgebungen und Positionen vorkommt, die für seine ursprüngliche Wortart nicht in Frage kommen.

Beispiele: *Une voiture rouge*$_{Adj.}$ / *le rouge*$_{Subst.}$ *et le noir, un train rapide*$_{Adj.}$ / *le rapide*$_{Subst.}$, *pour / contre*$_{Präp.}$ / *le pour et le contre*$_{Subst.}$, *boire*$_{Verb}$ / *le boire*$_{Subst.}$, *en étudiant*$_{Verb}$ *avec lui, elle s'aperçut que (...) / l'étudiant*$_{Subst.}$

Gerade weil es sich ausschließlich um einen Wechsel der syntaktischen Kategorie und nicht um eine formale Veränderung des Lexems handelt, haben wir uns entschieden, dieses Verfahren, dessen theoretischer Status ziemlich strittig ist (vgl. RAINER 1993:74–80), in dieser Darstellung nicht zu berücksichtigen.

Die meisten der erwähnten Wortbildungsverfahren sind rekursiv, d. h. sie können bei bereits abgeleiteten Lexemen erneut angewendet und untereinander kombiniert werden.
Beispiel: *Personnification: personn(e) → personn-ifi(er) → personnif(ic)-ation.*

3 Die Ableitung / *La dérivation*

Bestandteile	Abgeleitete Lexeme (**Derivate**) bestehen formal aus einer **Derivationsbasis** und zumindest einem **Wortbildungsaffix**. Die Derivationsbasis kann aus einem oder mehreren lexikalischen Morphemen bestehen. Falls sie mit Flexionsaffixen versehen ist, fallen diese vor der Anwendung einer Suffigierung weg. Am Wortanfang befindliche Affixe heißen **Präfixe**, am Wortende **Suffixe**. Derivationsaffixe sind gebundene Morpheme. **Beispiele:** Präfixe: *dé*-motiver, *il*-legalité; Suffixe: planét-*aire*, latin-*isation*.
Morphosemantische Beziehungen	Die Bedeutung eines abgeleiteten Lexems entsteht aufgrund der Beziehung, die zwischen den thematischen Rollen *(S. 112)*, die von der Derivationsbasis geliefert werden, und der/den semantischen Funktion/en, die vom Affix aktiviert wird/werden, zustande kommt. Aktiviert durch Affixe (vor allem durch Suffixe) werden Konzepte wie **Tätigkeit, Handlung, Prozess, Ereignis** und Rollen wie **Agens, Instrument, Thema, Ort** etc. Dies lässt sich besonders, aber nicht ausschließlich, bei deverbalen Nominalisierungen verdeutlichen.
Beispiele	Ein aus der Ableitung V → N (**V**erb / **N**omen) resultierendes Substantiv kann die semantische Rolle des Agens *(chant(er) / chanteur)*, des Instruments *(arros(er) / arrosoir)*, *(calcul(er) / calculateur)*, des Objekts / Ergebnisses *(sent(ir) /sensation)*, des Ortes *(dorm(ir) / dortoir)* etc. (CORBIN 1987:264) ausdrücken, wobei das gleiche Suffix (z. B. *-eur*) u. U. mehrere semantische Rollen *(S. 112)* beim gleichen Ableitungsvorgang (V → N) aktivieren kann. Dies erklärt übrigens, weshalb eine Ableitung wie **craigneur* (V → N) nicht vorkommen kann. Denn die Argumentenstruktur von *craindre (S. 112)* sieht einen Experiencer und ein Thema vor, so dass die Anwendung von *-eur*, welches beim Typ V → N einen Agens oder ein Instrument aktivieren kann, automatisch blockiert ist.

Grammati-zität	Daraus ergibt sich die Notwendigkeit, klar zwischen Ableitungen zu unterscheiden, die **ungrammatisch** sind, weil sie die Wortbildungsnormen der Sprache verletzen, und denjenigen, die möglich sind, auch wenn sie noch nicht als attestiert gelten. Die ersten werden normalerweise mit einem Sternchen (Asterisk)(*), die zweiten mit einer hochgestellten Null (°) gekennzeichnet. **Beispiele:** °*Matinalité* aus *matinal* und °*colonialité* aus *colonial* sind nicht attestiert. Als ungrammatisch dürfen sie dennoch nicht eingestuft werden, weil sie einem Wortbildungsverfahren entsprechen, das, wie *grammaticalité* aus *grammatical* und *finalité* aus *final* zeigen, zum Französischen gehört.
Derivationsbasis	Die syntaktische Kategorie (d. h. die Wortart) der Derivationsbasis ist, trotz Bezeichnungen wie **deverbal** (vom Verb her), **denominal** (vom Nomen her), **deadjektivisch** (vom Adjektiv her) etc. nicht immer klar, so dass sie sich manchmal erst aus dem Zusammenspiel von Basis und Affix ergibt.
Beispiele	Im Falle von *rareté* (deadjektivisch) oder *national* (denominal) ist der kategoriale Status der Basis unproblematisch: denn *rareté* stammt eindeutig von dem Adjektiv *rar(e)* (-*eté* ist ein Allomorph von -*ité*), und das Substantiv *nation* ist eindeutig das Basislexem von *national*; aus der Interaktion zwischen -*eté* und *rare, -al* und *nation* definiert sich die syntaktische Kategorie der neuen Ableitungen. Problematischer sind Derivationsbasen wie *dans-, regl-* oder *calcul-*, deren kategorialer Status zweideutig ist, weil sie sowohl in Substantiven *(la danse, la règle, le calcul)* als auch in Verben *(danser, régler, calculer)* vorkommen. Erst ihre konkrete Anwendung in einem Derivat löst diese Zweideutigkeit auf, denn die Distribution der Suffixe unterliegt kategorialen Restriktionen. So liegen in *dans-eur, régl-able* und *calcul-(at)eur* verbale Derivationsbasen vor, weil *-eur* und *-able* sich nur mit verbalen Stämmen verbinden lassen. Daraus läßt sich die Hypothese aufstellen, dass „ce n'est pas l'emploi autonome des bases qui décide de leur catégorie dans les mots construits, mais la RCM *(règle de construction de mots,* L.G.F.) qui leur est appliquée" (CORBIN 1987:193).

Die Suffigierung / *La suffixation*

Strukturen	Suffixe *(les suffixes)* sind Träger grammatischer Information; infolgedessen können sie eine Änderung des kategoriellen Status der Basis herbeiführen; auch bestimmen sie im Falle der Nominalisierungen das Genus des Lexems. Das Französische verfügt kategoriell betrachtet über folgende Möglichkeiten:

	Adjektiv	Adverb	Substantiv	Verb
aus Adjektiv	propr-et	banale-ment	banal-ité	banal-is(er)
aus Adverb	—	—	—	—
aus Substantiv	mort-el	—	journal-iste	atom-is(er)
aus Verb	pli-able	—	balay-age	tap-ot(er)

Das formale Verfahren der Suffigierung korreliert mit Änderungen semantischer Natur, die fest an die jeweilige Ableitungsregel gebunden sind und durch sehr allgemeine Paraphrasen wie „qui a rapport à N" (ironique), „qui fait / pratique N" (gréviste, humoriste) dargestellt werden können. Die Tatsache, dass die Motiviertheit[7] einer Suffigierung verblassen kann (indicatif bedeutet nicht nur „qualité d'indiquer", sondern bezeichnet auch einen Verbalmodus), hebt die Annahme einer Korrelation zwischen semantischen und formalen Merkmalen der Suffigierung nicht auf (S. 142).

Prozesse

Die Relation zwischen semantischem und formalem Ableitungsprozess ist nicht eindeutig, so können formal unterschiedliche Verfahren den gleichen Inhalt erzielen.
Beispiele: Die Paraphrase „action de V" ergibt sich zumindest aus folgenden Suffigierungsverfahren: -age → balayer / balayage, -ment → gouverner / gouvernement, -tion → administrer / administration, -erie → tromper / tromperie, -ade → embrasser / embrassade, -ure → casser / cassure etc. Der Bedeutung „relatif à N" entsprechen u. a. folgende Ableitungen: -al → théâtre / théâtral, -ique → atome / atomique, -aire → parlement / parlementaire, -eux → veine / veineux, -in → enfant / enfantin, -el → conjoncture / conjoncturel etc. (CORBIN 1987:233–234).

Schwer zu begründen ist, weshalb bei konkurrierenden Formen die eine aktiviert wird und die andere nicht.
Beispiel: Warum gouvernement und nicht °gouvernage, wenn sowohl -ment als auch -age die Bedeutung „action de V" aktualisieren können?

Homonymie

Das umgekehrte Verhältnis ist im Falle der homonymen Suffixe gegeben, d. h. der Suffixe, die trotz ihrer formalen Identität an unterschiedlichen Derivationsverfahren beteiligt sind. Das folgende CORBIN (1987:246) entnommene Schema stellt diesen Fall dar (RCM = règle de construction de mots):

Règle	Suffixes	Rapport catégoriel	Sens	Exemples
RCM_1	$-age_1$ $-ade_1$ $-erie_1$	V → N	Action de V	balayage glissade tromperie

Morphologie des Französischen

RCM₂	-age₂ -ade₂	N → N	Ensemble de N	plumage colonnade
RCM₃	-erie₂	A → N	Fait d'être adj.	pruderie

Morphologische Varianten

Suffigierte Lexeme weisen oftmals eine morphologische Struktur auf, deren Gestalt nicht mit der erwarteten Form zusammenfällt. Die meisten dieser Abweichungen lassen sich mit der **Allomorphie** und der **Apokope** *(troncation)* erklären.

- Die **Allomorphie** ist eine formale Variation, die sowohl bei den Affixen als auch bei den Derivationsbasen auftreten kann. Oft ist sie historisch bedingt. Das abweichende Lexem ist ein *mot savant dérivé* (ein gelehrtes Wort, d. h. ein direkt aus dem geschriebenen Latein entlehntes Lexem), dessen formale Struktur das Ergebnis einer lateinischen und nicht einer französischen Wortbildungsregel ist. Dasselbe Lexem verfügt außerdem über eine weitere Variante, die ein Erbwort des Französischen ist (vgl. WUNDERLI 1989:33)
Beispiele: bain / <u>balné</u>aire, bœuf / <u>bov</u>in, nier / <u>négat</u>ion, cœur / <u>cord</u>ial, étoile / <u>stell</u>aire.

Die Allomorphie kann auch wie im Falle der Genusmarkierung bei den Adjektiven auf eine Alternanz zwischen einer langen und einer kurzen Form zurückgeführt werden *(S. 139)*. Das folgende Schema stellt einige Alternanztypen vor.

	code graphique		code phonique	
	kurz	lang	kurz	lang
Hörbarwerden eines latenten Konsonanten	*bois* *part*	*boiser* *partial*	[bwa] [paʀ]	[bwa<u>z</u>-e] [paʀ<u>sj</u>-al]
Wechsel zwischen Nasalvokal und Oralvokal plus Nasalkonsonant	*paysan* *charbon*	*paysannerie* *charbonner*	[peizɑ̃] [ʃaʀbɔ̃]	[peiza<u>n</u>-ri] [ʃaʀbɔ<u>n</u>-e]
Einschub eines Bindekonsonanten	*abri* *numéro*	*abriter* *numéroté*	[abʀi] [nymeʀo]	[abʀi-<u>t</u>-e] [nymeʀo-<u>t</u>-e]

Noch stärker als die Derivationsbasen sind die Suffixe von der Allomorphie betroffen. Ihre Variationsvielfalt spiegelt die verschiedenen Adaptationsstufen ursprünglich lateinischer Formen wider.
Das folgende Schema stellt einige Suffixalternanzen dar.

---

7 „Die Motiviertheit eines morphologisch komplexen Wortes kennzeichnet das Ausmaß, in dem es sich als Summe der Bedeutungen seiner Teile und der Weise ihrer Zusammensetzung verstehen lässt" (GLÜCK 1993:405).

Morpheme	Allomorphe	Beispiele
{/-εl/}	[-εl]	individuel, criminel
	[-al-]	individu<u>a</u>lisme, crimin<u>a</u>lité
{/-ite/}	[-ite]	feminité, vanité
	[-ete]	anxiété, sobriété
	[-te]	beauté, clarté

■ Eine weitere formale Alternation bei Ableitungsverfahren ist die **Apokope** *(troncation)*. Sie manifestiert sich durch das Fehlen einer aufgrund der angewandten Wortbildungsverfahren eigentlich zu erwartenden Lautsequenz. Die Apokopenverfahren sind vielfältig und unter den Linguisten/innen umstritten. Illustriert werden hier nur die Apokopenfälle, durch die kakophonische Lautsequenzen vermieden werden.
Beispiele: *Analyse+iste → analysiste → analyste; gratuit+ité → gratuitité → gratuité; décrépit+itude → décrépititude → décrépitude* (CORBIN 1991:13).

Die Präfigierung / *La préfixation*

Formen

Präfixe *(les préfixes)* werden generell in **zwei Gruppen** geteilt.
■ Zur ersten gehören die Formen, die **nur gebunden** vorkommen. Dazu zählen u. a. *de-, in-, re-, é- anti-, archi-*, etc.
■ Zur zweiten Gruppe gehören dagegen Formen wie *avant-, sous-, contre-, entre-* etc., die auch als **freie** Morpheme (Präpositionen oder Adverbien) auftreten.

Abgrenzungsprobleme

Umstritten ist in der Sprachwissenschaft, ob es sich bei Ableitungen wie *survivre, sous-estimer, pourchasser, enchaîner* um Präfigierungen oder Komposita handelt. Die Antwort hängt prinzipiell von den zugrunde gelegten Parametern/Kriterien ab. Geht man von rein formalen Überlegungen aus, lassen sich nur diejenigen Fälle als Präfigierung klassifizieren, die die Grundregel dieser Derivationsart nicht verletzen. Da Affixe definitionsgemäß keine freien, sondern gebundene Morpheme sind, dürfte bei den angeführten Fällen eher Komposition als Präfigierung vorliegen.

Lösungsvorschlag

Eine Alternative dazu liefern die Ansätze, die den Formen, die auch frei vorkommen können, eine Sonderstellung einräumen und sie als **Präfixoide**[8] definieren, d. h. als Formen, die je nach Kontext mehr zur einen oder zur anderen Klasse tendieren. Dies setzt natürlich die Annahme eines fließenden Überganges zwischen Präfigierung und Komposition voraus (vgl. WANDRUSZKA 1997:214).

Kriterien, die die Graphie als Unterscheidungsparameter setzen, sind zu vermeiden.

Beispiele: Zu behaupten, dass *sous-estimer* deshalb zur Komposition gehört, weil es mit Bindestrich geschrieben wird, ist unangebracht, und zwar weil – wie *sousigner* oder *sottovalutare* (das entsprechende Lexem im Italienischen) oder sousigner beweisen – die Graphie eine sekundäre, z. T. arbiträre Spracherscheinung ist, so dass graphische Formen nur bedingt als Beweismaterial verwendet werden können.

Funktionen

Traditionsgemäß wird den Präfixen jegliche rekategorisierende Funktion abgesprochen, d. h. sie führen im Unterschied zu den Suffixen **keinen Wortartwechsel** herbei. In Anbetracht der Tatsache, dass sie aufgrund ihrer prädeterminierenden Position keine grammatische Kategorie vermitteln können (die grammatische Markierung ist im Französischen fast immer postdeterminiert) gilt es als unstrittig, dass „ils n'ont pas de fonction grammatical et se bornent à introduire un changement de sens" (GARDES-TAMINE ²1990, Bd. 1:63).

Post- oder Prädetermination

Manche Autorinnen und Autoren machen allerdings darauf aufmerksam, dass auch diese (für das Französische) prinzipiell gültige Beschreibung gewissen Einschränkungen ausgesetzt ist. Denn Ableitungen wie *(personne) multilingue*$_{Adj.}$ (*multi-* + Subst.), *(assurance) multirisque*$_{Adj.}$ (*multi-* + Subst.), *(jeux) intervalle*$_{Adj.}$ (*inter-* + Subst.), *apétale*$_{Adj.}$ (*a-* + Subst.) deuten darauf hin, dass Präfixe eventuell einen Wechsel der syntaktischen Kategorie auslösen können (vgl. RAINER 1993:69–70).

Morphologische Varianten

Auch Präfixe sind von der Allomorphie betroffen. Das folgende Schema illustriert zwei Fälle.

Morpheme		Allomorphe	Beispiele
c. phonique	*c. graphique*	*c. phonique*	
{/ɛ̃/}	in- / im-	[ɛ̃-]	*injuste, impossible*
	in-	[in-]	*inégal*
	im-, il-, /ir-	[i-]	*immatériel, illégal, irrésistible*
{/de-/}	dés-	[dez-]	*déshonnête*
	dé-	[de-]	*déloyal*
	dis	[dis-]	*discontinu*

---

8 Die Verwendung des Begriffes Präfixoide ist nicht standardisiert. WUNDERLI (1989:92) bezeichnet mit **Präfixoide** die gelehrten Affixe *(S. 154)*.

Die Parasynthese / *Les formations parasynthétiques*

Definition

Mit dem Begriff Parasynthese werden Ableitungen bezeichnet, bei denen gleichzeitig zwei Wortbildungsregeln (eine Präfigierung und eine Suffigierung) auf eine Derivationsbasis angewendet werden.

Beispiele: *Encolure* [en-[col$_{Subst.}$]-ure], *intonation*[in-[ton$_{Subst.}$]-ation], *dératiser* [de-[rat$_{Subst.}$]-is(er)] etc.

Die Parasynthese lässt sich formal damit rechtfertigen, dass die alleinige Präfigierung oder Suffigierung der Derivationsbasis Derivate ergibt, die keine möglichen Wörter des Französischen sind. Es geht also darum, beweisen zu können (ein Verfahren, das nicht immer einfach ist), dass *col-ure* bzw. *en-col* oder *rat-iser* bzw. *de-rat* etc. unmöglich und daher nicht attestiert sind.

Problemfall

Als besonders umstritten gilt die Parasynthese im Fall denominaler und deadjektivischer Verben wie *alunir, décourager, affoler, émincer, prolonger*, bei denen die suffixale Ableitungsfunktion von der Infinitivendung ausgeübt wird:

Beispiel: [a$_{Präf.}$-[-lun-]-ir$_{Suff.}$], [pro$_{Präf.}$-[-long-]-er$_{Suff.}$] etc.

Denn dies impliziert, dass Infinitivendungen gleichzeitig zwei Funktionen ausüben und zwar einmal als Träger der grammatischen Kategorie Modus und einmal als Derivationssuffix: eine Annahme, die unter den Linguisten/innen keine hundertprozentige Akzeptanz findet. Außerdem müsste man, um die Distribution der Infinitivendung einigermaßen klären zu können, postulieren, dass das „Infinitivsuffix" im Gegensatz zu den meisten Suffixen bei rekursiven Ableitungsverfahren immer apokopiert wird:

Beispiele: *pas* → *passer* → **passerage*; *lutte* → *lutter* → **luttereur*.

Literatur

Alternative Hypothesen und Lösungsversuche zu diesem komplexen Thema sind u. a. in CORBIN (1987:121), RAINER (1993:70–73), SEEWALD (1994:30) zu finden.

4 Die Zusammensetzung / *La composition*

Kritik

Da die Zusammensetzung in den meisten einführenden Werken der Linguistik und der Grammatikographie nach der Derivation und auf wenigen Seiten abgehandelt wird, entsteht der Eindruck, hier würde es sich um ein sekundäres, längst geklärtes Wortbildungsverfahren handeln.

Dieser Eindruck täuscht. Sowohl die formale als auch die semantische Beschreibung der Kompositionsverfahren ist äußerst komplex. Zur Zeit ist man sich in der Sprachwissenschaft nicht einmal darüber einig, welche Art von komplexen Lexemen als Komposita zu gelten haben.

Morphologie des Französischen

Methodologische Entscheidung

Ein deutliches Zeichen dieser Unsicherheit ist die von Werk zu Werk unterschiedliche Zahl der beschriebenen Kompositionsverfahren. So werden in der „Grammaire méthodique du français" (RIEGEL/PELLAT/RIOUL ³1997:548–9) gut zwanzig verschiedene Kompositionstypen (u. a. auch *en vain, à droite, grâce à, bien que*, etc.) aufgelistet, während ZWANENBURG (1990) die wesentlichen Kompositionsverfahren auf neun reduziert.

Gegenstand des folgenden Abschnitts sind Kompositionsverfahren, die Substantive und Adjektive ergeben. Ausgeschlossen bleiben wegen ihres strittigen Status Verbbildungen des Typs *faire peur, donner raison*, sowie komplexe Adverbien, Präpositionen und Konjunktionen wie z. B. *à l'entour, grâce à, après que*, etc.

Zusammengesetzte Lexeme

Kompositionsverfahren

Das Französische verfügt, um zusammengesetzte Lexeme zu bilden, über zwei Verfahren:
1. **Lexikalisierung von Syntagmen** und
2. **Verbindung zweier oder mehrerer freier Lexeme** ohne Angabe syntaktischer Relationen, d. h. **asyndetische Zusammensetzungen**.

Ob die Lexikalisierung von Syntagmen als ein Kompositionsverfahren im engen Sinne zu gelten hat, hängt von den angewendeten Parametern ab. Von der materiellen Seite her fällt die Antwort negativ aus, denn beide Verfahren kommen über unterschiedliche Versprachlichungsmechanismen zustande. Vom Ergebnis her können sie, da beide zur Bildung komplexerer Spracheinheiten mittels freier Lexeme dienen, wie im folgenden parallel behandelt werden.

Lexikalisierte Syntagmen

Strukturen

Zu den formalen Mustern, die lexikalisierte Nominalsyntagmen kennzeichnen, zählen:
- **Substantiv + Präposition *(de/à)* + Substantiv bzw. Verb.** Es handelt sich um ein Muster, das syntaktisch betrachtet die Struktur eines mit Komplement erweiterten Substantivs ist *(la raison de son bonheur/des chaussures à nettoyer)*.
  Beispiele: Une *salle à manger*, un *jus de fruits*, un *chef de division*, un *chef de train*, un *arc-en-ciel*.
- **Substantiv + Adjektiv bzw. Adjektiv + Substantiv.** Hier handelt es sich syntaktisch um durch ein Adjektiv jeweils rechts bzw. links erweiterte Nominalsyntagmen *(un bon médecin, un homme bon/un bonhomme)*. (SCHWARZE ²1995:610 nennt diese

Art Komposita im Fall des Italienischen **Verschmelzungen**; vgl. auch WUNDERLI 1989:90).
Beispiele: La _guerre froide_, un _gros mot_, un _gros malin_, un _bas-fond_, un _bas-relief_.

Merkmale lexikalisierter Syntagmen

Die aus diesen Mustern gewonnenen Lexeme sind im Prinzip morphosyntaktisch und semantisch stabil:
- Versuche, sie durch andere syntaktische Bestandteile zu erweitern, ergeben schlechtgeformte Lexeme:
  Beispiele: *Une salle _très lumineuse_ à manger oder *une crème _de bonne qualité_ à rasage.
- Die innere Stabilität der Lexikalisierungen kann jedoch gewissen Schwankungen ausgesetzt sein, die schwer zu bestimmen sind:
  Beispiele: Chapeau de paille → elle portait _un chapeau_ curieux, _de paille_ amarante; avion à réaction → ??Et maintenant, je vais te montrer un _avion_ vraiment _à réaction_.
- Ein Schwund der morphologischen Markierungen kann generell als Zeichen fortgeschrittener Lexikalisierung gelten:
  Beispiele: *Grand_es_-mères, *grand_es_-messes (grands-mères, grands-messes).
- Ist ein lexikalisiertes Syntagma nicht von idiosynkratischen Erscheinungen betroffen, lässt sich seine Bedeutung anhand der im Syntagma selbst angegebenen Abhängigkeitsbeziehungen rekonstruieren:
  Beispiele: Une salle à manger „ein Raum zum Essen"; aber: coup de fil/„?".

Asyndetisch zusammengesetzte Lexeme

Strukturen

- Zu dieser Gruppe gehören Strukturen des Typs **Nomen + Nomen**, **Adjektiv + Adjektiv**, **Verb + Nomen** und **Adverb + Partizip**, deren gegenseitige Beziehung durch keine expliziten syntaktischen Merkmale gekennzeichnet ist.
  Beispiele: Chef-méchanicien, chef-lieu, technicien-chef, lampe-témoin, clair-obscure, hache-viande, lance-bombe, bien-pensant, etc.

Semantik

Die semantischen Beziehungen zwischen den Bestandteilen des Kompositums können aufgrund der formalen Unbestimmtheit nur indirekt durch unterschiedliche Paraphrasierungen rekonstruiert werden.

Bei dem Typ **Nomen + Nomen** lassen sich folgende Paraphrasierungen herstellen:
- **Koordination.** Es handelt sich um Komposita, deren Bestandteile sich durch *et* verbinden lassen.
  Beispiele: Député-maire (député et maire), porte-fenêtre, filtre-presse, ramasseuse-enrouleuse, fille-mère.

Die Reihenfolge der Lexeme ist keiner formalen Regel unterworfen und daher stark vom Gebrauch abhängig:
Beispiele: *Film-livre, livre-cassette.*
Lässt sich unter den Bestandteilen des Kompositums keine feste Reihenfolge erzielen, kann sie Schwankungen unterliegen:
Beispiel: <u>Une</u> *montre-bracelet* / <u>un</u> *bracelet-montre* (Beispiel aus WUNDERLI 1989:92).

- **Abhängigkeitsverhältnis** des Typs **NS + Erweiterung.** Diese Komposita enthalten wie in <u>*médecin*</u>-*chef* ein regierendes Element, das **Kopf** bzw. **Determinatum** *(médecin)* genannt wird und einen rechts situierten **Modifikator** bzw. **Determinans** *(chef).* Sie lassen sich als komplexe Nominalsyntagmen paraphrasieren.
Beispiele: <u>*Lampe*</u>-*témoin (une lampe qui sert de 'témoin' / qui signale le fonctionnement d'un appareil), un* <u>*concept*</u>-*clef (le concept le plus important).*
  - Der Kopf bestimmt das Genus des Kompositums *(le <u>pont</u>$_m$-promenade$_f$, le <u>pont</u>$_m$-route$_f$, le <u>poisson</u>$_m$-épée$_f$);* seine hierarchisch übergeordnete Funktion wird außerdem dadurch angezeigt, dass er im *code graphique* – wenn auch mit vielen Unregelmäßigkeiten – Träger der grammatischen Kategorie „Numerus" ist.
Beispiele: *(Un)* <u>*crayon*</u>-*feutre / (des)* <u>*crayons*</u>-*feutre, (un)* <u>*pont*</u>-*route / (des)* <u>*ponts*</u>-*route.* **Aber:** *(le)* <u>*poisson*</u>-*épée / (les)* <u>*poissons*</u>-*épées.*
Das Muster Kopf/Modifikator stellt die kanonische Reihenfolge der romanischen Wortzusammensetzungen dar.
  - Auch die umgekehrte Reihenfolge – links Determinans und rechts Determinatum (Kopf) – kommt im Französischen vor *(auto*<u>*école*</u>*),* obschon sie das für die germanischen Sprachen typische Muster darstellt *(Fahr*<u>*schule*</u>*, driving* <u>*school*</u>*);* ihre eingeschränkte Produktivität scheint unter dem Einfluss des Englischen an Gewicht zu gewinnen:
Beispiele: *Chef-*<u>*lieu*</u> *(le lieu le plus important), maître-*<u>*cylindre*</u> *(le cylindre qui a la fonction principale), auto*<u>*radio*</u> *(une radio pour l'auto).*

Der Typ **Verb + Substantiv** lässt sich durch Verbalsyntagmen des Typs [+ ___ NS] *(S. 115)* paraphrasieren.
Beispiel: *Hache-paille* → *Un objet qui hache la paille*$_{(VS)}$.
Die Umwandlung des Subkategorisierungsmusters [+ ___ NS] in ein Kompositum zieht eine strukturelle Straffung nach sich, die den Schwund des Artikels, welcher seine ursprüngliche Referenzfunktion verloren hat, verursacht.
Beispiele: *Coupe-vent („un objet qui coupe le vent"), fixe-chaussettes („un objet qui fixe les chaussettes"), dissipateur, pence-jupe, pique-notes* etc.

Bildungs-prozesse	■ Asyndetische Zusammensetzungen und Lexikalisierungen können gemeinsam zur Bildung eines Kompositums beitragen. **Beispiel:** *Faucheuse-hacheuse-chargeuse de fourrage.* ■ Verlassen Zusammensetzungen wie *faucheuse-hacheuse-chargeuse de fourrage* das Fachmilieu ihrer Entstehung, sind sie der Wortkürzung *(S. 155)* ausgesetzt: **Beispiel:** *Aspirateur-batteur → aspiro-batteur.* ■ Auch kann das *signifiant* eines zusammengesetzten Lexems formalen Schwankungen unterliegen und gleichzeitig als asyndetische bzw. lexikalisierte Bildung vorkommen: **Beispiele:** *haute-forme / haute-de-forme, maître-penseur / maître-à-penser.* Dies ist ein klares Indiz dafür, dass beide Verfahren eng verwandt sind und eine gemeinsame Behandlung verdienen.
Fazit	Eindeutige Verfahren zur Festlegung der Bedeutung von asyndetischen Zusammensetzungen des Typs N+N sind nur eingeschränkt möglich. Denn während Derivationsverfahren unabhängig von Idiomatisierungen unterschiedlicher Natur eine festgelegte Bedeutung haben, die von ihrer materiellen Struktur bestimmt wird (so ist *lunette* unabhängig von seiner lexikalisierten Bedeutung formal als „*une petite lune*" interpretierbar), ist dergleichen bei Kompositionsverfahren ohne syntaktische Markierung nicht der Fall. Gerade diese formale Unbestimmtheit macht aus Kompositionsmustern dieses Typs „hochgradig polyseme" Bildungen (WUNDERLI 1989:93), deren Interpretation eine von Fall zu Fall unterschiedliche Umschreibung verlangt.

Gelehrte Wortbildungen / *La composition savante*

Abgrenzungs- und Zuordnungsprobleme	Welcher Status soll gelehrten Lexemen des Typs *gastropathie, télévision, linguiforme, bilingue, graphologie, orthographe* zugeschrieben werden, bei denen *gastro-, télé-, lingui-* etc. einerseits gebunden, wie typische Affixe, andererseits als Ableitungsbasis, wie freie Morpheme, vorkommen (*gastrique, téléaste* etc.)?
Definition	GARDES-TAMINE (²1990, Bd. 1:69) definiert die Komposition folgendermaßen: „Juxtaposition de deux éléments qui peuvent servir de base à des dérivés". Dadurch, dass die Autorin den Begriff *morphème libre* unerwähnt lässt, gelingt es ihr, auch die gelehrten Bildungselemente innerhalb der Komposition miteinzuschließen, die lediglich als gebundene Morpheme vorkommen: **Beispiele:** {-lud-}: *inter<u>lud</u>e, <u>lud</u>ique*; {-logue/logie-}: *<u>log</u>istique*; {-anthropo-}: *<u>anthrop</u>ique/<u>anthrop</u>ien* etc. Rechtfertigen lässt sich diese These aufgrund der Beobachtung, dass die gelehrten Morpheme im Unterschied zu den Affixen ge-

nauso wie die freien Lexeme „peuvent être utilisés comme premier ou second terme d'un composé" (GARDES-TAMINE ²1990, Bd. 1:70):
Beispiele: chou-*fleur* vs. *fleur* de lys, *anthropophage* vs. *misanthrope*.

5 Sekundäre Wortbildungsverfahren

Wortkürzungen und Akronyme / *Abréviations et sigles*

Grammatikographie	Oftmals werden die traditionellen Bereiche der *formation des mots* durch die Behandlung der Wortkürzung und der Akronyme erweitert.
Wortkürzung	Die Wortkürzung „constitue une réduction du signifiant d'un mot, le signifié restant en principe inchargé" (RIEGEL/PELLAT/RIOUL ³1997:551), wobei die Distribution der neuen Einheit diaphasisch *(S. 83)* markiert ist. Sie entsteht durch den Wegfall von Silben, Silbengruppen und über die Silbengrenze hinausreichenden Lautsequenzen: **Beispiele:** *Fac (faculté), catho (catholique), apéro (apéritif), prolo (prolétaire), hyper (hypermarché), prof (professeur).* Von der Wortkürzung sind oft auch gelehrte Komposita betroffen: **Beispiele:** *Télé (télévision), auto (automobile), photo (photographie), météo (météorologie),* etc.
Akronyme	Die Akronyme *(les sigles)* entwickeln sich aus zusammengesetzten Lexemen. ■ Im *code graphique* bestehen sie aus dem ersten Buchstaben oder der ersten Silbe der einzelnen Lexeme. Die Bildung von Akronymen ist vor allem im fachsprachlichen Bereich sehr produktiv. **Beispiele:** CEDEX → *Courrier d'entreprise à distribution exceptionnelle*, C.G.T. → *Confédération générale du travail*, TraLiLi → *Travaux de linguistique et de littérature*, C.A.P.E.S. → *Certificat d'aptitude pédagogique à l'enseignement secondaire*, etc. ■ Im *code phonique* erfahren die Akronyme zwei Behandlungen. Entweder werden die Initialbuchstaben einzeln ausgesprochen wie in [peseɛf]/*P.C.F.* oder sie werden, falls die Distribution der Konsonanten und der Vokale es zulässt, als Phonemsequenz realisiert. **Beispiele:** *O.T.A.N.*/[otã], *O.N.U.*/[ony], *S.M.I.C.*/[smik] *(salaire minimum interprofessionnel de croissance)*. ■ Ist ein Akronym gut integriert, kann es als Derivationsbasis auftreten. **Beispiele:** *O.N.U.* → *onusien*, *S.M.I.C.* → *smicard*, etc.

5 Übersichtsschema zur Morphologie

Das folgende Schema faßt die wichtigsten Bereiche der Morphologie zusammen.

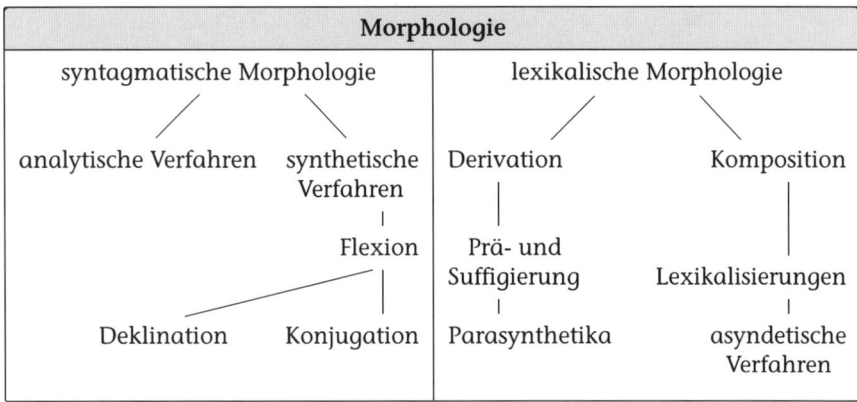

6 Literatur

Zu 2, 3, 4 und 5 CORBIN (1987, 1988, 1991), GARDES-TAMINE (²1990 Bd. 1), SEEWALD (1994), SCHPAK-DOLT (1992), THIELE (³1993), WUNDERLI (1989, S. 74–96), ZWANENBURG (1990). Für Galloromanisten, die sich auch mit der spanischen Sprache befassen, empfiehlt sich RAINER (1993).

Anhang: Die Phoneme des Französischen

Hinweis

In diesem Buch wird auf eine Beschreibung der Phonetik und Phonologie des Französischen verzichtet. Dazu sei auf das in der gleichen Reihe UNI WISSEN erschienene Werk von MEISENBURG/ SELIG (1998, Klett-Nr. 939582) hingewiesen.
Als praktisches Hilfsmittel zum besseren Verständnis der vorausgegangenen Kapitel soll jedoch das Phoneminventar des Französischen kurz vorgestellt werden.

Phonem und Allophon / *Phonème et allophone*

Phonem

Sprachen bestehen aus **Phonen**, d.h. Lauten, die sich, wie bereits gesehen, zu größeren Einheiten (Morphemen) zusammenfügen. Phone, die eine Bedeutungsänderung verursachen, ohne jedoch selbst Bedeutungsträger zu sein, stellen Phoneme dar.
Ein Phonem ist das **kleinste bedeutungsunterscheidende Zeichen** einer Sprache.
Beispiel: /ã/ vs. /ɔ̃/ : [blã] *(blanc)* vs. [blɔ̃] *(blond)*.
Das Phonem stellt eine *langue*-Erscheinung dar, denn jedes Phonem ist eine Abstraktion, die, genauso wie das Morphem, für die Gesamtheit seiner in *parole*-Akten konkret vorkommenden Varianten steht.

Allophon

Die materiellen Varianten eines Phonems heißen Allophone. Wie die Allomorphe *(S. 131)* werden auch Allophone in kombinatorische (wenn ihr Vorkommen von einer bestimmten Umgebung abhängig ist) und in freie untergliedert.
Beispiel: Das Französische besitzt das Phonem /ʀ/, welches jedoch zwei freie Allophone aufweist, deren Vorkommen diatopisch *(S. 63)* bedingt ist: velares [ʀ] und palatales [r], letzteres auch als [r]-*roulé* bekannt[1].

Disziplinen

Die Phone stellen das Forschungsobjekt der **Phonetik** dar, eine Teildisziplin der Linguistik, deren Ziel die Beschreibung der konkreten artikulatorischen, akustischen und auditiven Eigenschaften der Laute einer Sprache ist. Die **Phonologie** befasst sich dagegen mit der Herstellung des Phoneminventars einer Sprache, d.h. der Laute, die eine distinktive Funktion übernehmen.

---

[1] Für die Klärung der Begriffe „velar" („am Hintergaumen, weichen Gaumensegel") und „palatal" („am Vordergaumen, harten Gaumen") vgl. MEISENBURG/SELIG (1998).

Der *Alphabet de l'Association Phonétique Internationale*

Der A.P.I.

Die Sprachwissenschaft bedient sich, um die Lautketten einer Sprache graphisch wiederzugeben, besonderer Transkriptionssysteme, die **phonetische Alphabete** heißen. Die Besonderheit der phonetischen Alphabete liegt darin, dass sie jeden zu einer Sprache gehörenden Laut durch ein einziges spezifisches Zeichen darstellen können.

Zur Transkription französischer Texte hat sich die Anwendung des *Alphabet de l'Association Phonétique Internationale* (A.P.I.) etabliert. Das A.P.I. wurde 1888 von der *Association Phonétique Internationale* entwickelt und in den darauffolgenden Jahrzehnten stetig verbessert. Es verfügt auch über Zeichen zur Wiedergabe von Phänomenen wie der Vokalquantität *(la durée):* [vɛː ʀ]/ *vert*; oder wie dem Wortakzent: [ta 'blo]/ *tableau*.

Das A.P.I. berücksichtigt die Opposition „Phon vs. Phonem", indem phonetische Transkriptionen in eckigen Klammern, phonologische dagegen in Schrägstrichen notiert werden.

Die folgenden Schemata stellen das durch A.P.I. transkribierte Phoneminventar des Französischen dar.

Schemata

Konsonanten/Halbkonsonanten		*consonnes/semi-consonnes*	
Phonem	Beispiel	Phonem	Beispiel
p	*par*, /paʀ/	s	*assistance*, /asistɑ̃s/
b	*bas*, /ba/	z	*rose*, /ʀoz/
m	*ma*, /ma/	ʃ	*champ*, /ʃɑ̃/
		ʒ	*Jean*, /ʒɑ̃/
t	*ta*, /ta/	f	*fer*, /fɛʀ/
d	*dé*, /de/	v	*verre*, /vɛʀ/
n	*né*, /ne/	ʀ	*rond*, /ʀɔ̃/
		l	*long*, /lɔ̃/
k	*casque*, /kask/	j	*pied*, /pje/
g	*gosse*, /gɔs/	ɥ	*nuit*, /nɥi/
ɲ	*agneau* /aɲo/	w	*Louis*, /lwi/

Vokale/*voyelles*			
Phonem	Beispiel	Phonem	Beispiel
i	*nid*, /ni/	y	*lu*, /ly/
e	*fée*, /fe/	ø	*deux*, /dø/
ɛ	*fait*, /fɛ/	œ	*peur*, /pœʀ/
a	*la*, /la/	ə	*de*, /də/
ɑ	*las*, /lɑ/	ɑ̃	*dent*, /dɑ̃/
ɔ	*sotte*, /sɔt/	ɔ̃	*don*, /dɔ̃/
o	*sot*, /so/	ɛ̃	*brin*, /bʀɛ̃/
u	*loup*, /lu/	œ̃	*brun*, /bʀœ̃/

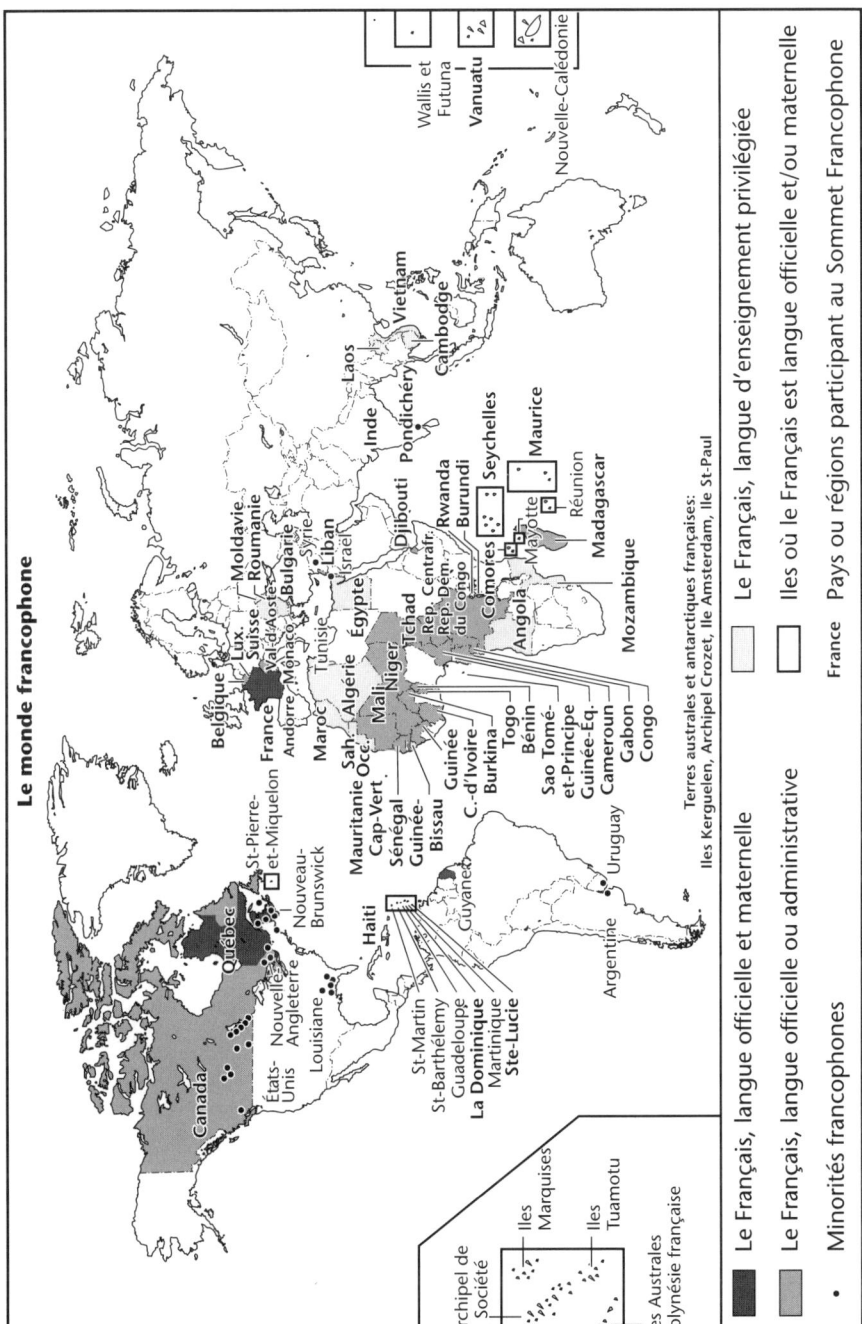

Le Monde 14.11.97 (Source: Ministère des Affaires Etrangères)

Literatur

ABEILLÉ, Anne (1993): *Les nouvelles syntaxes. Grammaires d'unification et analyse du français.* Paris: Colin.
ADAM, Jean-Michel (1990): *Éléments de linguistique textuelle.* Liège: Mardaga.
ANSCOMBRE, Jean Claude / DUCROT, Oswald (²1988): *L'argumentation dans la langue.* Liège: Mardaga (1. Aufl. 1983).
BARTSCHAT, Brigitte (1996): *Methoden der Sprachwissenschaft.* Berlin: Schmitt.
BAYLON, Christian / FABRE, Paul (1990): *Initiation à la linguistique.* Paris: Nathan.
BÉCHADE, Hervé D. (1992): *Phonétique et morphologie du français moderne et contemporain.* Paris: Presse universitaire de France.
BENVENISTE, Émile (1974): *Problèmes de linguistique générale.* Paris: Gallimard, Bd. 2.
BERSCHIN, Helmut / FELIXBERGER, Josef / GOEBL, Hans (1978): *Französische Sprachgeschichte.* München: Hueber.
BERTUCCELLI PAPI, Marcella (1993): *Che cos'è la pragmatica.* Milano: Bompiani.
BIERBACH, Christine / Ellrich, Beate (1990): „Sprache und Geschlechter / *Langue et sexes*". In: LRL, 1990, V,1, 248–266.
BLANCHE-BENVENISTE, Claire (1991): „La difficulté à cerner les régionalismes en syntaxe". In: Salmon, Gilbert-Lucien [Éd.] (1991): *Variété et variantes du français des villes.* Paris: Champion, 211–220.
BLANCHE-BENVENISTE, Claire / JEANJEAN, Colette (1987): *Le français parlé.* Paris: Institut national de la langue française (CNRS).
BLASCO Ferrer, Eduardo (1996): *Linguistik für Romanisten.* Berlin: Schmitt.
BOCHMANN, Klaus (1989): *Regional- und Nationalitätensprachen in Frankreich, Italien und Spanien.* Leipzig: Verlag Enzyklopädie.
BOLLÉE, Annegret (1990): „Frankophonie IV. Regionale Varianten des Französischen außerhalb Europas I / *Francophonie IV. Variétés régionales du français hors de l'Europe /* I. a) Kanada / Canada. b) Vereinigte Staaten und Karibik / États-Unis et Caraïbes." In: LRL, 1990, Bd. V,1, 740–767.
BRINKER, Klaus (⁴1997): *Linguistische Textanalyse.* Berlin: Schmitt (1. Aufl. 1985).
BRUCHET, Josseline (1996): *Langue française et francophonie (Répertoire des organisations et associations oeuvrant pour la promotion de la langue française).* Paris: Éditions du Conseil international de la langue française.
BRUMME, Jenny / EBERT, Gerlinde / ERFURT, Jürgen / MÜLLER, Ralf / PLÖTNER, Bärbel [Hg.] (1993): *Sprachpolitik in der Romania. Zur Geschichte sprachpolitischen Denkens und Handelns von der Französischen Revolution bis zur Gegenwart.* Berlin: de Gruyter.
BÜHLER, Karl (1934): *Sprachtheorie.* Jena: Fischer.
BUSSMANN, Hadumod (²1990): *Lexikon der Sprachwissenschaft.* Stuttgart: Kröner (1. Aufl. 1983).
CALVET, Louis-Jean (1994): *L'argot.* Paris: Presse universitaire de France.
CALVET, Louis-Jean (1996): *Les politiques linguistiques.* Paris: Presse universitaire de France.
CARTON, Fernand (1990): „Areallinguistik I. Nördliche Dialekte / *Les aires linguistiques I. Dialectes du Nord*". In: LRL, 1990, V,1, 595–615.
CATACH, Nina (1990): „Graphetik und Graphemik / *Graphétique et graphémique*". In: LRL, 1990, Bd. V,1, 46–58.
CHISS, Jean-Louis / FILLIOLET, Jacques / MAINGUENEAU, Dominique (⁴1996): *Linguistique française. Notions fondamentales, phonétique, lexique.* Paris: Hachette, Bd. 1 (1. Aufl. 1983).
CHOMSKY, Noam/LASNIK, Howard (1993): „The Theory of Principles and Parameters". In: Jacobs, Joachim / von Stechow, Armin / Sternefeld, Wolfgang / Vennemann, Theo [Eds.] (1993): *Syntax: An International Handbook of Contemporary Research.* Berlin: de Gruyter, 506–569.
CORBETT, Noël (²1993): *Langue et identité: le français et les francophones d'Amérique du Nord.* Québec: Les Presses de l'Université Laval (1. Aufl. 1990).
CORBIN, Danielle (1987): *Morphologie dérivationnelle et structuration du lexique.* Tübingen: Niemeyer.
CORBIN, Danielle (1988): „Une hypothèse à propos des suffixes -isme, -ique, -iste du français: la troncation réciproque". In: Landheer, Ronald [Éd.] (1988): *Aspects de*

linguistique française. *Hommage à Q.I.M. Mok.* Amsterdam: Rodopi.

CORBIN, Danielle (1991): „Introduction. La formation des mots: structures et interprétations". In: Corbin, Danielle [Éd.] (1991): *La formation des mots: structures et interprétations*. Lille: Presses universitaires, 7–30.

DAHMEN, Wolfgang / HOLTUS, Günter / KRAMER, Johannes / METZELTIN, Michael / SCHWEICKARD, Wolfgang / WINKELMANN, Otto [Hg.] (1995): *Konvergenz und Divergenz in den romanischen Sprachen* (Romanistisches Kolloquium VIII). Tübingen: Narr.

DARBELNET, Jean (1993): „Aperçu du lexique franco-canadien". In: Corbett, Noël (^{2}1993), 303–116.

DE SAUSSURE, Ferdinand (1916): *Cours de linguistique générale*. Lausanne: Payot (hrsg. von Charles Bally und Albert Sechehaye).

DROIXHE, Daniel / DUTILLEUL, Thierry (1990): „Französisch: Externe Sprachgeschichte / *Histoire externe de la langue*". In: LRL, 1990, Bd. V,1, 437–471.

DUBUISSON, Pierrette / SIMONI-AUREMBOU, Marie-Rose (1990): „Areallinguistik III. Zentrale Dialekte / *Les aires linguistiques III. Dialectes du Centre*". In: LRL, V,1, 637–653.

DUCROT, Oswald (1984): *Le dire et le dit*. Paris: Les éditions de minuit.

DUMONT, Pierre (1992): *La Francophonie par les textes*. Vanves: Edicef.

FRANCARD, Michel (1993): *L'insécurité linguistique en communauté française de Belgique*. Bruxelles: Français & Société 6.

FRANCARD, Michel / LATIN, Danièle [Éds.] (1995): *Le régionalisme lexical*. Louvain-la-Neuve: Duculot.

FRITZ, Gerd / HUNDSNURCHER, Franz [Hg.] (1994): *Handbuch der Dialoganalyse*. Tübingen: Niemeyer

FUCHS, Catherine / LE GOFFIC, Pierre (1992): *Les linguistiques contemporaines*. Paris: Hachette.

GARDES-TAMINE, Joëlle (^{2}1990): *La grammaire*. Bd.1: *Phonologie, morphologie, lexicologie*. Bd. 2: *Syntaxe*. Paris: Colin (^{1}1988).

GARDIN, Bernard (Teil a) / Holtus, Günter (Teil b) (1990): „Soziolinguistik / *Sociolinguistique*". In: LRL, 1990, V,1, 224–238.

GARRIDO MEDINA, Joaquín (1997): *Estilo y textos en la lengua*. Madrid: Gredos.

GECKELER, Horst / DIETRICH,WOLF (^{2}1997): *Einführung in die französische Sprachwissenschaft*. Berlin: Schmitt (1. Aufl. 1995).

GLÜCK, Helmuth [Hg.] (1993): *Lexikon Sprache*. Stuttgart: Metzler.

GOOSSE, André (^{12}1986–^{13}1993) / GREVISSE, Maurice (^{1}1936–^{11}1980): *Le bon usage. Grammaire française*. Duculot: Louvain-la-Neuve.

GRICE, H. Paul (1975): „Logic and Conversation". In: Cole, Peter / Morgan. Jerry L. [Eds.] (1975): *Syntax and Semantics. Speech Acts*. Bd. 3. New York: Academic Press, 41–58.

HELBIG, Gerhard (^{2}1988): *Entwicklung der Sprachwissenschaft seit 1970*. Leipzig: Bibliographisches Institut (1. Aufl. 1984).

HILLEN, Wolfgang / RHEINBACH, Ludwig (^{2}1995): *Einführung in die bibliographischen Hilfsmittel für das Studium der Romanistik. Französische Sprach- und Literaturwissenschaft*. Bonn: Romanistischer Verlag (1. Aufl. 1985).

HOLTUS, Günter (1990): „Gliederung der Sprachräume / *Les aires linguistiques*". In: LRL, 1990, V,1, 571–595.

HOLTUS, Günter (1995): „Zur Verbreitung der *formes surcomposées* in den romanischen Sprachen". In: Dahmen, Wolfgang [Hg.] (1995), 85–114.

HORIOT, Brigitte (1990): „Areallinguistik II: Westliche Dialekte / *Les aires linguistiques II: dialectes de l'Ouest*". In: LRL, 1990, V,1, 615–637.

Journal officiel de la République française (1990): *Les rectifications de l'orthographe*. Paris, N° 100.

KALVERKÄMPER, Hartwig [Hg.] (1988): *Fachsprachen in der Romania*. Tübingen, Narr.

KALVERKÄMPER, Hartwig (1988): „Fachexterne Kommunikation als Maßstab einer Fachsprachen-Hermeneutik. Verständlichkeit kernphysikalischer Fakten in spanischen Zeitungstexten". In: Kalverkämper, Hartwig [Hg.] (1988), 151–193.

KELLER, Jörg / LEUNINGER, Helen (1993): *Grammatische Strukturen – Kognitive Prozesse*. Tübingen: Narr.

KERBRAT-ORECCHIONI, Catherine (1982): *Comprendre l'implicite* (Documents de travail et prépublications). Urbino: Arti Grafiche Editoriali.

KERBRAT-ORECCHIONI, Catherine (1986): *L'implicite*. Paris: Colin.

KLEIBER, Georges (1990): *La sémantique du prototype*. Paris: Presse universitaire de France. Dt. Übers. (1993): *Prototypensemantik*. Tübingen: Narr.

KLINKENBERG, Jean-Marie (1994): *Des langues romanes*. Louvain-la-Neuve: Duculot.

KOCH, Peter (1988): „Fachsprache, Liste und Schriftlichkeit in einem Kaufmannsbrief aus dem Duecento". In: Kalverkämper, Hartwig [Hg.] (1988), 15–60.

KOCH, Peter / OESTERREICHER, Wulf (1990): *Gesprochene Sprache in der Romania: Französisch, Italienisch, Spanisch*. Tübingen: Niemeyer.

LAFAGE, Susanne / BURR, Isolde (1990): „Frankophonie V. Regionale Varianten des Französischen außerhalb Europas II / Francophonie V. Variétés régionales du français hors de l'Europe II. a) Afrika / Afrique. b) Asien, Indischer Ozean und Pazifik / Asie, océan Indien et océan Pacifique". In: LRL, 1990, Bd. V,1, 767–816.

LE GOFFIC, Pierre (1993): *Grammaire de la phrase française*. Paris: Hachette.

LERAT, Pierre (1990): „Sprachbewertung / Évaluation de la langue". In: LRL, 1990, V,1, 392–401.

(LRL) HOLTUS, Günter / METZELTIN, Michael / SCHMITT, Christian [Hg.] (1990): *Lexikon der romanistischen Linguistik*, Bd. V,1 Französisch. Tübingen: Niemeyer.

LÜDI, Georges (1990): „Diglossie und Polyglossie / Diglossie et polyglossie". In: LRL, 1990, V,1, 307–334.

LUNDQUIST, Lita (1990): „Textlinguistik / Linguistique textuelle". In: LRL, 1990, V,1, 144–153.

MAINGUENEAU, Dominique (²1990): *Eléments de linguistique pour le texte littéraire*. Paris: Bordas (1. Aufl. 1986).

MAINGUENEAU, Dominique (1990): *Pragmatique pour le discours littéraire*. Paris: Bordas.

MAINGUENEAU, Dominique (1991): *L'analyse du discours*. Paris: Hachette.

MAINGUENEAU, Dominique (1994): *L'énonciation en linguistique française*. Paris: Hachette.

MAINGUENEAU, Dominique (1994a): *Syntaxe du français*. Paris: Hachette.

MAINGUENEAU, Dominique (1996): *Les termes clés de l'analyse du discours*. Paris: Éditions du Seuil.

MARTIN, Jean-Baptiste (1990): „Frankoprovenzalisch / Francoprovençal". In: LRL, 1990, V,1, 671–685.

MEISENBURG, Trudel / SELIG, Maria (1998): *Phonetik und Phonologie des Französischen*. Stuttgart: Klett.

MEIßNER, Franz-Josef [et. al.] (1992): *Wörterbuch der französischen Umgangssprache*. Berlin / München: Langenscheidt.

METZELTIN, Michael (1990): „Textsorten / Typologie textuelle". In: LRL, 1990, V,1, 167–181.

MOESCHLER, Jacques (1985): *Argumentation et conversation*. Genève: Hatier-Credif.

MOESCHLER, Jacques (1994): „Das Genfer Modell der Gesprächsanalyse". In: Fritz, Gerd / Hundsnurcher, Franz [Hg.] (1994): *Handbuch der Dialoganalyse*. Tübingen: Niemeyer, 69–94.

MOESCHLER, Jacques (1996): *Théorie pragmatique et pragmatique conversationnelle*. Paris: Colin.

MÜLLER, Bodo (1975): *Das Französische der Gegenwart. Varietäten, Strukturen, Tendenzen*. Heidelberg: Winter. Franz. Übers. (1985): *Le français d'aujourd'hui*. Paris: Klincksieck.

MÜLLER, Bodo (1990): „Gesprochene Sprache und geschriebene Sprache / Langue parlée et langue écrite". In: LRL, 1990, V,1, 195–211.

MÜLLER, Natascha / RIEMER, Beate (1998): *Generative Syntax der romanischen Sprachen*. Tübingen: Stauffenberg.

OESTERREICHER, Wulf (1995): „Die Architektur romanischer Sprachen im Vergleich. Eine Programm-Skizze." In: Dahmen, Wolfgang u. a. [Hg.] (1995), 4–21.

PARRET, Herman (1990): „Pragmalinguistik / Pragmatique linguistique". In: LRL, 1990, V,1, 182–195.

PELLAPRAT, H.-P. (1979): *La cuisine familiale et pratique*. Paris: Flammarion.

PELZ, Heidrun (1996): *Linguistik. Eine Einführung*. Hamburg: Campe.

PLANTIN, Christian (1996): *L'argumentation*. Paris: Éditions du Seuil.

PÖCKL, Wolfgang (1990): „Fachsprachen / Langues de spécialité". In: LRL, 1990, Bd. V,1, 267–282.

POIRIER, Claude (1987): „Le français 'régional', méthodologie et terminologie". In:

Niederehe, Hans-Josef / Wolf, Lothar [Éds.] (1987): *Français du Canada – Français de France*. Tübingen: Niemeyer, 139–176.

Poirier, Claude (1995): „Les variantes topolectales du lexique français". In: Francard, Michel / Latin, Danièle [Éds.] (1995), 13–56.

Prüssmann-Zemper, Helga (1990): „Varietätenlinguistik des Französischen / *Linguistique des variétés*". In: LRL, 1990, Bd. V,1, 830–843.

Rainer, Franz (1993): *Spanische Wortbildungslehre*. Tübingen: Niemeyer.

Reumuth, Wolfgang / Winkelmann, Otto (1994): *Praktische Grammatik der französischen Sprache*. Wilhelmsfeld: Egert.

Riegel, Martin / Pellat, Jean-Christophe / Rioul, René (³1997): *Grammaire méthodique du français*. Paris: Presse universitaire de France (1. Aufl. 1994).

Robert, Paul (²1995): *Le Nouveau Petit Robert*. Paris: Société du Nouveau Littré. 1. Aufl. 1993 unter Leitung von Rey-Debove, Josette / Rey, Alain.

de Robillard, Didier / Beniamino, Michel [Éds.] (1996): *Le français dans l'espace cophone (description linguistique et sociolinguistique de la francophonie)*. Paris: Champion.

Rossillon, Philippe [Éd.] (1995): *Atlas de la langue française*. Paris: Bordas.

Sarcher, Walburga (1994): *Über Ideal und Wirklichkeit der Frankophonie*. Bochum: Brockmeyer.

Schmitt, Christian (1979): „Die französische Sprachpolitik der Gegenwart". In: Kloepfer, Rolf [Hg.] (1979): *Bildung und Ausbildung in der Romania, Bd. 2. Sprachwissenschaft und Landeskunde*. München: Fink, 470–490.

Schmitt, Christian (1990, Art. 331): „Frankophonie I. Der Begriff der Frankophonie / *Francophonie I. Le concept de francophonie*". In: LRL, 1990, Bd. V,1, 686–703.

Schmitt, Christian / Inhoffen, Nicola / Würstle, Regine (1990, Art. 331): „Frankophonie III. Regionale Varietäten des Französischen in Europa II / *Francophonie III. Variétés régionales du français en Europe II*. a) Belgien / *Belgique*. b) Luxemburg / *Luxembourg*. c) Schweiz / *Suisse*. d) Aostatal / *Vallée d'Aoste*. e) Anglonormannische Inseln / *Iles Anglo-normandes*". In: LRL, Bd. V,1, 717–740.

Schmitt, Christian (1990, Art. 316): „Französisch: Sprache und Gesetzgebung / *Législation linguistique*. a) Frankreich / *France*. b) Frankophonie / *Francophonie*". In: LRL, 1990, Bd. V,1, 354–391.

Schmitt, Christian (1990, Art. 313): „Sondersprachen / *Jargons*". In: LRL, 1990, Bd. V,1, 283–307.

Schott-Bourget, Véronique (1994): *Approches de la linguistique*. Paris: Nathan.

Schpak-Dolt, Nikolaus (1992): *Einführung in die französische Morphologie*. Tübingen: Niemeyer.

Schwarz, Monika / Chur, Jeannette (1993): *Semantik. Ein Arbeitsbuch*. Tübingen: Narr.

Schwarze, Christoph (²1995): *Grammatik der italienischen Sprache*. Tübingen: Niemeyer (1. Aufl. 1988).

Schwarze, Christoph (1995): *Einführung in die Syntax anhand französischer Beispiele*. Konstanz: Universität Konstanz.

Seewald, Uta (1994): *Maschinelle morphosemantische Analyse des Französischen >MORSE<*. Tübingen: Niemeyer.

Settekorn, Wolfgang (1988): *Sprachnorm und Sprachnormierung in Frankreich*. Tübingen: Niemeyer.

Sperber, Dan / Wilson, Deirdre (²1995): *Relevance. Communication and cognition*. Oxford: Blackwell (1. Aufl. 1986). Franz. Übers. (1989): *La pertinence. Communication et cognition*. Paris: Les éditions de minuit.

Taverdet, Gérard (1990): „Areallinguistik IV. Östliche Dialekte / *Les aires linguistiques IV. Dialectes de l'Est*". In: LRL, 1990, V,1, 654–671.

Tesnière, Lucien (²1969): *Éléments de syntaxe structurale*. Paris: Klincksieck (1. Aufl. 1959).

Thiele, Johannes (³1993): *Wortbildung der französischen Gegenwartssprache*. Leipzig: Langenscheidt (1. Aufl. 1981).

Tuaillon, Gaston (1983): *Les régionalismes du français parlé à Vourey, village dauphinois (Matériaux pour l'étude des régionalismes du français)*, Grenoble: Université de langues et lettres.

Tuaillon, Gaston (1993): „Faut-il, dans l'ensemble gallo-roman distinguer une famille linguistique pour le francoprovençal?". In: Guillorel, Hervé / Sibille, Jean [Éds.] (1993): *Langues, dialectes et écriture (Les langues romanes de France)*, Paris: I.E.O., 142–149.

DE VAUGELAS, Claude Favre (1934): *Remarques sur la langue françoise*. Genève: Slatkine.

WANDRUSZKA, Ulrich (1997): *Syntax und Morphosyntax. Eine kategorialgrammatische Darstellung anhand romanischer und deutscher Fakten*. Tübingen: Narr.

WEINRICH, Harald (1985): *Textgrammatik der französischen Sprache*. Stuttgart: Klett.

WINKELMANN, Otto (1990): „Sprachnormierung und Standardsprache / *Norme et standard*". In: LRL, 1990, V,1, 334–353.

WINKELMANN, Otto / LAUSBERG, Uta (1999): „Romanische Sprachatlanten". In: LRL I,2, im Druck.

WITTGENSTEIN, Ludwig (⁹1993): *Tractatus logico-philosophicus*. Frankfurt a.M.: Suhrkamp (1. Aufl. 1984).

WOLF, Heinz Jürgen (²1991): *Französische Sprachgeschichte*. Heidelberg: Quelle & Meyer (1. Aufl. 1979).

WOLF, Lothar (1983): „La normalisation du langage en France. De Malherbe à Grevisse". In: Bédard, Edith / Maurais, Jacques [Éds.] (1983): *La norme linguistique*. Québec, Paris: Le Robert, 105–137.

WOLF, Lothar (1983a): *Le français régional d'Alsace*. Paris: Klincksieck.

WUNDERLI, Peter (1989): *Französische Lexikologie*. Tübingen: Niemeyer.

ZIMMERMANN, Klaus (1990): „Sprache und Generationen / *Langue et générations*". In: LRL, 1990, V,1, 238–247.

ZWANENBURG, Wiecher (1990): „Französisch: Wortbildungslehre / *Formations des mots*". In: LRL, 1990, Bd. V,1, 72–77.

Sachregister

A
Ableitung 128, 143, **144**
Abréviation 155
Académie française 38, 43, 46, 50
Actant **18**, 113 (Fußnote 5)
Activité énonciative 29, 90, 91
Adjectif attribut 138
Adjectif épicène 138
Adjectif épithète 138
Adjektiv 114, 128, **138**, 139
Adjektivsyntagma 23, 113
Adjunkt (adjoint) 115, 116, **121**
Adstrat 71
Adverb (d'énonciation) **98**, 100, 104, 113, 133
Adverbialsyntagma 113
Affix 128
Agens 82, **112**, 118
Akronym 143, **155**
Aktionsart 105 (Fußnote 14)
Aktuelle Bedeutung 88
Allgemeine Sprachwissenschaft 7
Allomorph **131**, 132
Allomorphie 147
Allophon 157
Amalgame 134
Amtssprache **31**, 54
Anaphora 93, 109 (Fußnote 1)
Angevinisch 67
Anglizismus 48
Anglonormannisch 33
A.P.I. 158
Apokope 147, 148, (apokopiert) 150
Apposition 116, **122**
Archaismus 70
Argot 77
Argument 112
Argumentation 86, 105
Argumentative Ausrichtung 90, 107
Argumentativer Operator / Konnektor 107

Argumentenstruktur 82, 110, 135
Artikulatorische Phonetik 9
Aspekt 123, 128, 135
Assoziative Derivationsmorphologie 142
Asyndetische Zusammensetzung 151, 152
Äußerung **25**, 62, 109
Äußerungsakt **25**, **91**

B
Baskisch 73, **75**
Behaviorismus 17
Bretonisch 73, **75**
Bildungssprache 54, 55
Bon usage 11, 32, **38**, 47, 49
Burgundisch 33

C
Calque 71
Champagnisch 33, **67**
Circonstant **18**, 115
Code graphique 62, 83, **130**, 137, 138, 141, 147, 155
Code phonique 62, 83, **130**, 137, 139, 141, 147, 155
Comment 124
Composition 128, 143, **150**
Composition savante 154
Constituant discontinu 134
Courant énonciatif 86, 90, 91

D
Deadjektivisch 145, 150
Deiktika 29, **92**, 97
Demonstrativum 97, 98
Denominal 145, 150
Denotation 87
Dependenzgrammatik 18
Dérivation 128, **144**
Derivationsbasis 144, 145
Deskriptiv 110
Determinans 153
Determinator 114, 125 (Fußnote 9)

Determinatum 153
Deverbal 145
Diachronie 15
Dialekt 51, 65, **66**
Dialektologie 9, 10, 66
Diamesisch **62**, 63
Diaphasisch **61**, 63, **83**
Diastratisch **61**, 63, (Diastratik) **76**, **77**
Diasystem 54, **61**
Diathese 135
Diatopisch **61**, 63, 65, 69
Direkte Rede 101
Direktes Objekt 116, **118**, 121
Discours épilinguistique 82
Discours rapporté 100
Diskurs **26**, (discours) 87
Diskursanalyse **26**, **28**
Dislocation à gauche / à droite 125
Distanz(sprache) **62**, 63, 64, 70, 79, 82, 94
Distributionalismus **17**, 20, 130
Distributionsanalyse 17
Double articulation 16, **130**

E
Elsässisch 73, **74**
Embrayeur 29, **92**, 97
Emittent 100
Empfänger 91, (als Argument) 112
Enoncé **25**, 97
Enoncé écho 101
Enonciateur 100, **101**
Enonciation **25**, 87, 91 (Fußnote 6), 97
Entdialektalisierung 65
Entlehnung 49, 71
Ergänzung 18
Erzeugung 23
Experiencer 112

F
Fachsprache 77, **79**
Flämisch 73, **75**
Flexion 124, **128**, 136

Fokus 124, 128
Forme 13, 16
Formenlehre 128
Fragetest 115
Français méridional 63, 68
Français régional 64, 65, (régionalisme) 72
Franco-canadien 69
Frankophonie 31, 48, **53**, (Institutionen der ...) 56
Frankoprovenzalisch 32, **67**
Franzisch 33, 34
Freies Morphem 133
Funktionale Satzperspektive 16, 30
Funktionales Kommunikationsmodell 16
Funktionen sprachlicher Kommun. 90, 91 (Fußnote 5)

G
Gallo 67
Galloromanisch 32
Gebundenes Morphem 133, **134**
Gelehrte Wortbildung 154
Generativ **22**, 110
Generative Grammatik **20**, 111
Genus 128, **135**, **137**, 138
Glossematik 16
Grammatik 21
Grammatikalität 20
Grammatische Kategorie 111, 128, 133, **135**, 150
Grammatisches Morphem 133, 134
Graph 22
Grundbedeutung 87
Gruppensprache 77

H
Historisch-vergleichende Sprachwissenschaft 8
Hochsprache 63
Höflichkeitsform 94
Homonymes Morph 131, 132
Homonymie 133, 146
Hyperkorrektismus 82
Hypokoristikum 95

I
Iberoromanisch 32
IC-Analyse 114
Illokutionärer Akt 27
Implikatur **28**, 30, 102
Indirekte Rede 101
Indirektes Komplement 116, **120**
Indirektes Objekt 121
Indogermanisch 9, 32
Inferenz 28
Infinitivendung 150
Intransitiv 114, 116
Introspektion 20
Ironie 101
Isoglosse 66
I-Sprache 20

J
Jacobinisme linguistique 42
Jargon 78
Junggrammatiker 9, 10

K
Kasus 128, **135**
Kasustheorie 22
Katalanisch 32, 73, **74**
Kataphora 93 (Fußnote 8)
Klassifizierung 131
Kognitive Wissenschaft 20
Kohärenz 28, 103
Kohäsion 28, 126
Kommunikative Kompetenz 25
Kommunikativer Sinn 25, 88
Kommutations-/Substitutionsprobe 17, 131
Kompetenz 20, 23
Komplement 22, 23, 88, **115**
Komposition 150
Kongruenz 111, **123**, 137
Konjunktion 114
Konnektor 30
Konstituente 111
Konstituentenstruktur 111
Kontext 24, **87**, 91, 97
Konversationsanalyse 26, 28
Konversion 143
Kooperationsprinzip **28**, 89 (Fußnote 4), 99
Koordinierung 115

Kopf 113, 153
Kopulaverb 119
Korpus 17
Korsisch 73, **74**
Ko-text 24, 29, **87** (Fußnote 2), 89, 91, 97
Kreolsprache 47, **65**
Kürzung 143, 155

L
Langage 7, 12
Langue **11**, 91, 109
Langue d'oc 32
Langue d'oïl 33
Langue minoritaire/ethnique 52, 68, **73**
Lautwandel 9
Lexem 114, **129**, 133
Lexikalische Bedeutung 87, 89
Lexikalische Morphologie 128, **141**
Lexikalisches Morphem **133**, 134
Lexikalisierung von Syntagmen 151
Lexikon 21, (lexikalischer Bereich) 69, 80, 129
Liaison 84, 140
Linguistik 8
Linksversetzung 125, 126
Locherbem 79
Locuteur 100
Lokale Deixis 95
Lothringisch 33, 67

M
Makrostruktur 80
Manipulation lexicale 78
Mentalismus 20
Minderheitensprache 31, 51, 73
Modalisierende Adverbien 29
Modalität 98
Modifikator 153
Modus 98, 123, 135, 150
Monème 16
Morph 131
Morphem 16, (Tempusmorphem) 98, 114, 130, **131**, 133, 157

Morphemanalyse 131
Morphemverschmelzung 134
Morphologie **128, 156**
Morphologie associative 142
Morphosyntaktisch 84
Motiviertheit 146
Mündlichkeit 38, 62

N

Nähesprache 47, **62**, 64, 84, 94
Neologismus 50
Noeud 18
Nomen 114, 128
Nominaler Stil 81, 82
Nominalisierung 82, 105, 144
Nominalsyntagma 81, 105, 109, 114
Normannisch 33, **67**
Nukleus 113
Nullmorphem 136
Numerus 123, 128, 135

O

Okzitanisch 32, 73, 74
Opérateur argumentatif 107
Opérateur de conversion 92
Orthographie *(crise)* 45, 49, 51

P

Paradigmatisch 14, 16
Parasynthese 143, 150
Parole **11**, 91, 109
Passivierung 117
Patiens 112
Patois 38
Performanz **23**, 88
Performativ **27**, 97
Person 123
Personaldeixis **92**, 94
Philologie 7
Phon 157
Phonem 157
Phonetik 157
Phonetisches Alphabet 158
Phonologie 16, 157
Phrase clivée 125
Phrase pseudo-clivée 125

Pikardisch 33, **67**
Poitevinisch 33, **67**
Polyphonie 92, **100**
Posé 102
Prädikat 25, **88**, 104, 112
Prädikation 102, **112**
Prädikative Ergänzung 116, **119**
Präfigierung 148
Präfix 143
Präfixoide 148, 149
Pragmalinguistik 24, 25, **86**
Pragmatik 86, **87**, 100
Präposition 114, 133
Präpositionalsyntagma 81, 113
Präsentativ(sätze) 96, 125, 126
Pratiques langagières 76
Présupposé 102
Présupposition / Präsupposition 92, 100, 101, **102**
Prinzipien und Parameter 20, 111
Pronomen 72, 92, 114
Pronominalisierung 115
Propos 124
Proposition 88
Psycholinguistik 24

R

Rechtsversetzung **125**, 126
Referent **87**, 88, 91, 124
Referenz 87
Register 83
Rektion 113, 115
Rektions-Bindungstheorie 20, 22
Relativsatz 123
Relevanzprinzip 29
Reparatur 28
Rhema **124**, 126
Romanische Sprachwissenschaft 7, 10
Romanistik 10

S

Satz **25**, 109
Satzintonation 125
Satzsemantik 88
Schriftlichkeit 62

Schulen des Strukturalismus 16
Scriptae 34
Segmentierung 17, **131**
Sem 87 (Fußnote)
Semantik 9, 17, 20, 86
Semantische / thematische Rolle **112**, 127, 144
Semiologie 11
Semiose 86
Sender 91
Sigle 155
Signe 12
Signifiant 12
Signifié 12
Sondersprache 77, **78**, 79
Sous-entendu 102
Soziolekt 77
Soziolinguistik 24, 76
Spaltsatz 125, **126**
Sperrsatz 125, **126**
Spezifikator 23
Sprachatlas 66
Sprachbewertung 82
Sprachgeographie 9, 10
Sprachlenkung 50
Sprachliche Minderheit 52, 68, **73**
Sprachliche Uniformierung 41
Sprachnormierung 31, **32**
Sprachpflege 48, 49
Sprachpflegeorganisationen 50
Sprachpolitik 31
Sprachregister 62
Sprachwandel 15
Sprachzeichen *(signe)* **12**, 91
Sprechakt/-handlung 26, 104
Stamm 139
Standardfranzösisch 32, 68
Statalisme 69
Stemma 19
Stil 83
Struktur 14
Strukturalismus **14**, 20, 113 (Fußnote 5), 130
Subjekt 88, 116, **117**, 125
Subkategorisierung 113, **115**, 153

Subkategorisierungsrahmen 115, 116
Substance 13, 16
Substantiv 114, 137
Substitution 115
Substitutions-/Kommutationsprobe 17, 131
Substrat 71
Suffigierung 145
Suffix 143, **145**
Sujet parlant (sprechendes Subjekt) 100
Synchronie 15
Syntagma 22, 98, 111, 113
Syntagmatisch 14
Syntagmatische Morphologie 128, **135**
Syntagmenstruktur 111, 113, 127
Syntaktische Funktion 111, **116**
Syntaktische Kategorie 21, 22, **114**, 133, 143, 145
Syntax 80, 86, **109**
System 14
Systemlinguistik 25

T

Taxonomischer Strukturalismus 17

Temporale Deixis 95
Temps surcomposés 72
Tempus 128, 135
Terminologiekommission 49
Text 26
Textlinguistik 24
Textstruktur 80
Textualität 103
Thema (als Argument) 82, 112
Thema-(Rhema-Gliederung) 124, 127
Thematische Progression 103, 126
Thematischer Raster 112
Tilgung 115
Topik 124
Topikalisierung 125, **126**
Transitiv 114, 116
Troncation 147
Turn-Wechsel-Mechanismus 28

U

Unakkusatives Verb 119 (Fußnote 7)
Ungrammatisch 145
Unifikationsgrammatik 111
Universale Grammatik 20

V

Valenz **18**, 113 (Fußnote 5)
Valeur 13
Variation (sprachliche) 63
Varietätenlinguistik 24, **61**
Verb 88, **114**, 128, 150
Verbalsyntagma 109
Verkehrssprache **31**, 54
Verlan 78
Verschiebung 115, 125
Verschmelzung 152
Voix 135

W

Wallonisch 33, **66**
Wort 129
Wortart 145, 149
Wortbildungslehre 128
Wortbildungsverfahren 143
Wortsemantik 87

X

X-bar-Theorie 22
Xenismus 49

Z

Zusammensetzung 128, 143, **150**